LES VOILES
DE FRÉDÉGONDE

DU MÊME AUTEUR

Brocéliande, Belfond, 2004.
Le Pas de Merlin, Belfond, 2002. Prix du meilleur roman fantasy/Imaginales 2003.
L'Heure des elfes, Belfond, 2000 ; Pocket, 2002.
La Nuit des elfes, Belfond, 1999 ; Pocket, 2002.
Le Crépuscule des elfes, Belfond, 1998 ; Pocket, 2002.

JEAN-LOUIS FETJAINE

LES VOILES DE FRÉDÉGONDE

belfond
12, avenue d'Italie
75013 Paris

L'auteur tient à remercier Adolphe Thil pour ses traductions en francique.

Si vous souhaitez recevoir notre catalogue
et être tenu au courant de nos publications,
vous pouvez consulter notre site internet :
www.belfond.fr
ou envoyer vos nom et adresse,
en citant ce livre,
aux Éditions Belfond,
12, avenue d'Italie, 75013 Paris.
Et, pour le Canada,
à Interforum Canada Inc.,
1055, bd René-Lévesque-Est,
Bureau 1100,
Montréal, Québec, H2L 4S5.

ISBN 2-7144-4175-0

Les personnages
par ordre alphabétique

AUDOWÈRE : première femme de Chilpéric. Mère de Théoudebert, Mérovée, Clovis et Basina.

BRUNEHILDE (543-613) : fille cadette d'Athanagilde, roi des Goths d'Espagne. Reine d'Austrasie.

CARIBERT (520-567) : roi de Paris. Fils aîné de Clotaire.

CHILDEBERT (495-558) : frère de Clotaire. Premier roi de Paris.

CHILPÉRIC (539-584) : quatrième fils de Clotaire. Roi de Soissons puis de Neustrie.

CLOTAIRE (498-561) : fils de Clovis. Roi de Francie. Père de Caribert, Gontran, Sigebert et Chilpéric.

EGIDIUS : évêque de Reims.

FORTUNAT (Venantius Honorius Clementianus Fortunatus) : poète romain de la cour d'Austrasie.

FRÉDÉGONDE (543-597) : troisième épouse de Chilpéric. Reine de Neustrie.

GALSWINTHE : fille aînée d'Athanagilde, roi des Goths d'Espagne. Deuxième épouse de Chilpéric et reine de Rouen.

GONTRAN (532-593) : deuxième fils de Clotaire. Roi d'Orléans et de Bourgogne.

PRÉTEXTAT : évêque de Rouen.

SIGEBERT (535-575) : troisième fils de Clotaire. Roi d'Austrasie. Époux de Brunehilde.

Clo
Clot

Thierry Ier
(485-534)

Clodomir
(495-524)

Childebert Ier
(495-558)

Caribert
(520-567)

Gontran (532-593)

Sigebert (535-57
Brunehilde (543-6

Childebert
(570-595)
Faileuba

Clodosinde

Ingonde

Thibert II
(581-612)

Thierry II
(587-613)

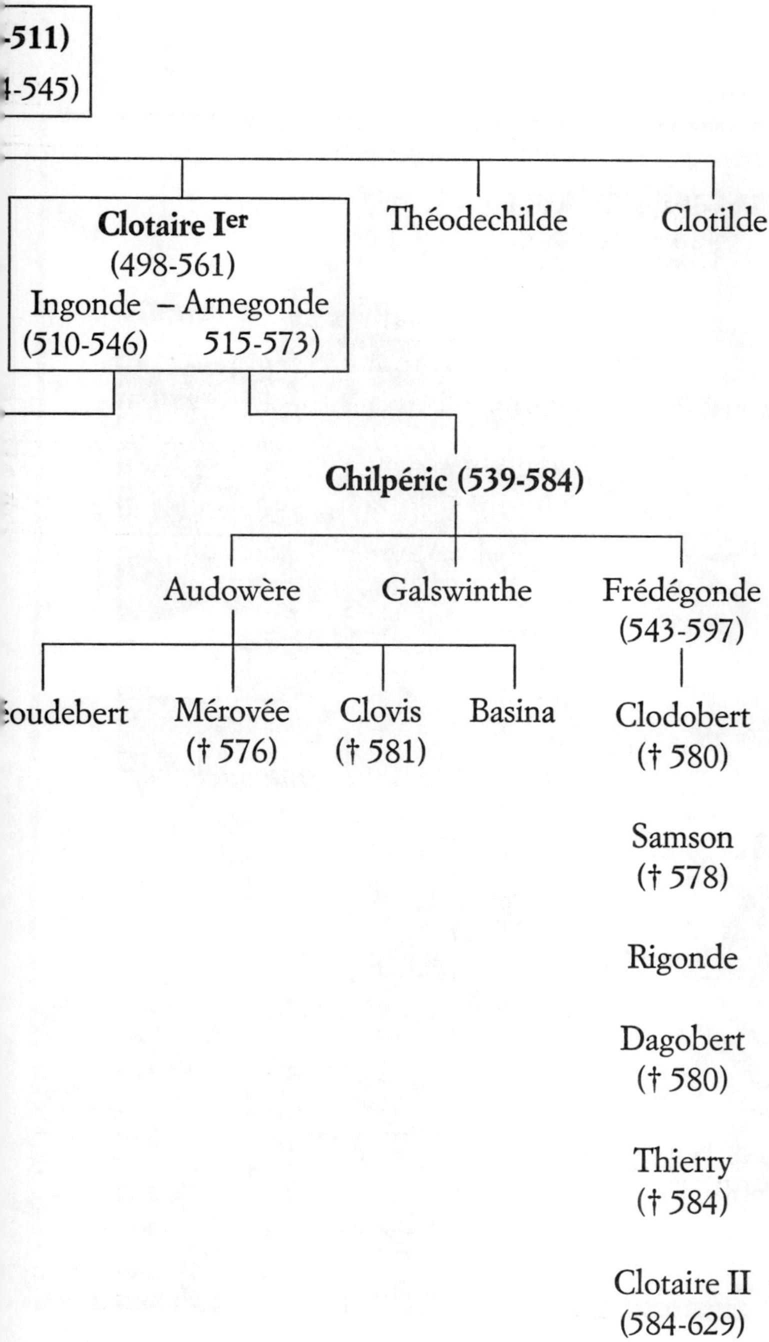

-511)
4-545)
Clotaire Ier
(498-561)
Ingonde – Arnegonde
(510-546) 515-573)
Théodechilde
Clotilde
Chilpéric (539-584)
Audowère
Galswinthe
Frédégonde
(543-597)
oudebert
Mérovée
(† 576)
Clovis
(† 581)
Basina
Clodobert
(† 580)
Samson
(† 578)
Rigonde
Dagobert
(† 580)
Thierry
(† 584)
Clotaire II
(584-629)

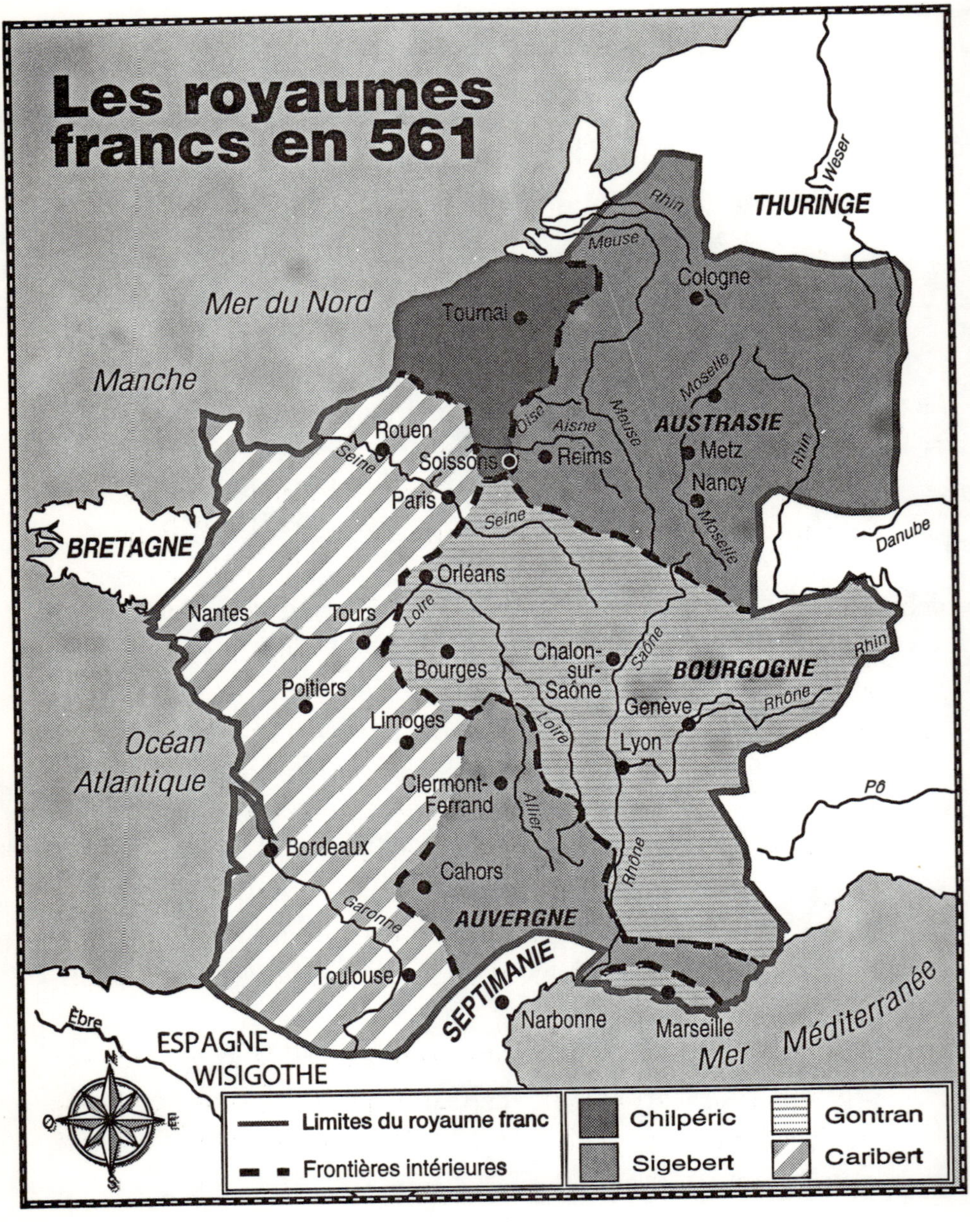

Les royaumes francs en 561
THURINGE
Weser
Rhin
Meuse
Cologne
Mer du Nord
Tournai
Manche
Moselle
Oise
Aisne
Meuse
AUSTRASIE
Rouen
Seine
Soissons
Reims
Metz
Rhin
Nancy
Paris
Seine
Moselle
Danube
BRETAGNE
Orléans
Nantes
Tours
Loire
Saône
Chalon-sur-Saône
BOURGOGNE
Rhin
Bourges
Poitiers
Genève
Rhône
Limoges
Loire
Lyon
Océan Atlantique
Pô
Clermont-Ferrand
Allier
Bordeaux
Rhône
Cahors
Garonne
AUVERGNE
SEPTIMANIE
Toulouse
Méditerranée
Narbonne
Marseille
Èbre
ESPAGNE WISIGOTHE
Mer
N
O
E
S
Limites du royaume franc
Frontières intérieures
Chilpéric
Sigebert
Gontran
Caribert

Avant-propos

Les Mérovingiens

L'histoire des rois mérovingiens commence réellement vers 388, avec l'avènement du roi Clodion à la tête des Francs Saliens[1], l'une des nombreuses tribus germaniques qu'agite la chute progressive de l'Empire romain. Les Saliens, qui deviennent très tôt des alliés de Rome, s'installent entre la mer du Nord et la Meuse, dans le nord de l'actuelle Belgique. À Clodion, premier roi « historique » des Francs, succède en 447 Mérovée, fondateur de la dynastie des « rois chevelus[2] » qui porte son nom. Le règne de Mérovée sera court, mais il s'illustrera par sa participation, en 451, à la bataille des champs Catalauniques aux côtés des légions romaines d'Aétius contre les Huns d'Attila. Bataille gigantesque : cinq cent mille hommes s'y seraient affrontés, laissant sur le terrain plus de cent cinquante mille morts. Mérovée y gagne sans doute également son nom, *Marowech*, qui signifie « Grand combat ».

À la mort de Mérovée, en 457, son fils Childéric renforce son alliance avec les Romains, en partie pour affermir son trône menacé de l'intérieur. Il meurt en 481, laissant quatre enfants, dont un fils : Clovis.

---

1. De Sala, l'une des branches du Rhin.

2. Ainsi nommés parce qu'eux seuls avaient le droit de porter les cheveux longs.

De son vrai nom Clodowig, « Combat de gloire », ce dernier a quinze ans à la mort de son père ; il règne sur un territoire modeste, situé entre le Rhin et la Somme, autour de l'actuelle Belgique, et dont la capitale est Tournai. En comparaison, le royaume « romain » de Syagrius, autour de Paris, celui des Wisigoths en Aquitaine, celui des Burgondes, de la Bourgogne jusqu'à la Provence, ou même ceux des Francs Ripuaires ou des Alamans sont bien plus redoutables. Trente ans plus tard, Clovis les aura tous vaincus, hormis les Burgondes, et son royaume sera le plus vaste d'Occident.

Ayant, selon la légende, promis de se convertir au dieu de son épouse Clotilde, lors de la bataille de Tolbiac, il laisse à sa mort, en 511, un pays en paix, régi par une administration gallo-romaine efficace, et solidement appuyé par l'Église. Selon la tradition salique, ses quatre fils se partagent alors ses possessions.

Clotaire

Le plus jeune, Clotaire, est aussi le plus féroce, le plus dénué de scrupules, ainsi que l'illustre cet épisode : alors que les fils de Clovis ont ensemble entrepris la conquête de la Bourgogne, encore sous domination burgonde, l'un d'eux, Clodomir, est tué au combat. Apprenant cette mort, Clotaire fait enlever la veuve de Clodomir et l'épouse, annexant du même coup le royaume de son frère. Mais Clodomir a trois fils qui, un jour, pourraient contester cette annexion. Ils sont accueillis à la mort de leur père par leur grand-mère, Clotilde, la propre femme de Clovis, sous la protection de Childebert, roi de Paris. Ce dernier envoie un message à son frère Clotaire : « Notre mère garde auprès d'elle nos neveux et veut les voir hériter du royaume. Hâte-toi de venir à Paris, nous délibérerons ensemble et nous déciderons de leur sort : soit qu'ils aient la chevelure coupée comme les gens de condition servile, soit qu'ils meurent. Alors nous partagerons le royaume également entre nous deux[1]. » Les deux oncles choisissent la seconde

1. Grégoire de Tours, *Histoire des Francs*.

solution et tuent de leur main, à coups de dague, les malheureux Théodebald, dix ans, et Gunther, sept ans. Seul le plus jeune, Clodoald, deux ans, échappe à la boucherie. Des gardes parviennent en effet à le soustraire à la fureur meurtrière des deux rois et l'exilent en Provence. À la fin de sa vie, Clodoald reviendra en région parisienne où il mènera une vie religieuse. Clodoald deviendra saint Cloud et donnera son nom à la ville qui a abrité ses reliques. Le lieu où se trouvait sa cellule monastique deviendra La Celle-Saint-Cloud.

Quand l'aîné des fils de Clovis, Thierry, roi d'Austrasie (le royaume de l'Est, allant de la Seine à la Weser), meurt de maladie, en 534, Childebert tente d'adopter son fils Thibert ; mais celui-ci, âgé de quinze ans, préfère exercer seul son pouvoir. Ce qu'il fait jusqu'à ce qu'un accident de chasse mette fin à ses jours. Et c'est Clotaire qui hérite de son royaume.

Enfin, à la mort de Childebert, le 13 décembre 558, Clotaire devient le maître unique de toutes les terres franques. Il aura fallu quarante-sept ans pour que le royaume de Clovis retrouve un maître unique.

Le pays des Francs

Ce pays, que l'on nomme parfois Francie, mais le plus souvent du nom de son roi ou de sa capitale, est devenu le plus grand et le plus puissant d'Europe. Si à l'ouest la Bretagne reste autonome, il s'étend à l'est au-delà des frontières actuelles de la France, englobe la Belgique et la Suisse, s'enfonce largement en Allemagne, jusqu'à la Weser.

Les Francs, pourtant, y sont peu nombreux. À l'époque de Clovis, on estime qu'ils ne sont que cent mille pour six à dix millions de Gaulois. Mais ce sont des guerriers, alors que la population gauloise a depuis longtemps renoncé aux armes. L'administration, elle, est toujours d'inspiration romaine. Les Francs l'adoptent sans hésiter, abandonnant du même coup leur propre langue germanique au profit du bas-latin, plus ou moins parlé dans le pays (le gaulois restant utilisé dans les campagnes, ainsi que nombre de dialectes locaux). Les seuls vestiges de la langue franque persistent dans les commandements militaires, les noms d'armes ou de grades, mais surtout dans les noms propres qui, à l'instar de ceux des Indiens d'Amérique du Nord, ont toujours une signification. Ces noms, encore en usage aujourd'hui (Gérard, Robert, Thierry, Bernard, Richard, etc.), deviennent « à la mode » et sont vite adoptés par la population gallo-romaine. Certains, cependant, sont réservés à une élite de dirigeants.

Clovis, nous l'avons vu, est la francisation d'un nom qui signifie « Combat de gloire ». Le préfixe Clo, réservé à la famille royale, est extrêmement fréquent chez les Mérovingiens : Clodion (« Le Glorieux »), Clotaire (« Armée de gloire »), mais aussi Clodoald, Clodobert, Clothilde, Clodomir... De même le suffixe bert, qui signifie « brillant » : Sigebert (« Brillant de victoire »), Childebert (« Combat brillant »), Caribert (« Brillant dans l'armée »), Dagobert (« Jour brillant »)... On peut s'y perdre, d'autant que les Francs des familles royales donnent souvent à leurs nouveau-nés des prénoms d'aïeuls illustres. Le roi Chilpéric, petit-fils du grand Clovis, nommera trois de ses fils Mérovée, Clotaire et Clovis, une manière de souligner leur noble ascendance.

Au moment où commence ce récit, Clotaire et Childebert, les deux derniers fils de Clovis, règnent sur un pays usé par les guerres incessantes, et menacé à ses frontières de l'Est par les Saxons et les Thuringiens, eux-mêmes repoussés par les Huns. La menace la plus terrible ne viendra cependant ni des Saxons ni des Huns, mais de la haine tenace et meurtrière entre deux femmes, deux reines ennemies, deux dames de sang : les reines pourpres, Frédégonde et Brunehilde.

C'est pour cette nuit. Je ne sais quand ils vont venir, ni qui viendra. Sans doute quelqu'un dont je ne me méfierai pas. Une femme, un page. Un ami... Je ne sais même pas comment ils vont me tuer. Le poison, le couteau. Je préférerais le couteau. C'est ainsi qu'est mort ton père.

J'aurais pu te raconter cela de vive voix, mais tu es trop jeune encore pour comprendre qui était ta mère. On te dira que j'étais une sainte, on te dira que j'étais une sorcière, que j'ai assassiné des rois, des princes et des évêques, et même que j'ai tué ton père. Pourtant, la seule personne que j'ai vraiment haïe est toujours en vie, et c'est elle qui va me tuer.

Je voudrais tellement te revoir une dernière fois ! À seulement t'imaginer endormi dans ton petit lit, les larmes me viennent aux yeux et mon courage s'amenuise. Ce n'est pas la mort qui m'effraie, depuis le temps que je m'y attends, mais l'idée que tu seras seul désormais, et que je ne pourrai plus te protéger.

C'est étrange de se dire que je suis vivante tant que je t'écris ces lignes, et que je ne le serai plus dès qu'elles seront achevées... J'espère qu'ils me laisseront le temps de tout te raconter. J'aimerais tant te revoir une dernière fois, embrasser ta joue potelée et te serrer très fort dans mes bras ! Mais si je quitte cette pièce, je sais que je ne parviendrai pas jusqu'à ta chambre. Cette nuit est trop courte pour l'abréger encore en errant dans les sombres couloirs de cette forteresse. Quitte à mourir, je préfère voir qui me tue et ne pas lui épargner les remords de m'avoir frappée. Je veux que mon dernier regard les hante à jamais. Et je veux que tu me venges, mon fils, quand tu seras en âge de le faire.

1

Les calendes de janvier

Hiver 557

Oiba était trop vieille pour être nue. Sa peau était aussi blanche que celle de la Bovinda dont elle portait le masque, mais sa danse était lourde, sans grâce, presque triste. À la lueur des torches, dans le vacarme assourdissant des chants, des rires et des cris, les rustres du village avaient formé une coraule brouillonne et se dandinaient autour d'elle, trois pas de droite, trois pas de gauche en se tenant par le doigt, tellement ivres et fiévreux qu'on avait peine à entendre les cithares et les flûtes qui menaient la ronde. Eux aussi étaient masqués, le plus souvent attifés de défroques d'animaux faites de cuir et de paille, parfois vêtus en femmes et les femmes en hommes, grotesques ou effrayants, battant de leurs pattes nues le sol de la caverne, leurs corps déjà luisants de sueur et leurs yeux de désir. D'autres, pas encore assez saouls, buvaient avec application, le front plissé, peu de mots, graves malgré leurs déguisements bestiaux. Audehors il faisait froid, neige et pluie mélangées, les bêtes maigres, l'impôt du comte franc et la dîme réclamés par le prêtre. En buvant assez, on pouvait tout effacer, jusqu'à son propre nom, devenir cerf, veau ou vache, prendre et se donner sans distinction, ne plus être laid, vieux, grosse, pauvre. Pour un soir seulement, celui des saturnales, à la dix-septième nuit des calendes de janvier, n'être ni maître ni servile, n'avoir plus d'âge ni de visage, revivre les temps sans loi, oublier la terre et le ciel.

À l'abri d'une simple toile tendue entre deux aspérités, dans le recoin sombre tapissé d'herbe sèche qui servait en hiver de litière aux bergers, elles regardaient de tous leurs yeux, serrées l'une contre l'autre. La plus jeune avait treize ans, l'autre n'en avait pas quinze. Elles étaient vierges, jusqu'à ce soir, et n'avaient pas de noms. S'il fallait les appeler, *Geneta* suffisait. Jeune fille... C'était ainsi depuis que la peste avait enlevé leurs familles. La peste, ou la famine, ou la guerre. Qui s'en souvenait encore ? Deux gamines sans nom. La Mère les avait recueillies et élevées pour qu'elles servent la Bo-Vinda, la Vache blanche qui veillait depuis toujours sur la tribu, bien avant les Romains et les Francs, bien avant le prêtre et son dieu unique. Durant des années, Oiba les avait tenues à l'écart des frairies du solstice d'hiver, mais les fillettes avaient grandi, et elle vieillissait.

Pour la première fois, elles voyaient la Mère danser, le corps en sueur, terriblement pâle dans sa nudité, au centre de cette sarabande qui ne cessait d'enfler, trouvait peu à peu sa cadence et l'encerclait. Trois pas, un demi-tour et un claquement de mains au rythme de son chant haletant assourdi par le masque, et dont les pucelles n'entendaient que de brefs glapissements. Au centre de la ronde gisait le manteau dont elle était couverte avant de commencer ses virevoltes. Durant un temps, les rustauds s'étaient contentés de deviner ses formes à chaque envol de l'étoffe. Oiba savait donner vie à sa cape, attirer les yeux au moment et à l'endroit qu'elle avait choisis, faire monter en eux, hommes ou femmes, la fièvre du désir.

Puis sa danse avait changé de rythme.

Lorsqu'elle avait dégrafé la fibule retenant l'étoffe à son épaule, lorsqu'elle était ainsi soudainement apparue dans sa blancheur au centre de leurs regards, un trouble presque craintif les avait saisis, tous, jusqu'aux fillettes. Impudique jusqu'à l'obscène, offerte comme une proie à leurs regards enfiévrés, la Bovinda, nue, attendait son amant. La célébration se muait en cérémonie, le chahut en rituel.

Bientôt, il n'y eut plus de rires, ni de cris ; plus guère de buveurs attablés à l'écart. La danse et les chants des villageois devenaient lents, graves, presque effrayants. Leur coraule était si resserrée qu'ils ne tournaient plus guère et formaient dans la pénombre rougeoyante des flambeaux un rempart de corps échauffés dont les silhouettes démesurément allongées ondoyaient sur les parois de la grotte. Quelques maigres notes de flûte ou de cithare s'échappaient parfois de cette mêlée charnelle, entre les monodies de la Mère et les bruyants répons des danseurs, ponctués comme des coups de tonnerre par leurs claquements de mains. Chaque fois, les deux filles sursautaient. Hésitants tout d'abord, les battements formidables s'accéléraient sans cesse. Bientôt, des gémissements rauques s'échappèrent du centre de l'attroupement.

— C'est Oiba ! souffla la plus jeune des deux, la brune aux longs cheveux dont les yeux brillaient de larmes. Ils lui font du mal !

L'autre, la Grande, l'écarta d'une bourrade et prit sa place avec un sourire narquois derrière l'entrebâillement de la toile.

— Tu le fais exprès ou tu n'as vraiment rien compris ? murmura-t-elle. C'est commencé... Cernunnos s'unit à la Bovinda pour que le printemps renaisse. Écoute-la... Tu trouves vraiment qu'elle a l'air d'avoir mal ?

— Elle nous a dit que ça faisait mal.

— Mal au début, mais du bien après... Je me demande qui est le Bel Encorné cette année. Qu'ils se poussent, ces balourds ! J'aimerais bien le voir... Tu crois que c'est Dago ? Il m'a regardée drôlement, l'autre jour...

— Je ne l'aime pas, Dago.

La Grande toisa la jeune fille d'un air désolé. Comme elle, la petite n'était vêtue que d'un drap de lin noué à la taille et qui ne cachait pas grand-chose de sa nudité. Elle s'était réfugiée dans un recoin d'ombre, enserrant ses genoux contre sa poitrine naissante. Son visage était à demi masqué par ses longs cheveux bruns, mais la Grande sut qu'elle pleurait aux spasmes qui secouaient ses épaules. Après un dernier regard vers la grotte, elle s'écarta du rideau en soupirant et vint s'accroupir auprès d'elle.

— Nul ne peut te forcer, tu sais… Mais si tu ne choisis personne, tu ne seras pas une *gatalis*[1], et la Mère devra te renvoyer. Tu comprends ?

La jeune fille secoua la tête et releva les yeux. Le fard avait coulé, laissant de vilaines traînées noirâtres sur ses pommettes.

— Ils te vendront, et ce sera bien pire, poursuivit sa compagne en effaçant doucement les marques. Tu devras travailler aux champs, à la chaussée, aux marais. Tu auras froid, tu auras faim, tu seras sale et ils se coucheront sur toi quand même, chaque fois qu'ils en auront envie.

Elle soupira, s'écarta le temps de mouiller un linge, revint à son côté et reprit sa besogne.

— Tu te souviens des mots secrets ?

— Les mots de magie, murmura la petite.

— La magie des femmes… *Uiro nasei es menio*… Dis-les avec moi…

Dans un souffle à peine audible, mains dans les mains, yeux dans les yeux, elles prononcèrent l'incantation cent fois répétée par la Mère.

— *Uiro nasei es menio, olloncue medenti. Langom nathanom esti… Uiro nasei es menio…*

Encore et encore, de plus en plus fort. Les mots n'avaient guère de sens, plus personne ne parlait l'ancienne langue et rares étaient ceux qui parvenaient à la comprendre. Mais la Mère croyait au pouvoir de ces phrases immuables, et ses deux filles croyaient au pouvoir de la Mère. Au moins, les larmes avaient cessé.

Elles échangeaient même un sourire lorsqu'une clameur soudaine les fit sursauter. La Grande se reprit aussitôt. Elle acheva sommairement d'essuyer les yeux de son amie, arrangea ses cheveux et se redressa, le cœur battant. De nouveau, la caverne résonnait de rires, d'appels et de chants.

1. « Courtisane », en langue gauloise.

— Dépêche-toi… Ils vont venir.

L'autre n'eut que le temps de se relever et le rideau s'ouvrit. C'était la Mère, toujours coiffée du masque de la Bovinda, les poignets et les bras ornés de larges bracelets de cuivre, la taille ceinte d'une lanière chargée de plumes, de talismans en corne et de deniers percés sous laquelle se dessinait le triangle sombre et luisant de son ventre. Elle tira aussitôt le rideau derrière elle, mais les filles eurent le temps d'apercevoir leurs prétendants, pareils à une harde sauvage sous leurs accoutrements de bêtes.

D'un geste vif qui révéla son visage cramoisi, Oiba arracha sa coiffe et rejeta en arrière ses cheveux mouillés de sueur.

— L'année sera belle… Cernunnos fut un amant agréable… et rapide.

Durant un moment, la Mère les regarda avec un sourire en coin, puis elle ouvrit ses bras et les filles vinrent se serrer contre elle en riant.

— Vraiment rapide ? dit la Grande.

— Juste assez pour me donner soif, gloussa Oiba. *Nata uimpi, curmi da*[1]… Donne-moi à boire, tu veux ?

La plus jeune resta serrée contre son corps en nage, le visage sur son sein, la main pressant son dos granulé de sable. Elle ne riait plus. Elle tremblait.

— Pour ta première fois, choisis un jeune, murmura Oiba à son oreille. Pas trop fort, pas trop beau. Il aura aussi peur que toi et ça ira vite… Après, si tu veux, prends le Bel Encorné. Ce sera bien…

Elle se détacha de la jeune fille, lui souleva doucement le menton et contempla son visage, ses pommettes hautes, ses yeux verts et ses longs cheveux tranchant sur sa pâleur.

— Tu es belle… Plus belle que je ne l'ai jamais été. Ils seront fous de toi. Tu seras une *deva*, la déesse dont ils rêveront l'année durant, la nuit, avec leur rustaude…

1. « Donne de la bière, belle fille. »

Oiba lui baisa la joue, puis elles s'écartèrent l'une de l'autre lorsque la grande revint avec un pichet de bière fraîche.

— Il faut y aller, dit la Mère après avoir bu à longs traits. N'ayez pas peur, je serai là.

— Je n'ai pas peur, dit l'aînée.

Peu à peu, la courtisane sacrée retrouvait son souffle et la pâleur habituelle de son teint. Elle leur sourit, versa le reste du pichet sur son corps en nage, s'essuya sommairement, puis se tourna vers la petite et lui tendit la main.

— Souvenez-vous, mes filles : *Langom nathanom esti*...

Les deux pucelles échangèrent un regard amusé qui n'échappa guère à leur aînée.

— Allez, ils nous attendent...

D'un mouvement de menton, elle fit signe d'ouvrir le rideau, puis elles sortirent toutes les trois. Devant elles, dans une bouffée de chaleur aigre aux relents de bière, de fumée et de sueur, la haie des hommes s'écarta lentement. La Grande s'avança, droite et lente, touchant parfois un torse dénudé, inclinant la tête en réponse à ceux qui ôtaient leur masque pour se faire reconnaître. Elle franchit ainsi tout l'attroupement et s'immobilisa devant le Cernunnos, immense avec ses bois de cerf, pareil à une bête, vraiment, surgie des bois, sombre et chatoyante dans la lueur des torches. Un bref instant, la fille se tourna vers Oiba, qui remua imperceptiblement la tête en signe de dénégation. Puis elle croisa le regard de sa compagne, si petite, si jeune, si effrayée... D'un geste presque brusque, elle saisit le bras du Cernunnos et l'attira sous la tente. En passant près d'Oiba et de la petite, elle baissa les yeux pour ne pas les voir.

Les rangs, à présent, se resserraient autour de la Mère et de la jeune fille. Des corps les frôlaient, des mains les caressaient. Les hommes devenaient pressants. Tout à coup, Oiba ne fut plus là. La petite n'entendit que son rire de gorge. Elle ne voyait plus que ces hommes autour d'elle, enfiévrés, avides, grognant à son oreille comme des pourceaux, plus que des masques, des peaux de bêtes et, telle une lueur soudaine, le visage connu d'un garçon de La Selve, le bourg le plus proche de leur hameau. Il se nommait Uxellos, il ne lui avait jamais parlé jusqu'alors. Elle se réfugia dans ses bras.

Durant un moment, ils furent bousculés, ballottés comme un esquif dans une tempête, leurs corps à tous deux pétris brutalement par des mains inconnues, leurs oreilles assourdies par les rires, les obscénités ou les invectives. Puis, enfin laissés seuls, elle osa relever la tête. Uxellos la serrait toujours étroitement, le visage éclairé d'une fierté imbécile, poussant son ventre dur contre elle.

— Tu as bien fait de me choisir, Geneta...

Un instant, il sembla attendre une réponse. Elle ne fit que le contempler et lui se troubla du regard si vert, si fixe de la petite. Un regard qui semblait ne pas le voir.

— Viens.

Il desserra son étreinte, la saisit par le poignet et l'entraîna vers la tente. Geneta devait presque courir pour aller à son rythme et ne pas avoir le bras tordu. D'un coup d'œil elle chercha la Mère, mais la caverne tout entière semblait en proie à la folie. La plupart étaient nus, couchés, vautrés, emmêlés. Le sol était jonché de vêtements épars, de masques défaits, de gobelets et de brocs renversés. Partout où ses yeux se posaient, des couples s'activaient avec des ahanements de bêtes. D'autres, ceux qui tenaient encore debout, buvaient, mangeaient ou dansaient comme des possédés.

Alors qu'ils étaient parvenus devant le rideau, Uxellos hésita. Elle-même, s'arrachant à sa torpeur horrifiée, eut un mouvement de recul. Le Cernunnos était là avec sa compagne... Surtout ne pas les voir couchés, suants et grognant, comme les autres, à même la terre. Qu'au moins nul ne les voie.

— Ici, dit-elle, ici ce sera bien.

Entre la toile tendue et la paroi rocheuse se dessinait une niche abritée des regards. Elle se défit doucement de l'emprise d'Uxellos puis se coucha sur le sol sans le quitter des yeux. Le jeune villageois mit avec hésitation un genou à terre et s'avança au-dessus de sa proie. Sans cesser de l'observer, il posa une main sur sa cuisse, remonta sous le drap noué à sa taille. Elle avait fermé les yeux et ses jambes s'ouvrirent légèrement. Ce fut suffisant pour l'enhardir. D'un geste rapide il défit ses propres braies, libérant sa nudité, puis il empoigna et arracha d'un coup sec l'étoffe qui recouvrait encore le ventre de Geneta. Aussitôt, il poussa un cri et se rejeta en arrière. Dans la pénombre de leur abri, il avait cru voir un serpent lové autour de ses reins. Ce n'était qu'une ceinture barrant le ventre nu de la jeune fille, chargée de bourses et de phylactères, comme celle de la Bovinda. Pour autant, c'était bien d'un serpent qu'il s'agissait, une peau d'écailles vertes et luisantes, avec une tête triangulaire reposant tout contre le buisson de son sexe. Le cœur battant, il releva les yeux et croisa le regard sombre de Geneta.

— Pauvre folle ! cria-t-il en se relevant.

Il recula d'un pas, réajusta ses braies et la dévisagea, à la fois furieux, honteux et effrayé, puis il cracha sur elle et se sauva.

La petite resta un long moment sans réagir, son pagne de lin étalé sous elle comme une corolle. Elle tremblait convulsivement de tout son corps, les yeux embués de larmes. Des éclats de voix parvenaient jusqu'à elle, depuis le tumulte de la grotte. Ils allaient venir. Uxellos était allé chercher la Mère, ils la chasseraient. Ou ils la forceraient, tous ensemble. D'un geste instinctif, elle toucha le petit sac de cuir cousu à sa ceinture. Un sac contenant un œuf de serpent… Même lui ne pourrait la protéger.

D'un bond, elle se releva, ramassa le drap à terre et s'enfuit à toutes jambes le long de la paroi rocheuse, aveuglée par ses larmes et ses longs cheveux bruns. Personne ne faisait attention à elle. Trop saouls. Uxellos lui-même avait trouvé bonne fortune ailleurs et n'avait que faire d'une gamine terrifiée alors que toutes les femmes du village semblaient n'attendre que lui. Geneta n'en savait rien. Les pieds meurtris par les pierres, les bras écorchés par les aspérités de la caverne, elle parvint ainsi jusqu'à l'étroit tunnel qui en constituait l'unique accès.

L'air glacé soufflant de l'extérieur l'arrêta un instant. Elle prit le temps de nouer l'étoffe autour d'elle, puis elle se remit à courir, pleurant à présent à chaudes larmes. Dehors, il faisait nuit noire. Le vent soufflait, une bise glaciale chargée de givre. Geneta ne parcourut que quelques toises avant de s'abattre dans la neige, épuisée et transie. Que les loups viennent, que le froid la saisisse, que la nuit l'engloutisse à jamais et que la neige la recouvre comme une bûche ! Elle avait manqué à la Mère, elle n'avait pas su séduire Uxellos, sa peur l'avait rendue laide…

— Venez voir !

Geneta releva la tête. Au-dessus d'elle, grand comme un arbre dans la voûte étoilée, se tenait un homme drapé d'une cape de fourrure, tenant à la main un flambeau grésillant sous les rafales. Lentement, l'arbre s'abaissa vers elle et l'enveloppa de son manteau.

— Sainte Vierge, elle est presque nue… Ho, arrivez !

À travers le frimas de ses larmes gelées, elle devina un visage rude mais souriant, mangé par une barbe noire. Ses cheveux étaient courts, plus clairs. L'homme s'appuyait à la hampe d'une lance et un long poignard barrait sa ceinture de cuir. Un soldat. Un Franc.

Doucement, il la saisit dans ses bras et la releva, aussi facilement que s'il avait ramassé un chiot. D'autres arrivèrent alors qu'il l'emmitouflait dans son manteau. Il sentait fort. Il était chaud. Geneta se sentit glisser dans un abîme.

— Qu'est-ce que tu as là ? grommela une voix éraillée. Eh, regardez ça, Arnulf a trouvé une fille dans la neige !

D'autres voix, des rires… Ils devaient être une douzaine autour d'elle, exhalant des nuages de buée par la bouche ou le nez, pareils à des ours avec leurs manteaux de fourrure et leurs barbes drues. Leurs armes, haches et lances, miroitaient à la lueur vacillante de leurs torches. Il y eut un éclat de voix indistinct et leurs rires cessèrent. Les guerriers s'écartèrent et un nouveau visage apparut au-dessus d'elle, glabre celui-là, jeune et encapuchonné. Geneta sentit les mains du nouveau venu écarter brusquement le manteau dont le Franc l'avait couverte. Le vent mordit aussitôt sa peau découverte.

— Seigneur Dieu, elle est nue ! Et regardez son visage, il est fardé. C'est l'une de ces louves ! Le lupanar ne doit pas être bien loin !

— Je ne sais pas trop, messire l'abbé, fit la voix grave d'Arnulf. C'est une gamine… D'ailleurs elle s'enfuyait. On voit ses traces dans la neige…

Il y eut un silence. La main glacée du jeune abbé lui bascula le visage, ses yeux se fixèrent sur elle.

— Tu as raison… Cette malheureuse enfant fuyait la tanière des louves et leurs hideuses orgies païennes. Mais ses pas vont nous conduire jusqu'à eux, et nous leur donnerons ce qu'ils méritent !

La pression de ses doigts se relâcha, son visage s'éclaira d'un sourire narquois et il referma sur elle la cape de fourrure.

— Préparez-vous, mes braves ! cria-t-il en se tournant vers les soldats. Nous allons leur montrer ce qu'il en coûte de braver Dieu et notre seigneur l'évêque !

Seuls quelques grognements lui répondirent, mais ils se mirent en marche vers la grotte toute proche.

— Toi, dit-il en retenant Arnulf, emmène-la chez moi.

C'était quelques années plus tôt. Je devais avoir six ou sept ans... Je me souviens encore aujourd'hui du vent lugubre qui mugissait entre les branches des grands arbres et de l'odeur de pourriture exhalée par le sous-bois, après la pluie. Nous étions montées sur un cheval de labour bien trop gros pour des fillettes comme nous, tremblant d'appréhension plus encore que de froid. Je crois pourtant que nous avions par-dessus tout peur de nous l'avouer, de faire demi-tour et de rentrer bredouilles. C'était une nuit sans lune au solstice d'hiver, le seul moment de l'année où l'on peut, avec quelque avantage, ramasser des œufs de serpent. Il faut que tu saches que, prélevés à cette période et selon les usages, ce sont de puissants talismans, capables de faire taire les accusations et de permettre à celui qui en porte sur soi, à l'abri des regards, d'approcher les souverains. C'est en tout cas ce que m'avait dit la Mère...

En menant un troupeau de porcs glaner dans la forêt quelques jours plus tôt, nous étions tombées sur un nid de vipères, à trente pas d'un grand chêne isolé qu'on apercevait depuis le bourg de La Selve. Mais en pleine nuit, avec pour seule lumière les tisons crachotants d'un flambeau presque éteint, tous nos repères se fondaient dans les ténèbres. Nous n'avancions plus que par la volonté de notre cheval, jusqu'à ce que, tout à coup, celui-ci se mette à renâcler et à encenser avec une telle force que je fus projetée à terre. C'est en ramassant la torche que je vis un buisson de houx aux formes familières. J'avançai prudemment en brandissant mon flambeau et je vis le chêne, entre les troncs lisses des hêtres, dominant de ses larges frondaisons une clairière dénudée. Sans attendre ma compagne, je m'élançai vers l'arbre immense et commençai à compter les pas en relevant mes robes pour de plus larges enjambées. Trente pas vers l'est, en ligne droite... Le nid était là. À la lueur des flammes, les œufs trempés de pluie ressemblaient à des cailloux ronds, serrés entre de grosses pierres moussues. Je n'avais pas peur, et d'ailleurs aucun reptile n'était en vue. Selon le rite, je devais saisir l'œuf de la main droite, le lancer en l'air et le rattraper sur une saie avant qu'il ait touché terre.

Après avoir fixé le flambeau dans un roncier, j'étalai mon manteau à terre, j'avançai ma main sans trembler et je saisis le premier œuf que je trouvai, puis un deuxième. Les coquilles étaient visqueuses, un peu molles. Je dus les lancer avec trop de précipitation, car dans le geste que je fis pour les rattraper dans ma saie, la torche s'abattit au plus profond des ronces. Avant qu'elle s'éteigne en chuintant, je perçus une sorte de crachement puis un mouvement brusque, une lueur d'écailles au sein du buisson d'épines.

Là, j'ai eu peur. Je ne sais comment je parvins à me redresser, m'enfuir à toutes jambes vers le grand chêne et le cheval. La Mère avait dit que si les serpents vous surprenaient, ils vous poursuivraient sans cesse, jusqu'à ce qu'ils soient arrêtés par un cours d'eau. Il n'y en avait aucun à la ronde... Les yeux écarquillés dans le noir, butant à chaque foulée sur des racines, j'entendais juste derrière moi les vipères siffler et cracher de rage.

Ma robe s'arrachait aux ronces, des branches me giflaient, mais je détalais toujours en appelant à l'aide, les mains serrées sur mon butin. Puis, tout à coup, un enchevêtrement de broussailles arrêta ma course. Ma robe était prise, et chaque mouvement que je faisais pour me dépêtrer l'enserrait davantage. Je parvins tout au plus à me retourner, et là, comme des ombres plus noires ondulant dans les ténèbres, je les vis s'approcher, lentement à présent, ramper jusqu'à moi, s'enrouler sur mes bottes, glisser sur ma jambe. Je ne me souviens plus de ce qui se passa ensuite.

2

Un jour de brume

Le vent avait cessé au matin. Une brume givrante recouvrait le pays, étouffant les sons et limitant la vision à quelques toises, comme si la lande dégrisée partageait l'hébétude des villageois. Regroupés autour du puits, au centre de La Selve, aussi tassés les uns contre les autres qu'un troupeau de moutons, ils baissaient les yeux, la tête lourde et les membres endoloris. La nuit avait été une longue épreuve, dans ce froid. Les plus soûls avaient réussi à s'endormir, les autres n'avaient fait que grelotter, parfois à demi nus, et l'aurore les révélait, pitoyable harde engourdie, le teint cireux, les yeux injectés de sang, tout juste couverts des oripeaux dont ils s'étaient parés pour la nuit des calendes. Autour d'eux, les gardes francs battaient la semelle, transis eux aussi malgré leurs bottes de cuir et leurs capes de fourrure. La plupart s'étaient réunis autour d'une flambée, se souciant comme d'une guigne de cette troupe misérable ramassée dans la caverne. Ceux qui auraient eu la force ou la volonté de s'enfuir n'avaient pour s'en dissuader qu'à tourner les yeux vers les deux corps recouverts d'un drap, et que les soldats avaient allongés à l'écart. Le sang, en gelant, avait raidi le tissu marqué de larges auréoles noircies. Auprès d'eux un troisième, à demi mort déjà, geignait faiblement. Les trois seuls à avoir tenté de résister…

Peu à peu, le bourg s'éveillait et découvrait le spectacle. L'abbé Prétextat l'avait voulu ainsi. Que la honte et les moqueries, après cette nuit atroce, leur servent de pénitence. Que leur père, leur femme, leurs enfants les voient ainsi, violacés, tremblants, misérables dans leurs déguisements bestiaux, dégrisés, avilis. Lentement, presque à contrecœur, il rabattit le rideau de cuir lesté masquant l'étroite fenêtre de sa chambre. Le froid du petit matin l'avait saisi, malgré l'épais manteau de loup dont il s'était couvert. Frissonnant, le jeune religieux raviva le feu dans la cheminée et saisit un brandon rougeoyant pour allumer deux chandelles de suif placées sur sa table de travail. Lui non plus n'avait guère dormi. L'excitation de la chasse, le tumulte dans la caverne lorsqu'ils y avaient fait irruption, les cris, les coups et la mort des pauvres fous qui avaient tenté de bousculer les gardes… Toute cette débauche, enfin, cette puanteur aigre de bière et de sueur qui lui avait sauté aux narines dès qu'il avait pénétré dans l'antre des saturnales, cet amoncellement odieux de chair, ces masques de bêtes… En rentrant, il s'était attablé pour écrire le sermon qu'il prononcerait ce matin. Dans le silence de cette pièce austère mise à sa disposition par le centenier[1], son calame avait longuement gratté le parchemin, jusqu'à ce que la fatigue le submerge. Ce n'est qu'au moment d'aller se coucher dans la petite pièce attenante qu'il s'était souvenu d'elle… Le garde, cet Arnulf, lui avait-il obéi ? Prétextat avait poussé la porte de la chambre. Elle était là, dans son lit.

Elle y était toujours, ce matin, et l'abbé contempla longuement la porte close derrière laquelle elle reposait. L'image de son épaule nue dépassant des fourrures ne l'avait pas quitté de toute la nuit, se superposant au souvenir plus diffus de son corps, lorsqu'il l'avait dévoilé à la lueur vacillante des torches. Une toute jeune fille, trop jeune sans doute pour être une publicaine, mais qu'on avait fardée comme ces danseuses qui menaient leurs orgies… Peut-être était-elle des leurs, après tout. Une putain, elle aussi. L'âge ne prouvait rien. De plus jeunes

1. Chez les Francs du nord de la Gaule, chef d'un groupement militaire de cent chefs de famille.

étaient déjà mariées, surtout chez ces rustres. Elle fuyait, sans doute, car elle ne serait pas sortie seule, dans la nuit et avec cette neige, sans au moins se couvrir. Mais il pouvait y avoir toutes sortes de raisons de fuir… Prétextat s'ébroua, ramassa son manteau et le parchemin sur lequel il avait travaillé. Il serait temps plus tard de s'occuper d'elle.

En quittant ses quartiers, il héla un garde dans le couloir afin qu'il se poste en faction devant sa chambre et ne laisse personne y entrer ni en sortir, puis il se hâta de rejoindre le centenier Gerhard et ses hommes. Ceux-ci avaient déjà franchi la palissade de rondins ceinturant son fortin et se portaient au-devant des captifs. Le Franc s'arrêta en voyant l'abbé arriver et le salua à distance d'une vague inclinaison de la tête.

C'était un homme de guerre, fier de sa masse et de sa force, un ours au visage couperosé et à la panse proéminente, qui avait servi avec honneur auprès du roi Clotaire, vingt ans plus tôt, contre les Thuringiens. Il avait deux fois l'âge d'être son père, deux fois son poids et presque deux fois sa taille. Comme les guerriers qui lui faisaient escorte, il portait pour seule arme le long poignard qu'ils nommaient scramasaxe, une lame d'égorgeur, ressemblant davantage à un couteau de boucher qu'à une épée.

— Alors l'abbé ! cria-t-il de sa voix éraillée. Qu'est-ce qu'on fait de vos ivrognes ?

Prétextat ramena contre lui les pans de son manteau. Il s'était habillé trop vite, sans prendre le temps de couvrir sa tonsure d'un bonnet ni d'enfiler des gants. Cette maudite brume vous perçait jusqu'aux os, et ses bottes trop fines n'étaient pas faites pour la neige.

— Nous les laisserons aller, dit-il en les rejoignant enfin. Je ne crois pas qu'ils se risquent à recommencer… Vos hommes ont eu la main lourde, hier soir.

Gerhard plissa un instant ses sourcils broussailleux, puis il comprit et haussa les épaules en n'accordant qu'un bref coup d'œil aux cadavres alignés à l'écart.

— Ah, ça ? C'est vrai, on m'en a parlé. Eh bien, voilà ce qui arrive quand des jeunes gandins boivent trop de bière. Dommage… Au moins, ces trois-là avaient du courage. J'aurais pu en faire quelque chose.

— Messire, je n'en doute pas… Maintenant, avec votre permission, je vais aller parler aux autres.

— Parlez tant que vous voulez, l'abbé.

Le centenier eut un sourire vexant que Prétextat s'efforça de ne pas relever, pas plus que les regards arrogants de ses hommes. Il le remercia d'un signe de tête et tournait déjà les talons lorsque le Franc le retint par la manche.

— Quand vous en aurez fini avec eux, on s'occupera de la sorcière et de ses danseuses. J'ai fait dresser le *mallberg*[1] sur la colline.

Prétextat suivit son regard, mais la brume ne permettait guère d'y voir à plus d'un jet de pierre. Selon la coutume des Francs Saliens, la justice devait être rendue sur une hauteur, afin que chacun puisse en être témoin.

— Vous siégerez parmi nous, bien sûr…

— Bien sûr, grommela le jeune homme.

De nouveau, il surprit dans les yeux du centenier Gerhard une lueur amusée qui l'irrita.

— Faites-les se lever, ordonna l'abbé d'un ton cassant, en désignant d'un mouvement de menton le groupe rassemblé autour du puits. Et qu'on fasse venir les autres, femmes, vieillards, enfants, tous, de gré ou de force.

Le Franc s'inclina, donna quelques ordres et tourna les talons, suivi de sa coterie. Prétextat les regarda s'éloigner, mécontent d'avoir été pris de vitesse par ce lourdaud, mécontent de l'affabilité narquoise avec laquelle il s'adressait à lui, et mécontent, par-dessus tout, du rapport qu'Arnulf avait dû faire à son sujet. Gerhard n'ignorait certainement pas la présence de

1. Littéralement, la « montagne du conseil », tribunal populaire réunissant sur un lieu élevé sept sages nommés rachimbourgs.

cette fille dans la chambre du religieux, et ses sourires en devenaient insultants.

Durant un moment, il s'intéressa à l'affairement de la troupe parmi les cahutes du village, mesura l'inquiétude croissante des prisonniers qui voyaient les villageois se rassembler subitement autour d'eux, puis, saisi d'une brusque inspiration, il s'avança à grandes enjambées vers les corps gardés à l'écart.

L'agonisant avait cessé de geindre. L'abbé s'agenouilla à son côté et le retourna doucement. Les yeux vitreux, les lèvres bleuies, le teint aussi pâle que la neige... Sans doute le malheureux était-il mort de froid autant que de ses blessures. Conscient de l'attention que l'on portait sur lui, Prétextat ploya la nuque et marmonna une prière pour l'âme de cette brebis égarée, morte loin de Dieu. Puis il se releva lourdement, traça d'un geste ample un signe de croix au-dessus des trois dépouilles et se retourna. Les regards de la plupart des captifs ne le quittaient pas. En passant auprès d'eux, il ralentit imperceptiblement.

— Dieu m'est témoin que j'ai tout fait pour éviter ça, murmura-t-il, assez fort cependant pour qu'on l'entende.

En remontant vers le poste de garde du fortin, il chercha Gerhard et ses hommes. Le Franc l'observait à distance, les bras croisés, en hochant la tête d'un air rogue. L'abbé s'arrêta en contrebas et fit face au bourg. Gerhard tenait son pouvoir du comte mais lui de l'évêque, donc de Dieu, et le pouvoir de Dieu ne cède à rien ni à personne.

D'humeur mauvaise, Prétextat attendit avec impatience que s'achève le rassemblement des villageois. Le groupe ramassé dans la caverne des saturnales avait été relevé et aligné à l'écart sans ménagement, sur une seule rangée. Pitoyables dans leurs costumes dépenaillés, ils baissaient les yeux comme des enfants pris en faute, ce qui rasséréna le jeune religieux à l'instant de sa harangue.

— Mes frères ! cria-t-il de toute sa voix afin de faire taire l'assistance. Mes frères, c'est un triste jour qui se lève. Un jour froid, un jour de brume... Trois des nôtres sont morts.

Il tendit le bras vers les cadavres, mais ses yeux scrutaient l'assemblée, jusqu'à ce qu'il croise le regard affolé d'une femme accrochée au bras de son compagnon. Elle était morte d'angoisse. L'un des trois devait être son fils... Prétextat hocha tristement la tête en signe d'acquiescement. Aussitôt, elle éclata en sanglots, et d'autres pleurs lui firent écho dans la foule.

— Mes frères, n'en blâmez pas le ciel ni la justice de votre maître ! reprit-il en s'époumonant de nouveau. Seuls sont coupables leur manque de foi, leur ignorance, leur mépris de Dieu ! Comment pouviez-vous ignorer les pratiques bestiales qui se déroulaient dans cette grotte, au hameau de Balma ? Vous les avez laissés aller à leur perte, la perte de leur âme, plus grave encore que celle de leur vie ! Regardez-les !

Pour la première fois, il fit face à l'alignement des prisonniers.

— Voyez à quoi ressemble le mépris de Dieu ! Sont-ce là des hommes et des femmes faits à l'image du Christ ?

Lentement, il se détourna d'eux et se rapprocha de la foule des villageois.

— J'ai honte à l'idée que notre seigneur l'évêque puisse apprendre que de telles pratiques existent encore dans ce pays... Écoutez, mes frères, écoutez la parole d'Augustin !

Sortant de son manteau le parchemin sur lequel il avait travaillé une partie de la nuit, il le brandit bien haut afin que tous puissent le voir. Ce qui était écrit, tant pour les Francs que pour les Gaulois, avait toujours une valeur sacrée...

— Voici les propres mots du saint évêque Augustin : « Parce que je vois ici une grande foule venue pour fêter Noël, il faut que j'ajoute : les calendes de janvier vont arriver. Par la bienveillance de Dieu, vous vivez dans une cité chrétienne. Qu'on n'y voie pas se produire ce que Dieu hait : des jeux indignes, des divertissements malhonnêtes. Écoutez-moi ! Vous êtes chrétiens, vous êtes des membres du Christ. Songez à ce que vous êtes, à quel prix vous avez été rachetés. Pour tout dire, voulez-vous savoir ce que sont vos pratiques ? Je m'adresse à ceux qui s'y adonnent. Que ceux à qui elles répugnent ne s'en offusquent pas : c'est un avertissement, une proclamation, une dénonciation. Écoutez-moi, je vous le demande. Écoutez-moi, je vous en supplie et je vous en fais un devoir : que personne ne s'adonne à ces pratiques[1] ! »

Prétextat abaissa le parchemin, contempla la foule et revint sur ses pas.

— Ceci a été écrit il y a près de deux siècles. Et qu'est-ce qui a changé ? Rien ! Alors je vous le dis : faites pénitence, car vous êtes tous coupables aux yeux de Dieu !

À bout de souffle, il s'interrompit, exhalant des nuages de buée dans l'air glacé. La brume se levait. Un maigre rayon de soleil commençait à percer. Prétextat y vit une occasion à ne pas manquer. Le brouillard et les ténèbres se dissipaient. Venaient à présent l'heure du pardon et la lumière de Dieu.

— Trois de nos frères sont morts, reprit-il plus doucement, en se rapprochant des captifs. Que leur sacrifice rachète vos fautes et que vous ne vous écartiez plus, désormais, de la Lumière divine... Allez. Rejoignez vos familles.

Passé un instant de stupeur, les prisonniers rompirent l'alignement, hésitants tout d'abord, n'osant croire à la clémence de ce godelureau d'abbé. Puis, voyant qu'il souriait et que les Francs du centenier ne réagissaient pas, ils s'élancèrent à toutes jambes vers les leurs, dans les pleurs et les cris de joie.

Oiba et la Grande étaient restées en arrière. Pieds nus dans la neige, serrées l'une contre l'autre et tout juste couvertes d'une cape de laine jetée en travers de leurs épaules, elles s'avancèrent parmi les derniers. Mais l'abbé leur barra la route, et deux gardes francs se rapprochèrent d'elles.

— Pas vous.

***

En fin de matinée, le calme était revenu dans le bourg. On n'y voyait à vrai dire plus âme qui vive, hormis les gardes du

1. Saint Augustin, sermon 196.

centenier. Chacun restait claquemuré chez soi, y compris ceux qui n'avaient rien à se reprocher, comme si quelque revirement soudain du Franc ou de l'abbé pouvait à tout instant remettre en question cette rémission fragile. C'était l'hiver, de toute façon. Pas grand-chose à faire. Filer la laine ou le chanvre, nourrir les cochons et la basse-cour, réparer les vêtements. Par un jour normal, sans doute les hommes seraient-ils allés pêcher aux étangs de Sissonne, à six lieues de là. Ils auraient posé des collets ou ramassé du bois, mais pas aujourd'hui. Pas tant que la peur serrerait les cœurs.

Le *mallberg* avait été expédié, sans personne pour venir parler en faveur d'Oiba et de sa protégée, et le jugement rapide. La servitude pour elles deux. En absolvant les rustres de La Selve, Prétextat avait de facto chargé les deux femmes de tout le poids de la faute. Il avait aussi privé Gerhard de gains substantiels au titre du fredus[1], mais ces deux esclaves lui seraient une compensation agréable. La Mère et sa protégée avaient été accusées d'avoir jeté un sort sur les villageois et de les avoir, par maléfices, attirés dans la caverne des saturnales, une faute sacrilège qui, selon la loi des Francs Saliens, ne pouvait être compensée qu'au prix de deux mille cinq cents deniers, soixante-deux sous d'or et demi[2], une somme exorbitante que les malheureuses ne pouvaient pas payer. L'affaire avait été vite entendue. Pour faire bonne mesure, des hommes étaient partis incendier le hameau de Balma et condamner l'entrée des cavernes.

En redescendant de la colline du *mall*, l'abbé sentait peser sur lui le regard du vieux guerrier et de ses rachimbourgs. Les deux femmes pourraient l'amuser, au moins durant l'hiver, mais il y en avait une autre, bien sûr. La plus jeune, celle

1. Le « prix de la paix » réclamé aux accusés reconnus coupables par les représentants du roi, comtes, centeniers ou vicaires, équivalait à un tiers de l'amende de composition, nommée *wergeld*, permettant de racheter toute faute, y compris le meurtre. Le détenu ne pouvant payer était tué, mutilé ou réduit en esclavage. Un tiers du fredus était conservé par le représentant du roi.

2. Livre de la loi salique, titre XXI : « Des maléfices », article III.

qu'Arnulf avait conduite dans ses quartiers, selon ses propres ordres. Prétextat accéléra le pas, manquant de déraper sur le chemin boueux et de perdre le peu de dignité qu'il tentait de conserver. Il courait presque lorsqu'il atteignit la palissade de rondins cernant la motte féodale de Gerhard. Il passa le poste de garde tête baissée et s'engouffra dans le fortin de la même démarche rageuse. Une fois à l'abri des murs, il s'arrêta pour reprendre son souffle et dégrafa son manteau imprégné de neige fondue. Dans la chaleur toute relative de la bâtisse, ses vêtements fumaient et formaient en dégouttant une flaque boueuse au sol. Prétextat grelottait convulsivement, abruti par le froid et la fatigue de sa nuit de veille, incapable d'ordonner ses pensées. Le jugement du *mall* était certes une victoire, tant sur l'impiété de ce village misérable que sur le pouvoir séculier, et de cela l'évêque pourrait se réjouir. Mais cette jeune fille à demi nue dans ses appartements… Sans doute était-ce une faute. Que ne l'avait-il livrée la nuit même aux soudards de Gerhard ? Au moins, il aurait pu dormir dans son propre lit et n'en serait pas encombré en cet instant.

Il revit les deux femmes transies, blotties sous une méchante couverture dans le vent qui balayait la colline du mall. Elles étaient fardées comme elle, la plus jeune lui ressemblait. Sa première intuition devait être la bonne. Malgré son âge et son innocence apparente, c'était une *meretrix*[1], une prostituée de ce lupanar païen, une dansatrice menant leurs coraules endiablées. Voilà ce qu'il avait cru bon de sauver, à cause de cet imbécile d'Arnulf ! *Ballationes, saltationes aut coraulas aut cantica diabolica*[2]…

Lentement, il se remit en marche, presque à contrecœur. L'homme qu'il avait posté devant ses appartements était toujours là. La fille dormait sûrement encore.

— Merci, murmura-t-il avec un vague sourire à l'intention du Franc. Tu peux y aller.

1. Une femme qui se fait payer.
2. « Chants, danses et coraules sont diaboliques. » (Saint Éloi.)

Le garde hocha la tête, grommela quelque chose que l'abbé n'essaya pas de comprendre et s'enfonça d'un pas lent dans la pénombre des couloirs. Prétextat attendit qu'il ait disparu pour ouvrir la porte.

Elle était là. Couverte d'un drap, les jambes nues, assise devant l'âtre. Elle sursauta en le voyant entrer et refermer la porte derrière lui.

En croisant son regard apeuré, le jeune religieux ressentit une douleur, presque un dépit. Il jeta son manteau détrempé, s'assit sur la huche de bois noir contenant tout son bagage et entreprit d'enlever ses bottes.

— Comment t'appelles-tu ? demanda-t-il sans lever les yeux.

— *Geneta imi*[1].

Prétextat réussit à arracher son pied du cuir racorni, poussa un soupir de satisfaction et osa enfin la regarder. De longs cheveux bruns coulaient jusque sur ses bras serrés contre sa poitrine. Sa peau était aussi blanche que le jour, et ses yeux verts insondables, comme absents… Elle n'avait pas trouvé à se vêtir ou n'avait pas eu l'audace de se servir. Au moins s'était-elle débarrassée du fard qui la recouvrait. Ainsi, elle n'en était que plus belle. Sous le drap, elle ne portait rien.

— *Uimpi genata esi*[2], murmura-t-il.

Un instant, il observa sa réaction puis se détourna d'elle pour s'attaquer à sa seconde botte.

— Tu vois, moi non plus je n'ai pas oublié la vieille langue, dit-il. Tu n'as pas d'autre nom, Geneta ?

Elle secoua la tête.

— Seuls les esclaves n'ont pas de nom. Tu es née servile ?

De nouveau, un signe de tête pour seule réponse.

— Pourquoi fuyais-tu cette grotte, hier soir ?

La jeune fille baissa le menton. La lumière de ses yeux disparut sous ses longues mèches. Immobile, recroquevillée à l'abri de ses bras croisés, elle restait muette, si dénuée de réac-

1. « Je suis une jeune fille. »
2. « Tu es une belle jeune fille. »

tion que l'abbé craignit un instant qu'il ne s'agisse d'une de ces simples d'esprit tout juste bonnes à glaner dans les champs, à moins que la sorcière ne lui ait même pas enseigné le langage du monde.

— Tu comprends ce que je dis, au moins ?

— Oui, seigneur, murmura-t-elle.

Prétextat fut secoué d'un brusque frisson. Il se leva et commença à ôter sa robe de bure trempée, la cotte de cuir qu'il portait par-dessous, puis sa chemise de lin. Torse nu, les jambes couvertes seulement de ses braies, il se posta devant la flambée. C'était un homme plus vigoureux qu'elle ne l'aurait cru. Plus jeune aussi. Ce crâne ras, ceint d'une couronne de cheveux courts, l'enlaidissait et le vieillissait, tout comme la coule sombre des moines dont il se vêtait.

— Viens me sécher.

La jeune fille sursauta. L'abbé lui tournait le dos, toujours planté devant le feu. Un instant, elle chercha du regard un linge ou une couverture puis, n'en trouvant pas, elle s'approcha de lui et releva un coin du drap dont elle s'était enveloppée. Dès qu'elle posa la main sur lui, Prétextat se retourna brusquement et la saisit par les poignets.

— Te rends-tu compte au moins qu'il me suffit d'un mot pour te livrer à eux ?

Leurs visages étaient tout proches. Leurs corps se touchaient.

— Cette femme, Oiba… Tu étais avec elle. Et tu dansais pour eux, comme ton amie. Une catin, une *meretrix* offerte à tous ! Sais-tu ce qu'elles vont devenir ? Des esclaves au service du centenier et à son bon plaisir. Et toi, tu subiras leur sort. Je n'ai qu'un ordre à donner…

D'un geste hargneux, il arracha le fragile rempart de tissu qui la protégeait. Aussitôt, il recula, davantage surpris qu'elle par cette impulsion soudaine, mais aussi de se voir ainsi l'âme plus dévêtue que le corps de la jeune fille. Le cœur battant, il s'accroupit pour mieux la contempler. Elle était si blanche qu'on aurait dit une statue, une vierge impudique d'une calme splendeur, incomparablement plus belle que toutes les femmes qu'il avait pu connaître avant de revêtir l'habit, ou après… Elle n'avait pas bougé, mais, dans la pénombre de la pièce, sa pâle silhouette semblait animée d'une ondulation lascive, à la lueur vacillante des flammes. Une mince ceinture chargée de breloques entravait ses hanches. Superstitions de rustres… Ils en avaient tous. Comme la pointe d'une flèche, la sangle défaite glissait jusqu'au triangle ombré de son ventre. On eût dit qu'elle le désignait aux regards. Geneta avait fermé les yeux. Elle les rouvrit et il en fut plus troublé encore.

L'homme était nu à ses pieds. Guère plus impressionnant qu'Uxellos dans la grotte, avec dans le regard cette même fièvre, cette faiblesse soudaine, cette peur. « Ils seront fous de toi, avait dit Oiba. Tu seras une *deva*, la déesse dont ils rêveront toute l'année durant. » La magie des femmes dont parlait si souvent la Mère n'avait su la protéger, mais elle agissait à présent. *Uiro nasei es menio…* Les mots résonnaient au plus profond de son être lorsqu'elle s'avança jusqu'à ce que son ventre enfouisse le visage interdit de l'abbé, jusqu'à ce que sa face, sa bouche, son nez soient en elle. Il aurait suffi qu'il la repousse, qu'il se relève. Il aurait suffi d'un mot, d'un éclat de rire pour briser cette hardiesse désespérée et la rejeter comme l'enfant qu'elle était. Mais son abandon fit d'elle une femme.

C'était ça, ce pouvoir…

Un homme à genoux, la tête entre ses cuisses, osant à peine effleurer ses hanches, s'enivrant de son odeur, de la douceur de sa peau, plus servile que le dernier des esclaves ; l'homme de Dieu ployé devant elle comme un vassal faisant allégeance à sa reine, entièrement à la merci du désir qu'elle avait fait naître en lui.

Ce devrait toujours être ainsi.

J'ignore pourquoi je survécus aux serpents, cette nuit-là. Peut-être avaient-ils décidé de me faire le don de cet œuf. Je l'ai toujours conservé. C'est lui qui me protégea du mallberg, *la nuit des saturnales. C'est lui qui me fit remarquer de ton père. Mais le prix fut élevé…*

Je me souviens de la brume, au petit matin, quand je sortis de la forêt. Ma robe était noire de boue, constellée d'accrocs et de brindilles, mes cheveux étaient emmêlés, mes joues, mes bras et mes jambes lacérés. Je ne vis tout d'abord que notre gros cheval auprès d'un orme solitaire. Puis ma compagne se releva d'un bond, fit un pas vers moi et s'arrêta aussitôt, le visage comme figé d'horreur. Je serrais toujours contre moi le manteau roulé autour des œufs, mais mes mains s'agitaient par soubresauts. Chaque pas était une souffrance. Mon corps tout entier me faisait mal. Mes bras étaient enflés, violacés, marqués de sang séché là où les vipères avaient frappé.

Je me suis arrêtée devant elle à la toucher. Je tremblais de la tête aux pieds, le corps recroquevillé et le souffle court. Mon bras droit crispé sur la saie ne m'obéissait plus. Avec le gauche, je parvins à écarter mes doigts crochés comme une serre sur le tissu, à en ouvrir les pans et à avancer jusque sous son nez le prix de ma souffrance. Deux œufs de serpent recueillis par la main d'une vierge, une nuit de solstice sans lune. Les plus précieux des talismans… pour faire taire les médisances, museler les accusateurs, et peut-être même approcher le roi.

Elle était mon aînée, mais je me souviens qu'elle baissa les yeux de honte pour m'avoir ainsi abandonnée.

— Moi seule, dis-je. Je ne partagerai rien.

Puis je saisis l'un des œufs et le jetai à terre avant de l'écraser d'un coup de talon. C'est ainsi que ma vie bascula. De ce jour, avant même que je le sache, j'étais devenue Frédégonde.

3

Frédégonde

Malgré les cahots de la chaussée, les gémissements grinçants des carrioles et les beuglements des bœufs peinant sous le timon, Geneta avait fini par sombrer dans le sommeil. Des heures durant, elle avait lutté contre la fatigue, certaine que les Francs n'attendaient que son assoupissement pour l'égorger. Des heures de glace, interminables, recroquevillée à même le plancher entre des sacs de grain et des fûts de bière, à guetter le moindre de leurs gestes, le moindre regard, la moindre parole... Elle en avait conclu que l'homme qui marchait à côté de l'attelage était inoffensif, tout comme celui qui menait la seconde charrette. Ils n'étaient pas du village, ni l'un ni l'autre, mais ils ne semblaient pas être des gens de guerre. La mort viendrait des deux autres. Emmitouflés dans de longues capes de fourrure et perchés sur des petits chevaux bais à la longue crinière qu'ils montaient sans étriers, ils portaient au côté une hache de lancer et le long poignard des guerriers. Durant les premières heures du voyage, elle n'avait cessé de fixer ces armes de boucher, imaginant déjà la morsure de l'acier tranchant ses chairs, déchirant ses entrailles, répandant son sang brûlant dans la neige. Dès que le convoi avait atteint la forêt et que les contours de La Selve s'étaient estompés dans la brume, elle avait failli sauter à bas de la charrette et tenter sa chance, droit devant elle à travers les taillis, là où leurs chevaux peineraient à la suivre. Mais pour aller où ? Sissonne, le plus proche village, était à des lieues, et on disait qu'il n'y avait là que des Saxons[1], pires encore que ces brutes franques. Sans bottes ni manteau, avec pour tout vêtement la cape de laine brute et les souliers de peau que l'abbé lui avait fait porter, les loups ou le froid auraient raison d'elle. Autant mourir vite, sous le couteau de ces tueurs.

C'est ce renoncement qui l'avait emporté, cette certitude de ne pouvoir échapper à son sort. En sombrant, elle s'était efforcée de s'accrocher aux visages familiers d'Oiba et de la Grande, mais seules lui étaient venues les images de cette nuit affreuse, comme s'il ne resterait d'elles, de toutes ces années durant lesquelles elles avaient été sa seule famille, que ce souvenir bestial.

Soudain, l'une des roues de bois plein glissa dans une ornière gelée. Elle s'éveilla en sursaut, avec un cri de frayeur qui lui valut un coup d'œil amusé de l'un des cavaliers. L'homme apostropha son compagnon et ils se mirent à rire, puis ils s'écartèrent sans plus lui accorder d'attention.

— Tu as bien dormi, petite ?

Geneta se redressa, essuya sa bouche et resserra autour d'elle la cape de laine élimée. Le bouvier s'était installé dans la carriole, bien calé entre des sacs de grain. On ne voyait de son visage que des yeux rieurs, un nez épais et des pommettes rougies, le reste disparaissant sous un bonnet informe et une barbe grise foisonnante.

— Tu as l'air gelée, dit-il. Assieds-toi près de moi, on se tiendra chaud.

L'homme écarta un pan de ses fourrures et elle vint sans une hésitation se blottir contre lui. Il était gras et il sentait fort, mais d'une odeur chaude d'étable et de cuisine. Geneta se serra sur son flanc comme une enfant contre son père, le cœur battant et la gorge nouée.

Le jour baissait déjà, et elle était toujours en vie. Elle s'était endormie, et elle était toujours en vie…

1. Le nom vient de là.

Pour quelque raison qu'elle ne pouvait comprendre, l'abbé n'avait pas ordonné à ces hommes de la tuer, sinon ce serait déjà fait. Cela semblait pourtant si facile, si nécessaire... Quand ils s'étaient éveillés au matin, une tache de sang sur les draps prouvait s'il en était besoin que Prétextat l'avait déflorée et qu'elle n'était pas, pas encore, la louve qu'il croyait avoir possédée. Ils n'avaient pas échangé un mot. C'est à peine si le jeune religieux avait osé la regarder, et elle était restée là, nue, sur le lit défait, découvrant peu à peu l'angoisse ou le remords de son amant, le temps qu'il se vête et s'en aille. Plus tard, une femme du pays servant au fortin des Francs lui avait apporté du lait chaud et quelques vêtements informes. Elle non plus n'avait rien dit, mais ses yeux étaient pleins de mépris.

Quelque temps encore, et Prétextat était de retour, habillé pour le voyage avec de grosses bottes, un manteau de loup et un serre-tête de laine qui lui donnait l'air d'une vieille femme. Sans paraître lui accorder la moindre attention, il était allé ramasser son encre, son calame et ses parchemins, avait fourré le tout dans la besace qu'il portait au côté et s'était aussitôt dirigé vers la porte. C'est tout juste s'il s'était arrêté un instant au chambranle.

— Un convoi de vivres part dans l'heure pour la ville. Tu iras avec eux. J'ai laissé des instructions pour qu'on t'y emploie. Tu... Tu serviras auprès de dame Audowère, si elle veut de toi.

Il sortait lorsqu'elle avait osé l'arrêter pour lui poser la question qui l'obsédait depuis des heures.

— Et la Mère ? Où est la Mère ?

Il avait eu un mouvement pour franchir le seuil, mais il s'était ravisé.

— La sorcière ? Je t'ai dit ce qu'elle encourait. La servitude, pour elle et l'autre fille... Tu as beaucoup de chance, jeune fille. Ne l'oublie pas.

À peine un regard, l'hésitation d'une phrase de plus sur ses lèvres, et il était reparti.

Geneta ferma les yeux, ramena ses jambes contre elle et y enfouit son visage. L'abbé n'avait pas été jusqu'à dire qu'elle pouvait le remercier, mais ne l'avait-il pas, à ses yeux au moins, sauvée d'une peine bien plus grande que l'esclavage ? Les sorciers et les empoisonneurs encouraient le même châtiment : la mort ou l'esclavage, selon le degré de leur faute, puis la damnation éternelle, l'enfer et les flammes dans l'autre monde. Oiba, pourtant, n'avait rien d'une sorcière. Bien sûr, elle connaissait les simples et préparait des philtres ; bien sûr, c'était elle que les villageois venaient voir pour nouer des talismans, enfouir des phylactères à la borne de leur champ ou rendre le culte aux arbres, mais les sorciers, disait-on, tuaient des gens, et la Mère n'avait jamais tué personne. Les moines étaient loin, et un dieu unique, fût-il tout-puissant, ne pouvait suffire à prévenir de la foudre ou des crues, à protéger des morsures de serpent, à veiller aux récoltes ou à faire venir la pluie. Oiba, vraiment, n'était pas une sorcière... Oiba qu'elle ne reverrait plus jamais...

Le nœud d'angoisse, de souffrance et de honte qui lui serrait la gorge depuis leur départ commençait à se défaire, mais il avait étouffé ce qu'il lui restait de courage. Bien au-delà des larmes, elle se mit à trembler de tout son corps, non plus de froid mais de dégoût. Le dégoût d'elle-même et de ce qu'elle était devenue, de ce que l'abbé lui avait infligé et de ce à quoi elle avait consenti, le dégoût du plaisir et de son ventre tiraillé d'élancements douloureux. Le dégoût, par-dessus tout, du soulagement veule qu'elle éprouvait d'être encore en vie malgré toute l'abjection des images qui la submergeaient. Le regard de l'abbé posé sur elle, celui de la servante, celui encore de Prétextat à l'instant où il était sorti... Ce qu'elle avait pris pour de la gêne ou du remords n'était que de l'ennui. Elle qui, pourtant, l'avait vu nu, à genoux, à la merci du désir qu'elle lui inspirait, n'était donc digne ni de son amour ni de sa haine, pas même de sa méfiance ? L'abbé avait défloré une vierge ? La belle affaire ! Qu'on l'envoie à la ville, qu'on l'oublie... Une seule nuit, effroyable, l'avait arrachée à sa vie et à celles qu'elle aimait, une seule nuit avait fait d'elle une femme et une esclave, démunie de tout et promise à une existence de servitude. Seul le froid, en cet instant, l'empêcha d'arracher de ses reins sa ceinture chargée de phylactères et de son talisman le plus précieux, l'œuf du serpent. Ce n'était pas sa magie qui avait éloigné d'elle les accusateurs, ainsi qu'elle l'avait cru tout d'abord. Ce n'était que le désir vite satisfait de cet homme qui, à présent, la rejetait, seule avec cette douleur honteuse entre les jambes. Sa peine était telle qu'elle ne parvenait pas à pleurer, tout au plus à hoqueter comme une noyée, si bien que le bouvier finit par s'en inquiéter.

— Eh bien, qu'est-ce qui t'arrive ?

Il lâcha la perche dont il aiguillonnait les bœufs et l'empoigna rudement par les épaules. Les cheveux dans les yeux, le corps tout entier secoué de spasmes, Geneta lui fit peur et il la gifla. Le coup n'était pas fort, mais sa main était un battoir. Dans l'instant, la claque libéra des larmes trop longuement retenues.

— Allez, grommela-t-il en passant un bras autour de ses épaules. Je sais ce que tu ressens. Moi aussi j'ai été séparé des miens quand on m'a envoyé servir le roi... Et j'étais encore plus jeune que toi. Mais bon, ce n'est pas un mauvais sort. L'abbé a demandé qu'on t'emploie à la maison d'Audowère... Tu sais qui c'est ?

Geneta pleurait toujours. Elle ne put répondre qu'en secouant la tête.

— C'est la dame du seigneur Chilpéric, le plus jeune fils du roi... Tu aurais pu tomber plus mal. Elle vient d'avoir un fils, tu pourras peut-être t'en occuper. Ma femme est au palais, c'est là que je l'ai connue... Elle sert aux cuisines, mais tout de même, c'est quelque chose. Tu verras, Soissons est une belle ville... Ça va te changer de ton trou boueux.

La jeune fille n'écoutait plus.

Soissons, Chilpéric, le roi... Quand Prétextat avait parlé de la ville où on l'emmenait, elle avait pensé à Laudun[1] parce qu'il y avait là un évêché. Mais la route de Laudun passait par

1. Aujourd'hui Laon.

la grande forêt, droit vers l'ouest, et ils marchaient vers le sud. Autour d'eux s'étendait une plaine rase à perte de vue, dont la terne pâleur se confondait à la grisaille du ciel. La chaussée romaine la traversait comme un trait, en longeant à distance l'Isara[1]. Soissons, la capitale… À Soissons était le roi Clotaire, fils du grand Clovis et souverain des Francs Saliens. Sous son manteau élimé, elle glissa une main hésitante jusqu'à son ventre et pressa contre sa chair la ceinture qui ne la quittait jamais. L'œuf de serpent cousu dans une bourse de cuir l'avait donc bel et bien protégée… Comment avait-elle pu en douter à ce point ? La Mère et sa compagne avaient été prises, jugées par les Francs et condamnées à la servitude. Pas elle. L'œuf avait détourné d'elle les médisances, et à présent il la menait au roi, ou au moins à son fils…

Elle seule, sans partage. La honte la submergea de nouveau en songeant qu'elle avait condamné la Grande, bien des années plus tôt, en la privant de talisman. La honte et puis la lueur ténue d'un sentiment nouveau, une chaleur au fond d'elle-même. Les dieux veillaient sur elle. On n'échappe pas au destin, et celui de la Grande s'était arrêté au moment même où elle l'avait abandonnée, cette nuit-là dans les bois.

— Ces maudits bestiaux n'avancent pas, grommela près d'elle le bouvier en grattant sa barbe. Je vais finir par m'endormir… Tu connais des chansons, petite ?

Geneta releva vers lui des yeux encore brillants, mais qui ne pleuraient plus. Oui, elle avait envie de chanter. Le grondement sourd des grosses roues de bois sur la chaussée, le pas régulier des bœufs, le sifflement lointain du vent, tout cela formait une musique lente, sur laquelle la jeune fille se mit à fredonner une cantilène en claquant des mains à chaque strophe.

« Que t'ai-je fait,
Moi qui t'apporte la parole de paix ?
C'est la paix que je porte,
Pourquoi me fais-tu la guerre ? »

1. « L'Impétueuse », nom gaulois de l'Aisne.

C'était un chant monotone, mélancolique, que leur fredonnait autrefois Oiba pour les endormir, en s'accompagnant d'un luth. Elle n'en connaissait que quelques couplets, mais sa voix claire dans le silence de leur marche toucha les hommes au cœur. Jusqu'à la tombée du jour, elle chanta pour les gardes et les bouviers, reprenant le plus souvent cette complainte.

Au soir, ils campèrent en bordure de l'Isara. Pendant que les deux Francs posaient des lignes et des collets parmi les roseaux, elle aida les bouviers à mettre leurs bêtes à la pâture, puis elle suivit le conducteur de sa carriole qui partait ramasser du bois.

— Au fait, s'exclama-t-il abruptement, tu ne m'as pas dit comment tu t'appelles...

Le visage souriant de Geneta se referma aussitôt. Elle s'écarta pour ramasser une grosse branche, mais son trouble n'avait pas échappé à son compagnon.

— Moi, on m'appelle Evrard, reprit-il d'un ton anodin tout en se remettant à la tâche. Dans la langue des Francs, ça veut dire « Sanglier hardi »... C'est quand j'ai commencé à servir le roi que j'ai pris ce nom. Banbo[1], ça faisait trop gaulois, trop rustre...

Il se mit à rire, jeta sa brassée de bois mort au centre de leur campement et revint vers la carriole pour y ramasser de la paille sèche.

— Tu verras, au palais, tout le monde a un nom franc, à part les esclaves... Et comme tout le monde parle la même langue, personne ne voit la différence. Le mieux, c'est encore les noms romains, mais ce n'est pas pour les gens comme nous. Il faut au moins savoir lire... Bon, eh bien si tu dois servir la princesse, il va falloir qu'on te baptise, petite... Dis voir comment tu t'appelles ?

Geneta l'avait rejoint, avec tout le bois qu'elle pouvait porter. Cette fois, elle soutint le regard d'Evrard mais ne répondit pas davantage à sa question.

1. « Le Sanglier ».

— Je comprends, dit-il. Tu n'as pas de nom… Il ne faudra jamais le dire, parce que c'est la marque des serviles. Un esclave, tu peux le tuer, le violer, lui prendre ses enfants, tout ce que tu veux. Mais une femme libre, rien que lui toucher le bras ça te coûte trente sous d'or[1].

Alors qu'elle avait jeté son fardeau à terre, il lui saisit brusquement la main et sourit lorsqu'elle releva des yeux apeurés.

— Tu vois, je t'ai touché le bras… Tu te rends compte ? Plus de mille deniers, rien que pour ça. Il me faudrait des années…

Le bouvier souleva ses sourcils broussailleux d'un sourire interrogatif. Il lui lâcha la main et se détourna pour récolter sa brassée de paille, mais elle le retint.

— Et si… Et si on couche avec une femme libre ?

— Tu veux dire, sans son consentement ?

— Oui.

— On ne couche *pas* avec une femme libre, dit-il en appuyant sur la négation.

Durant un moment, Evrard observa la jeune fille, puis il hocha la tête.

— C'est ça qui s'est passé avec le moine, n'est-ce pas ?

Comme elle ne répondait pas, il poussa un long soupir, accompagné d'un haussement d'épaules.

— Tu vois… C'est parce que tu n'as pas de nom. Tu n'existes pas. Si tu veux qu'on te laisse tranquille, il faut que tu deviennes franque, y a pas…

Il s'éloigna pour semer la paille par petits tas autour du feu afin que chacun puisse aménager sa couche, et elle le suivit comme un chien.

— On va t'arranger ça, poursuivit-il. Attends voir. La reine s'appelle Arnegonde. Il y a aussi les autres femmes de Clotaire, Gontheuque, Vouldetrude et Radegonde, mais il paraît qu'elle est devenue nonne. Et puis avant il y avait Ingonde, sa sœur. Mais celle-là elle est morte. Gonde, ça veut dire « La Guerre ». C'est un nom qui sonne bien pour les Francs…

1. Loi salique, titre XXII.

Des cris, en contrebas, l'interrompirent. Les deux guerriers avaient tué une loutre qu'ils brandissaient joyeusement. L'autre bouvier les avait rejoints. Ils lui jetèrent l'animal pour qu'il le prépare. Quand les hommes revinrent vers le campement, ils se mirent à entonner la cantilène de Geneta sur un mode plus martial.

« C'est la paix que je porte

Pourquoi me fais-tu la guerre ? »

— Pourquoi pas, murmura Evrard en la dévisageant. Ouais, c'est bien…

Malgré elle, Geneta se sentait rougir sous le regard du bouvier, alors que celui-ci réfléchissait en remuant silencieusement les lèvres sous sa barbe grise.

— La paix, la guerre, dit-il. Il y a les deux en toi, ça se voit tout de suite… Je t'ai trouvé un nom, petite. « Paix et guerre », voilà ce que sera ton nom. *Frid gunth*… Frédégonde.

C'était un nouveau monde, une nouvelle vie, une renaissance. Au village, les soldats francs nous faisaient peur. Il ne fallait pas leur parler ni même les regarder. On disait qu'ils faisaient des choses horribles aux enfants. Et voilà que j'étais passée dans leur camp, non pas grâce à la magie, mais par la simple volonté d'un bouvier. Audowère m'accepta à son service après qu'on m'eut baignée et vêtue, et de ce jour Evrard sortit de ma vie. Je vécus les premières semaines dans l'angoisse d'être démasquée et rejetée du palais, mais je découvris très vite que la plupart de ses habitants, nobles ou servants, n'étaient pas plus Francs que moi, ni moins, comme s'il suffisait de vouloir l'être pour être accepté d'eux.

Durant les mois qui suivirent, je m'acharnai à devenir Frédégonde, la demoiselle de compagnie de la princesse Audowère, telle que je me l'imaginais. C'était une vie simple. Je veillais sur ses enfants, je l'accompagnais à travers les rues de la ville, dans les échoppes, j'écoutais les conversations, j'obéissais en souriant. J'étais habillée et coiffée comme je ne l'avais encore jamais été. J'ai appris à lire et à écrire en même temps que les petits. J'ai appris aussi leur religion. Celle de Prétextat. Bientôt, ma présence auprès d'elle fut habituelle et anodine. Les gens me saluaient dans les couloirs. J'étais heureuse.

4

La servante

Été 558

Aux premières lueurs de l'aube, un vent du nord balayait les ruelles de Soissons, soulevant les miasmes de la nuit. Le palais royal, bâti dans une courbe de l'Isara, s'éveillait dans l'odeur doucereuse de la vase et celle, plus âcre, des ordures amoncelées jusque sous ses murs. C'était ainsi depuis le début de l'été, et chaque jour la puanteur paraissait plus intolérable, comme si la ville, telle une charogne oubliée, pourrissait inexorablement. Au petit matin s'y ajoutaient les effluves refroidis des parfums d'encens qu'Audowère faisait brûler en quantité dans toutes les pièces de ses appartements, ainsi que ceux de la graisse figée montant des cuisines.

Un coin du rideau de cuir masquant l'unique fenêtre de sa chambre s'était soulevé. Un rayon de soleil miroitant se glissait jusqu'à elle, par l'interstice. Audowère ne bougeait pas, de crainte de réveiller ses fils et la servante qui dormait avec eux, dans le grand lit commun. Le lit de Chilpéric... Trop vaste, trop froid pour y dormir seule. Dès la première nuit, elle y avait fait venir ses fils. Puis Frédégonde, afin qu'elle s'occupe d'eux dès leur réveil. Ainsi couchée, on aurait dit une grande sœur plutôt qu'une servante, avec ses cheveux sombres si semblables à ceux des enfants, et ce visage d'une telle paix que la regarder simplement pendant son sommeil apaisait ses angoisses. Frédégonde parlait peu, mais sa présence lui était devenue indispensable, à elle comme à ses fils. En quelques mois, depuis l'été dernier, la petite était presque entrée dans leur famille…

Audowère poussa un soupir attendri. Un coin de ciel bleu, le claquement léger du cuir à chaque saute de vent, la caresse du soleil sur son visage, le silence du petit matin à peine troublé par le souffle régulier des enfants, et l'aboiement lointain d'un chien, tout cela formait un instant de sérénité malgré l'exhalaison écœurante qui suintait de la ville.

Ce moment fragile, elle ne le savait que trop, ne durerait pas. Dans moins d'une heure, les rues s'animeraient, surtout autour du palais. Par le fleuve et la route débarquaient chaque jour des troupeaux entiers de bovins, du grain ou du vin en quantité, du bois et de la cire, du miel, des fruits secs, des barres de fer pour les forges, des peaux tannées, et toute une foule venue des bourgs alentour. La moindre venelle serait bientôt couverte d'échoppes. Jusqu'à la tombée de la nuit, la capitale des Francs Saliens résonnerait du bourdonnement de leur bruyant commerce, de cris d'enfants, des coups de marteau des fèvres, du beuglement des bêtes menées au boucher, de l'appel régulier des porteurs d'eau et de l'agitation grouillante de ces rues dont elle ne pouvait percevoir que les échos diffus.

Depuis des semaines, le roi Clotaire était parti avec ses quatre fils guerroyer contre les Saxons aux frontières de l'Est. Leurs femmes, reines, princesses ou concubines, étaient cantonnées à Soissons sous la garde du *major domus*[1] Ausanius, un clerc portant la tonsure, dont le souci unique semblait être de les maintenir enfermées autant que possible, comme si la capitale elle-même n'était pas assez sûre pour s'y promener, et qui ne concevait pour elles et pour lui d'autre distraction que la lecture des Saintes Écritures.

Déserté par les hommes, le palais avait des allures de gynécée. Un palais rempli de servantes, de dames de compagnie, de premières, de secondes ou de troisièmes épouses, reines ou

1. Maire du palais – majordome.

rustaudes, saintes ou catins, mères ou courtisanes, rassemblées de mal gré entre des murs de bois et de torchis, dans les murmures incessants, les rancœurs et les commérages. Moins d'une semaine après le départ de la troupe, l'atmosphère y était devenue irrespirable.

Audowère ne sortait plus guère de ses appartements. La ville lui faisait peur, avec sa touffeur orageuse et le vacarme des rues. Le palais encore davantage. L'idée même de croiser la reine Arnegonde ou l'une de ses belles-sœurs, femmes ou concubines des frères de son époux Chilpéric, de devoir affronter leurs babillages caustiques auxquels elle n'entendait rien, d'être tenue d'y répondre avec esprit, de se savoir détaillée des pieds à la tête alors que le plus petit accroc à sa robe valait une disgrâce, de guetter leurs sourires de connivence et ne manquer de répandre elle-même quelque insinuation, tout cela lui était insupportable. Bientôt, Chilpéric rentrerait de la guerre. Bientôt, ils pourraient repartir pour leur villa de Berny, loin de cet étouffement.

En attendant, qu'ils la croient malade ou faible, peu importait. D'ailleurs, faible, elle l'était. Sitôt relevée de la naissance de Mérovée, son deuxième fils, Audowère était de nouveau tombée enceinte, et déjà son ventre s'arrondissait. L'été touchait à sa fin. L'enfant naîtrait avec l'année nouvelle, quelques jours seulement avant son propre anniversaire. Audowère fêterait ses dix-sept ans. À son âge, peu de femmes étaient presque trois fois mère...

Soudain, un geignement ténu fit sursauter la princesse. Le petit Mérovée commençait à se réveiller. Curieusement, elle l'avait senti dans sa poitrine gonflée de lait, dans son ventre, aussi, où une autre vie se formait. Elle se trouva à la fois émue aux larmes par ce babil, impatiente de le prendre contre elle, mais en même temps épuisée et triste, la gorge nouée sans raison. Et c'était presque toujours ainsi, même quand Chilpéric était auprès d'elle.

Heureusement, Frédégonde s'occupait de tout. Les enfants, la nourriture, le bain, les ordres aux servantes... Ce n'était qu'une gamine, mais la princesse ne supportait plus les airs de ses dames de compagnie, leurs conseils et leur goût immodéré des ragots. La petite suffisait bien dans cet enclos étroit où une cour de péronnelles ne faisait que rendre ses journées plus pénibles encore. Elle, au moins, ne parlait pas, sauf à voix basse, avec les enfants ou les serviteurs. Des uns et des autres, elle savait se faire obéir du haut de ses treize ans, peut-être quatorze. Quand elle ordonnait, il y avait dans ses yeux verts un éclat qui ne souffrait ni réponse ni délai, une dureté soudaine qui la faisait paraître plus vieille et plus mûre qu'elle-même, qui n'osait jamais imposer sa volonté.

Frédégonde chantait parfois des airs de la campagne dans une langue qu'Audowère ne connaissait pas mais qui sentait les bois, les ruisseaux d'été, le vent dans les arbres… Elle pouvait rester des heures à la fenêtre à regarder la ville grouiller, sans que son visage n'exprime la moindre émotion, ni le moindre amusement. La princesse n'avait pas à tenir son rang devant cette fille qui n'en avait aucun. Elle n'avait pas même à paraître enjouée, tant l'humeur songeuse de Frédégonde inclinait à la mélancolie.

Depuis qu'elles vivaient recluses, les deux jeunes femmes avaient modelé leurs journées au rythme des nouveau-nés, s'endormant avec eux et passant de longues heures, au jour ou au milieu de la nuit, à partager leurs jeux ou à les nourrir. Leur complicité était si forte, maintenant, que la petite lui manquait lorsqu'elle quittait leurs quartiers, ce qu'elle faisait, souvent, pour assister à la messe ou entendre la lecture des livres saints. Elle-même avait parfois consenti à l'accompagner. Chaque fois, pourtant, l'enseignement du chapelain lui avait paru morne et pompeux, d'une prétention et d'une audace qui lui auraient certainement valu le bâton dans le domaine de son père. Audowère observait les rites, puisque les rois francs avaient choisi, depuis Clovis, d'être chrétiens, mais le catéchisme des moines résonnait à ses oreilles comme un fatras d'absurdités et de niaiseries. Une religion de pauvres qui promettait le ciel à ceux qui n'ont rien ne pouvait être faite pour ceux qui ont tout. Frédégonde, elle, semblait se passionner pour ces préceptes onctueux. Après tout, elle était à peine plus qu'une servante…

Mérovée lança tout à coup un cri aigu qui la fit sourire, mais qui éveilla aussitôt son frère Théoudebert. L'instant suivant, la chambre résonnait de leurs pleurs mêlés et des murmures pressants de Frédégonde qui les exhortait à se taire. Audowère rejeta ses draps d'un geste brusque et se leva du lit.

La journée commençait.

Les moines venaient de sonner none, la neuvième heure du jour. Frédégonde pressa le pas en entendant les chants qui s'élevaient de la chapelle. Soudain, au détour du couloir qui menait aux lieux saints, elle s'arrêta net, surprise par l'affluence inhabituelle. Récemment aménagé dans le palais de Clotaire, l'oratoire n'était qu'une salle modeste aux murs de torchis, pouvant accueillir tout au plus une vingtaine de fidèles en deux travées de trois bancs. Ils étaient cent, au moins, à se presser au-dehors sans pouvoir entrer, et sans doute tout autant à l'intérieur, hommes et femmes mélangés, certains le visage grave, la plupart fiévreux, se hissant sur la pointe des pieds pour mieux voir, bruissants de chuchotements confus. Frédégonde parcourut à la hâte les dernières toises qui la séparaient de l'attroupement et saisit au bras un gaillard d'une quinzaine d'années qui se tenait à l'écart, vêtu du froc des novices bénédictins.

— Que se passe-t-il ?

Le jeune homme tourna vers elle un air courroucé. Il se radoucit en la reconnaissant comme une fidèle de la chapelle, mais arracha néanmoins son bras avec brusquerie.

— C'est le roi, grogna-t-il. On dit qu'il est mort, qu'il a été tué par les Saxons.

Frappée de stupeur, Frédégonde le dévisagea longuement avant de trouver ses mots.

— Et les autres ? dit-elle. Les princes ? Le prince Chilpéric ?

— Qu'est-ce que j'en sais ? Et qu'est-ce que ça peut te faire ?

La petite sentit sa gorge se nouer et les larmes lui venir aux yeux. Elle regarda cette foule amassée et n'y vit aucun visage connu.

— Et eux, pourquoi sont-ils là ?

— Le *major domus* assiste à l'office. Il paraît qu'il a reçu un messager et qu'il en dira plus tout à l'heure. Tu n'as qu'à attendre, toi aussi.

— Non, non, je ne peux pas. Je dois…

Frédégonde recula, les yeux hagards, puis fit demi-tour et s'en alla à toutes jambes tandis que le novice haussait les épaules. Elle courut sans s'arrêter à travers les couloirs du palais, les salles nobles et les antichambres, jusqu'aux quartiers d'Audowère. Elle pénétra dans sa chambre hors d'haleine et le visage empourpré. La princesse, qui était assise auprès du lit où dormaient les enfants, se leva d'un bond, surprise tout d'abord par le claquement de la porte, puis par l'expression défaite de sa compagne.

— Le roi ! put seulement articuler Frédégonde. Les Saxons…

Le temps qu'elle retrouve son souffle, elle crut qu'Audowère allait perdre connaissance. Son attitude, les traits de son visage, son teint devenu livide, le tremblement de ses mains : les réactions de la princesse étaient telles que la jeune fille chercha à se remémorer ce qu'elle venait de dire, craignant d'avoir laissé entendre la mort de Chilpéric. Ce n'était pas le cas, mais Audowère vivait depuis des semaines avec la terreur d'un semblable instant.

— Le maire du palais est à la chapelle, ajouta-t-elle précipitamment. Il a des nouvelles. Vous devriez venir !

Audowère eut un mouvement pour s'élancer, se souvint des enfants et tourna vers sa compagne un regard implorant.

— Je m'en charge, dit-elle. Partez devant, je vous rejoindrai.

Le temps de trouver une servante à qui confier les petits, Frédégonde fit de nouveau le chemin jusqu'à la chapelle. La foule ne cessait d'affluer, grouillante de rumeurs contradictoires, déjà proche de la panique. Ce qui n'était que des murmures quelques minutes plus tôt devenait un brouhaha assourdissant, vainement ponctué des appels au calme de quelques religieux qui barraient l'entrée des lieux saints. Parmi eux, Frédégonde reconnut le novice auquel elle avait parlé. Face à l'attroupement, l'arrogance du jeune homme avait disparu. À bien le regarder, il semblait même avoir peur.

Durant quelques minutes, elle joua des coudes avec hargne pour tenter de se faufiler jusqu'à la porte, avant de renoncer tant les derniers rangs étaient compacts, et de se laisser refouler hors de ce grouillement. C'était inutile, de toute façon : Audowère n'avait sans doute pas réussi à entrer. Jamais elle n'aurait osé affronter une telle presse. Furieuse et endolorie, Frédégonde cracha sur cette cohue infranchissable, puis recula, se hissant sur la pointe des pieds pour tenter d'apercevoir sa maîtresse. Il lui fallut un bon moment pour dénicher la princesse qui, dans son désarroi, s'était réfugiée à l'écart, regardant tout cela d'un air à la fois effaré et absent. Elle aussi avait peur, et pourtant son rang suffisait pour que chacun de ces braillards s'écartent à son passage avec encore plus de terreur que de respect. Si le simple fait de presser la main d'une Franque était passible d'une lourde amende, quelle peine serait assez lourde pour châtier quiconque bousculerait une femme de sang royal ? Frédégonde s'avança vers elle, bien décidée à la pousser en avant afin de se frayer un passage en son nom, lorsqu'un parti de gardes portant le haubert de cuir et l'épée à la main apparut à l'autre bout du couloir. Il précédait Arnegonde et sa suite. Quelques cris rauques, quelques coups du plat de la lame et la foule se fendit, si prestement que la reine ralentit tout juste son allure pour pénétrer dans l'oratoire. Tirant Audowère par la manche, Frédégonde profita de ces quelques instants de flottement pour se glisser entre deux gardes parmi la suite royale. Il y eut quelques protestations et bousculades, mais la foule, qui avait reconnu la princesse malgré sa mise chiffonnée, s'écarta pour la laisser passer, ainsi que Frédégonde. Arnegonde leur jeta un bref regard hautain au moment où elles arrivèrent à sa hauteur, consentant tout juste une inclinaison de tête à l'intention de sa belle-fille. Les gardes avaient dégagé le passage et la procession put pénétrer dans la chapelle.

On ne pouvait y entrer qu'à deux de front. De part et d'autre du seuil, les moines qui, un instant plus tôt, avaient tenté de calmer la foule formaient à présent la haie avec déférence. En franchissant la porte, Frédégonde remarqua parmi eux le novice et lui adressa un sourire malicieux auquel il répondit avec amusement, mais en la regardant sans nul doute d'une façon différente.

Cet instant ne dura guère. Sitôt à l'intérieur, les gardes de la truste royale s'employèrent à faire évacuer la chapelle de tout ce qui n'avait pas rang princier, hormis les religieux. Tandis que le chapelain, interrompu au milieu de l'office par l'intrusion de la reine, bénissait d'un signe de croix hâtif les fidèles refoulés par la troupe, Frédégonde resta étroitement serrée contre sa maîtresse, de crainte qu'on la force elle aussi à sortir.

Ce ne fut pas le cas. Quand les soldats francs quittèrent la chapelle, il ne restait plus qu'une dizaine de personnes dans l'oratoire, parmi lesquelles la reine, la princesse Audowère, sa belle-sœur Ingoberge, épouse du fils aîné du roi, ainsi que leurs suites respectives. Frédégonde se tenait droite, la nuque déliée et le visage impassible. Mais elle n'osait relever les yeux, de peur de trahir le trouble qui lui faisait battre le cœur à en défaillir. Les portes s'étaient refermées sur le cénacle restreint des plus grandes dames de Francie, et elle était parmi elles.

Le maire Ausanius s'était abstenu de toute réaction, opinant tout au plus du chef aux protestations chuchotées par le chapelain. Lorsqu'ils furent seuls, il se leva brusquement de son banc, se rapprocha de la reine d'une démarche raide et la salua dans les formes, mais avec une distance qui pouvait passer pour une marque de réprobation. Il s'inclina pareillement devant Ingoberge et Audowère, par ordre de préséance.

— Ma reine, dit-il enfin, je n'ai pas voulu vous alarmer tant que je n'avais pas vérifié ce qui me semble n'être qu'une rumeur…

— Venez-en au fait ! l'interrompit Arnegonde sèchement. Il est mort ou pas ?

— Ma reine, je ne sais pas… Ce n'est pas certain. La nouvelle est venue de Paris, par des marchands, et non de l'armée. Si quoi que ce soit s'était produit, si le roi avait été ne serait-ce que blessé légèrement, j'en aurais certainement été informé par des messagers. Aussi je ne pense pas que…

— Alors ce ne serait qu'une fausse nouvelle, une fois encore…

— Je l'espère et je le crois, dame Arnegonde. J'ai envoyé des cavaliers au-devant de l'armée pour m'en assurer.

— Au diable tes cavaliers !

La reine avait élevé la voix avec une rudesse qui fit sursauter Frédégonde. Une mèche de la longue chevelure tressée d'Arnegonde s'était défaite et dansait devant ses lèvres blanches, ses narines pincées et ses yeux brillants de colère. Durant quelques instants, la reine des Francs resta sans mot dire en se tordant nerveusement les mains, avec une expression de dépit si manifeste qu'il ne pouvait y avoir de doute. Aussi étonnant que cela puisse paraître, les propos rassurants d'Ausanius la désespéraient ou la rendaient furieuse. La propre épouse du roi ne faisait pas même semblant de se réjouir de sa probable survie. Puis Frédégonde se souvint des propos d'Evrard, le bouvier, et de ce qu'on lui avait souvent raconté dans les communs du palais royal. Ingonde, la première reine, morte aujourd'hui, avait fait l'erreur de présenter sa jeune sœur Arnegonde au roi pour qu'il lui trouve un mari digne d'elle. Enflammé par la beauté de la jeune femme, celui-ci n'avait pas hésité longtemps : « En cherchant l'homme riche et intelligent qu'il me fallait marier à ta sœur, je n'ai trouvé personne de meilleur que moi, avait-il dit. Apprends donc que je l'ai prise pour épouse, et je suppose que ça ne te déplaît pas. » Peu de temps après, Arnegonde était tombée enceinte de Clotaire. Mais si la deuxième reine avait cru pouvoir garder pour elle seule les ardeurs du roi, elle avait rapidement déchanté. À quelques années de là, Clotaire avait épousé Gontheuque, la veuve de son propre frère Clodomir, puis avait eu un fils de l'une de ses concubines, Chunsine. Et comme si cela ne suffisait pas, nul n'ignorait que le seul véritable amour du roi Clotaire était une jeune fille nommée Radegonde, qui s'était faite nonne dans un couvent après qu'il l'eut poursuivie et qu'on disait sainte. Alors sans doute n'y avait-il plus trace d'amour dans le cœur de la reine Arnegonde, tout juste l'oppression d'une longue existence d'humiliations et de rancœur.

Frédégonde n'osa l'observer davantage et aligna son attitude sur celle de sa maîtresse, assise à son côté sur l'un des bancs désertés, en retrait de la scène. Audowère ne disait mot, mais elle lui avait saisi la main et la pressait avec ferveur. Furtivement, elle se tourna vers sa compagne et lui sourit, les yeux brillants de larmes. À elle, au moins, les paroles du majordome avaient rendu espoir. Malgré elle, Frédégonde se demanda combien de temps encore durerait son amour pour Chilpéric, si celui-ci se mettait à suivre les traces de son père. Combien de temps avant qu'il collectionne épouses et concubines, combien de temps avant qu'elle ne soit plus que la mère desséchée de ses premiers enfants ?

Il y eut un nouvel éclat de voix que la jeune fille ne distingua pas clairement, puis la reine et les siens tournèrent les talons, suivis quelques instants plus tard par la princesse Ingoberge. Audowère resta assise et n'osa relever la tête jusqu'à leur départ. Alors seulement elle se leva et se précipita vers Ausanius, qui vint à sa rencontre avec un geste d'apaisement empreint de lassitude.

— Trois jours, dit-il, précédant la question de la princesse. Quatre au plus, le temps que mes hommes fassent le chemin, aller et retour. Aux dernières nouvelles, l'armée était à Worms, dans les terres thuringiennes. Dès que je sais quelque chose, je vous promets de venir vous avertir en personne. Mais je vous le répète, si le roi ou l'un de ses fils avait été blessé, j'en aurais été averti.

— Merci, murmura Audowère. Que Dieu vous bénisse.

Dans un élan de reconnaissance, elle lui baisa les mains. Ausanius s'écarta aussitôt, sans parvenir à masquer sa surprise et sa désapprobation. Le geste spontané de la princesse semblait à présent les embarrasser tous les deux au point que Frédégonde baissa la tête pour cacher son amusement. Le chapelain, en se rapprochant d'eux avec un sourire cauteleux, mit heureusement fin au silence gêné qui se prolongeait.

— Je n'ai pas souvent eu l'occasion de vous voir aux offices, dame Audowère. Il faudrait songer au baptême de votre nouveau-né…

— Dès que son père sera de retour, répondit la princesse.

— Oui, je comprends.

Le religieux adopta une mine de circonstance, respectueuse et vaguement compatissante. Puis, lorsqu'il découvrit Frédégonde au côté de la princesse, sa mine s'éclaira.

— Ah ! Voici un visage connu ! L'une de mes plus fidèles élèves…

Malgré elle, la jeune fille se sentit rougir. Elle s'en voulut aussitôt. Ne pas baisser les yeux, jamais. Surtout pas devant ses ennemis.

— J'apprends pour recevoir moi aussi le baptême, dit-elle.

— Tu n'es donc pas chrétienne ? murmura Ausanius, avec dans la voix et les yeux une froideur soudaine qui alerta la jeune fille.

Une païenne avait-elle le droit d'entrer dans une chapelle ? De cela, Evrard et sa femme ne lui avaient pas parlé lorsqu'ils lui enseignaient les choses du palais et des coutumes franques. Ne venait-elle pas de commettre, par ce simple fait, l'un de ces péchés mortels qui vous éloignent à tout jamais du royaume des cieux ? Pourrait-elle même rester au service d'une princesse chrétienne ? Sans doute pas, si elle ne trouvait rapidement une justification.

— Seigneur, mes parents sont morts peu de temps après ma naissance…

Jusque-là, ce n'était pas un mensonge.

— L'abbé Prétextat m'a recueillie et élevée. Je n'ai jamais osé lui demander si j'avais été baptisée. Aujourd'hui, je voudrais en être sûre…

— … Au risque d'être baptisée deux fois, compléta Ausanius d'un air radouci, presque amusé. Je connais Pretextatus… Un serviteur de Dieu particulièrement zélé. C'est lui qui t'a recommandée à la princesse ?

— C'est lui, en effet, intervint Audowère.

— Eh bien, il devait être sûr de cette jouvencelle, alors…

— Mais, dans le doute, insista Ausanius, est-ce possible de baptiser une personne à deux reprises, mon père ?

— Ma foi, le cas n'est pas fréquent… On peut cependant confirmer un sacrement. Après tout, la sainte messe ne fait-elle pas que renouveler le sacrifice du Christ ? J'y vois au contraire une belle ferveur. Et puis ce serait dommage de vouer une si jolie enfant à la damnation éternelle, n'est-ce pas ?

Il tendit la main comme pour lui tapoter la joue, se ravisa au dernier instant et s'inclina devant Audowère.

— Si vous en êtes d'accord, je la baptiserai en même temps que votre fils.

— Bien sûr, dit-elle avec un sourire pour sa compagne. Et je serai ta marraine.

Frédégonde s'agenouilla et lui baisa la main, dans le même élan de reconnaissance que celui de la princesse quelques instants plus tôt envers le maire du palais. Lorsqu'elle se releva, le cœur encore gonflé d'allégresse, ce fut pour saisir sur les visages d'Audowère, du chapelain et d'Ausanius une expression de commisération amusée ou indulgente qui, en d'autres temps, l'aurait profondément humiliée. Elle se contenta d'incliner la tête et de sortir, avec la diligence d'une servante admise pour un moment dans le cercle des grands, et dont le temps était terminé. Elle était déjà devenue franque, elle serait bientôt chrétienne, et la princesse serait sa marraine. Rien n'aurait pu l'atteindre en cet instant, pas même leur morgue. Avant peu, cette morgue serait la sienne.

Sitôt qu'elle eut refermé derrière elle les battants de la double porte et qu'elle se fut frayé un chemin entre les gardes rassemblés devant la chapelle, tous les regards de la foule convergèrent dans sa direction. Il y avait là des hommes assez âgés pour être son père, des femmes nobles, des guerriers et des érudits, des gens riches, des Romains, des Francs, mais tous étaient restés au-dehors, attendant d'apprendre les miettes de ce qu'elle savait déjà. Passé le premier instant de surprise, elle sourit et salua l'assemblée d'une révérence désinvolte, puis s'avança droit devant elle alors que sur son passage les rangs s'écartaient. Cela ne dura qu'un bref instant, car il n'y avait tout de même pas grand monde, mais elle sortit de là le cœur battant et le rouge aux joues, contenant à grand-peine une envie folle de crier, de sauter et de rire aux éclats. Elle se tenait droite, pourtant, aussi digne que l'exigeait son rang, fût-il imaginaire. Et c'est ainsi qu'elle tomba presque nez à nez avec le novice.

Une fois de plus, l'expression du jeune homme avait changé. Ce n'était plus du dédain, ni de l'étonnement teinté d'admiration, mais quelque chose de bien plus direct, de bien plus pressant. Une envie muette formulée seulement par ses yeux et sa posture, où se mêlaient de la suffisance et de la fébrilité. L'excitation des instants passés avait suffisamment échauffé les sangs de la jeune fille pour qu'elle ose se rapprocher de lui, assez près pour qu'il puisse s'enivrer du parfum de ses cheveux, si près qu'elle dut relever la tête pour le dévisager, trop près pour ne pas sentir l'effet qu'elle lui faisait. L'autre ne disait rien et se contentait de sourire bêtement. Elle songea un bref instant à Uxellos, dans la grotte, puis chassa cette pensée. Sans doute se ressemblaient-ils, mais Uxellos n'était qu'un rustre, et celui-ci était mieux nourri.

Plus tard, alors que le jour tombait et qu'elle se hâtait, les joues rouges et les cheveux défaits, pour rejoindre les appartements d'Audowère, Frédégonde réalisa que, pour la seconde fois, son amant était un religieux.

***

Au début du mois d'août, l'armée revint à Soissons. Quelque temps plus tôt, à la nuit tombante, un groupe de cavaliers gris de poussière avait franchi les portes de la ville et galopé à travers les ruelles jusqu'au palais où les avait reçus Ausanius. Le maire attendait toujours le retour de ses chevaucheurs, aussi reçut-il la nouvelle avec surprise. Non seulement le roi était toujours en vie, mais sa victoire contre les Saxons était totale. La capitale des Francs Saliens était sommée de se préparer à fêter dignement le retour du roi et le triomphe de son armée. L'accueil de son peuple devait être à la hauteur de sa gloire.

Dans les jours qui suivirent, la torpeur qui était devenue le lot quotidien de la citadelle se mua sans transition en une débauche frénétique d'énergie, gagnant peu à peu les abords du palais, puis la ville tout entière, comme un chaudron bouillonnant. En quelques jours, la fièvre s'était répandue jusqu'à Compiègne, et même jusqu'à Paris d'où affluaient marchands et baladins, coupe-bourses et faux mendiants, armuriers, orfèvres et catins, tout ce qu'une armée victorieuse, riche d'un butin dont elle ne saurait que faire, pourrait rechercher ou redouter dans une cité en liesse. La populace avait envahi les berges de la rivière. Elle s'étendait à perte de vue depuis le remblai de terre et de rondins ceinturant Soissons, en une mer d'auvents et de tentes colorés. Leurs feux illuminant la plaine se reflétaient dans le fleuve jusque tard dans la nuit. C'était un spectacle magnifique qu'Audowère, Frédégonde et les enfants contemplaient longuement chaque soir, depuis leur fenêtre.

Six jours après l'arrivée des messagers, alors que la nuit était tombée et que les enfants étaient déjà couchés, les armées de Clotaire débouchèrent de la forêt. Aux faubourgs de la ville, une foule immense brandissant torches et flambeaux se porta au-devant de la troupe. Elle entoura la colonne des guerriers et la submergea dès qu'elle s'y fut enfoncée, dans une clameur sourde que le vent chassait loin de la fenêtre des deux jeunes femmes. Avant même que l'avant-garde n'ait atteint la barbacane protégeant la porte principale de la ville, les rangs s'étaient défaits, comme dilués dans ce grouillement joyeux. Seule la truste[1] de Clotaire, forte de plusieurs centaines d'hommes, formait encore autour du roi et de ses fils une troupe compacte, protégeant également une longue file de chariots, probablement chargés de butin.

Au moment où ce qu'il restait de la colonne franchit les remparts de la ville, Audowère s'arracha de la fenêtre, entraînant Frédégonde par le bras.

— Aide-moi à me préparer ! lança-t-elle d'une voix étouffée pour ne pas réveiller les petits.

Fébrilement, la princesse se changea, se coiffa et se para de bijoux. Elle ne quittait pas des yeux la porte de ses appartements, comme si Chilpéric allait entrer d'un instant à l'autre. Sitôt qu'elle fut prête, la princesse partit à sa rencontre, laissant ses fils à la garde de Frédégonde. Bien plus tard dans la nuit, la jeune fille fut réveillée par les pleurs de sa maîtresse. Audowère était seule. Chilpéric était déjà reparti pour son domaine de Berny.

---

1. Groupe de seigneurs (nommés antrusions) liés par serment à la protection du roi.

Deux ans s'écoulèrent ainsi, entre Soissons et Paris, où le prince Chilpéric nous faisait venir quand le roi Clotaire y résidait. Le voyage était court et les voies sûres à cette époque. Nos escortes étaient faites de jeunes cavaliers, superbes et insouciants, qui paradaient autour de nos voitures comme des coqs et rougissaient dès que nous les regardions. Passé ma quatorzième année, j'étais devenue une femme et je découvris que j'étais belle. Malgré tous mes efforts, des efforts sincères, la religion des moines me semblait bien fade en regard de ce pouvoir étonnant que je ne cessais de mettre à l'épreuve. N'importe quel guerrier puissant comme un ours et capable d'égorger dix de ses ennemis sans la moindre émotion tremblait comme une fille au moindre de mes frôlements. Les mots d'Oiba, que je croyais enfouis à jamais, resurgissaient avec une force nouvelle. « Uiro nasei es menio, olloncue medenti. Langom nathanom esti… »

La magie des femmes est plus forte que toutes les religions. Plus forte qu'une armée. Ne l'oublie pas, mon fils… Il ne s'agit pas d'amour, bien au contraire, car cette magie n'opère que sur ceux que l'on n'aime pas et s'efface comme une fumée au vent sitôt que le cœur est épris. Souvent, durant ces années-là, j'ai repensé à la danse de la Mère, à son corps offert aux yeux de tous et pourtant inaccessible. Cette nuit-là, dans sa sauvagerie écœurante, Oiba avait la force de la Bovinda. Le désir animal les nouait, tous, hommes et femmes. Ma danse serait plus légère, moins publique. Mais nul n'y survivrait.

5

La mort du roi

Hiver 561

À deux lieues de la villa de Braine, le prince Chilpéric et ses cavaliers mirent leur monture au galop, abandonnant les lourds chariots de leur équipage à la garde d'une petite troupe de fantassins. Ici, il n'y avait plus grand-chose à craindre, même si aucune voie à travers le royaume n'était assez sûre pour qu'un convoi puisse se passer complètement d'une escorte. Comme si les bandes de crève-la-faim qui rôdaient jusqu'aux abords des villes ne suffisaient pas, la mort récente de Childebert, roi de Paris[1], avait jeté sur les routes nombre de ses partisans, des hommes libres qui se faisaient brigands et vivaient de rapines plutôt que de prêter allégeance à son frère. Les mêmes bandes armées avaient épousé quelques mois plus tôt la rébellion de Chramne, le fils bâtard de Clotaire né de sa concubine Chunsine, et l'avaient suivi jusqu'en Bretagne où son père l'avait pourchassé et fait périr d'affreuse manière. Depuis, ces hommes en armes, n'obéissant qu'à des chefs de circonstance, écumaient les terres du Nord et de l'Ouest sans que le vieux roi semble de taille à les mettre au pas. Au soir de sa vie, à soixante-quatre ans passés, Clotaire était enfin parvenu à devenir le seul maître des terres franques d'Austrasie,

1. Le nom date de cette époque. La ville des Gaulois Parisii s'appelait Parisius ou Parisium, ce qui devint Parisiou, puis Parisse.

de Neustrie, d'Auvergne, de Bourgogne et d'Aquitaine, un royaume plus vaste encore que celui de son père Clovis. Mais chacun savait qu'il n'en avait plus pour longtemps et qu'un nouveau partage de la Francie se ferait entre ses fils.

Prêt à talonner les flancs de son cheval, Chilpéric jeta un regard en arrière vers la litière bardée de fer et surchargée de draperies éclatantes où avaient pris place Audowère et ses enfants. Si vraiment Clotaire était mourant, il préférait les savoir près de lui plutôt que seuls à Paris, à la merci de Dieu sait qui. Depuis des années, les questions de succession se réglaient plus souvent par le couteau que par la plume et le parchemin... Mais mourant, Clotaire l'était-il vraiment ? Chilpéric n'y avait pas cru de prime abord. Voilà deux ans, la même nouvelle avait circulé avec tant d'insistance que son demi-frère, Chramne, s'y était laissé prendre et s'était lancé dans sa désastreuse aventure. Quelques années plus tôt, c'est à l'issue d'une expédition contre les Saxons qu'on avait de pareille manière annoncé le trépas du roi. C'était bien dans la manière de cet effroyable vieillard de mettre ainsi à l'épreuve ses ennemis, ses alliés et même ses fils, avant d'apparaître à la tête de ses armées et de châtier les imprudents trop empressés à fondre sur son trône ou ses trésors.

Ce soir-là, le premier chevaucheur envoyé de Soissons avait été congédié sans même que Chilpéric se soucie d'interrompre son repas. Puis au matin, un émissaire de son frère Sigebert – le seul peut-être pour lequel il éprouvait de l'affection – avait confirmé l'information. Le vieux s'était effondré au cours d'une partie de chasse dans la forêt de Cuise[1]. On l'avait transporté brûlant de fièvre jusque dans sa villa de Braine, à quelques lieues à l'est de Soissons. Tous ses fils avaient été requis d'urgence à son chevet.

En chemin, Chilpéric et les siens avaient croisé à plusieurs reprises des cavaliers de la maison royale galopant à bride abattue sur les chemins de Soissons, Compiègne ou Paris, puis

1. Ancien nom de la forêt de Compiègne.

des moines en procession égrenant leurs litanies, et jusqu'à des groupes de rustres qui s'écartaient prudemment sur leur passage mais n'en avançaient pas moins vers la villa du mourant, pareils à des papillons de nuit convergeant vers les derniers feux d'une chandelle. À mesure que la petite troupe se rapprochait de Braine, il semblait flotter dans l'air une atmosphère particulière, comme si la nature craquelée par le froid de novembre retenait son souffle, comme si les broussailles, les feuilles et les ruisseaux s'étaient figés, comme si le vent n'avait prise sur rien. Le prince lui-même ressentait dans son ventre et sa gorge l'effet d'une exaltation tue. Il n'éprouvait aucun chagrin, mais pas plus de joie. Tout juste l'oppression de l'expectative, un espoir singulier trop longtemps attendu pour pouvoir être formulé. La lenteur du convoi le mettait sur des charbons ardents, alors qu'à quelques lieues de là se jouerait bientôt son destin. Peut-être n'aurait-il pas dû s'encombrer de toute sa mesnie, mais galoper d'une traite jusqu'à Braine pour être le premier au chevet du roi...

Saisi par la mélancolie du paysage, Chilpéric chevauchait à l'écart des lourdes voitures abritant Audowère, ses fils et ses suivantes, pour ne plus voir leur éclat obscène, ruisselant de velours cramoisis et de brocarts, pour ne plus entendre le babillage des femmes, leurs chants et leur rires. Chacun, dans le convoi comme sans doute dans tout le royaume, espérait la mort de Clotaire, mais cette euphorie trop manifeste l'insupportait. Le silence terne de la forêt et le pas monotone des chevaux convenaient davantage à une procession funèbre. Le prince aurait voulu être triste à l'instant où son père mourait, se souvenir au moins de quelque moment heureux. Il n'y en avait pas. À la cour de Clotaire, chacun vivait dans l'appréhension de ses emportements meurtriers, et la cruauté effroyable avec laquelle il avait fait mettre à mort Chramne n'avait fait que raviver cette terreur larvée. Vaincu sur le champ de bataille par le roi et ses fils aînés, Caribert et Gontran, le bâtard avait été enfermé dans une chaumière avec sa femme et ses deux filles, lié à un banc, longuement frappé jusqu'à ce qu'il ne soit plus qu'une épave pantelante. Puis le roi avait fait bouter le feu à la masure. Tous les quatre étaient morts dans les flammes... Depuis, Clotaire s'était pris d'une frénésie religieuse, comme si l'horreur de ses crimes lui apparaissait enfin, au soir de sa vie. Pour les Francs, il n'était aucune faute qui n'ait son *wergeld*, sa compensation monétaire. En dépensant sans compter pour l'Église et ses œuvres, Clotaire avait l'espoir de racheter son pardon. Comme son frère avant lui, il s'était mis à dilapider son trésor pour venir en aide aux pauvres, et venait même d'ordonner l'édification d'une basilique dédiée à Notre Dame et à saint Pierre, à Crouy, aux faubourgs de Soissons. Tout cela, aux yeux de son plus jeune fils légitime, n'était que gesticulations sans fondement ni repentir, qui ne le rendaient que plus méprisable encore. Le prince ne ressentait aucune peine, si ce n'est celle, profonde et insidieuse, de n'éprouver aucun chagrin. Ç'avait été un long chemin sur le mauvais pavement de la chaussée forestière, jusqu'à ce qu'il puisse enfin, à l'orée des bois, lancer sa monture au galop.

Crotté de boue jusqu'au ventre, le visage rougi par le froid cinglant, Chilpéric galopa jusqu'à une hauteur dominant la villa royale, à quelque distance de la rivière. Comme son père Clovis avant lui, Clotaire se méfiait des cités et s'était arrogé en bien propre de vastes domaines à travers le royaume pour y construire des villas pareilles à des camps retranchés, entourées d'une levée de terre et de palissades de rondins. Au centre de celle-ci se dressait le principal corps de logis, dominé par une haute tour de bois qui servait de fortin. À l'intérieur de l'enceinte, chaque chef de guerre formant la truste royale disposait pour lui et ses hommes d'un bâtiment plus rustique, constituant un second rempart autour des logements royaux. Au-delà, de nombreuses habitations abritaient les vilains attachés au domaine, paysans et serfs, tisserands, forgerons, orfèvres ou corroyeurs. Plus loin se trouvaient les écuries, les étables et les bergeries, de vastes cuisines et les granges... Une ville miniature entièrement dévolue à la personne du roi, et à laquelle il ne manquait qu'une église.

L'entrée principale, défendue par une barbacane surélevée, était noire d'une foule agglutinée qui ne pouvait laisser de doute. Ce n'était pas une fausse nouvelle. Le vieux roi se mourait, et tout ce que Soissons comptait de nobliaux ou de notables se pressait aux portes de la villa... Autour, des campements de tentes et des alignements de chevaux indiquaient que les troupes de ses frères étaient déjà en place.

Chilpéric ferma les yeux et renversa la tête en arrière, savourant la brise glacée. Dans quelques heures ou quelques jours, pourvu que Clotaire ne guérisse pas et qu'il crève enfin, le royaume de Clovis lui appartiendrait, à lui et à ses frères. Les terres franques étaient immenses, plus vastes qu'aucun autre empire, hormis celui de Justinien à Constantinople. Quel qu'en soit le partage, le lot qui lui reviendrait ferait de lui l'un des souverains les plus puissants du monde... Un instant, il hésita à attendre le convoi afin de donner à son arrivée plus de prestance, éblouir ces gueux amassés aux portes, serrer des mains, reconnaître des visages, promettre des faveurs. C'était lui qu'ils attendaient, lui, mais aussi ses frères, leurs nouveaux maîtres...

Une appréhension soudaine arracha le jeune prince à ses rêves de grandeur. Ses trois frères étaient déjà au chevet du roi. Lui n'était que le cadet, fils de la seconde reine, alors que les autres étaient nés d'Ingonde, la première épouse. D'un coup d'œil, il jaugea la troupe qui l'escortait. Quinze hommes, pour la plupart de jeunes nobles davantage habitués à batailler dans le lit d'une courtisane qu'à faire usage des scramasaxes qui ornaient leur ceinture. Seuls cinq d'entre eux étaient des compagnons de longue date, à qui il pouvait faire confiance. Son regard s'attarda un instant sur celui qui dépassait la bande de la tête et des épaules. C'était un Gaulois du nom de Desiderius, bâti comme une tour, avec un cou de taureau et des bras aussi larges que ses cuisses. Il portait pour seule arme une fronde dont il se servait avec un talent consommé... contre les lièvres ou les oiseaux. D'eux tous, c'était sans doute le seul qui aurait risqué sa vie pour lui. Mais Desiderius n'avait jamais combattu. Pas de quoi effrayer les leudes[1] aguerris de Gontran ou de Caribert, ni les troupes guerrières de Sigebert. L'usage de la force était hors de question. Il faudrait compter sur leur respect des lois. Ou forcer le destin…

D'un coup de talons, sans même un ordre pour ses hommes, il lança son destrier au galop. En parvenant aux portes de la villa, les cheveux en bataille et le souffle court, Chilpéric ressemblait davantage à un chevaucheur qu'à un prince royal. La foule ne s'écarta que de mauvaise grâce, puis avec davantage d'empressement quand sa truste vint le rejoindre et que ses hommes entreprirent de dégager le passage à force de cris et de coups de bottes. Il y eut même quelques vivats quand Chilpéric franchit la barbacane et pénétra dans la grande cour de la villa.

Sitôt mis pied à terre, il balaya du regard les portiques à la romaine – mais bâtis en bois, comme tous les édifices francs – qui formaient une longue galerie carrée autour de la cour. Sous leurs toits de tuiles s'abritaient par groupes séparés plusieurs centaines d'hommes en armes. Les troupes de ses frères ne se mélangeaient pas. Dans quelques heures ou quelques jours, il leur faudrait peut-être en venir aux armes pour régler la succession de Clotaire… La cour elle-même, en terre battue, était déserte, hormis des poules et un gros chien couché sous une carriole de piètre allure. Aucun cheval, aucune litière d'apparat. Ses frères étaient venus sans leurs épouses, leurs enfants et leur suite. Chilpéric se demanda si c'était par empressement ou par calcul, en prévision d'un éventuel affrontement. D'ici une heure, au plus, Audowère et ses fils seraient là. S'il prenait l'envie à l'un d'eux d'exterminer sa lignée, Chilpéric la lui offrait sur un plateau…

— Desiderius !

Le colosse s'approcha de son prince, avec un grommellement pour toute réponse.

---

1. Seigneurs ayant prêté un serment au roi, le *leudesamium*. Il s'agit de nobles de haut rang, supérieurs aux antrustions.

— Repars vers le convoi. Arrête-les là où nous avons fait halte, en haut de la butte. Si tout va bien, je t'enverrai Beroulf, ou un autre…

Nouveau grommellement. Le Gaulois tournait déjà les talons vers sa monture, mais Childéric l'arrêta.

— Attends !… Si tu n'as vu personne d'ici ce soir, emmène-les à Paris. Protège mes fils, je te les confie.

Il se rapprocha de Desiderius, le saisit à la nuque et attira son visage à lui, comme pour l'embrasser.

— Celui qui viendra devra prononcer ces mots : « Notre Dame, saint Pierre. » Répète…

— Notre Dame, saint Pierre.

— S'il l'oublie, tue-le et décampez… Et trouve-toi une arme, mon ami. Ta fronde ne suffira pas.

Le Gaulois hocha la tête, attendit un moment et, voyant que Chilpéric n'avait plus d'autre instruction, sauta en selle et partit au petit trot. Les autres se rapprochèrent de leur prince, le front soucieux et la main sur leur long poignard.

— Que se passe-t-il ? dit Ansowald, le plus jeune d'entre eux, mince et beau comme une fille, mais avec dans ses yeux trop bleus une froideur inquiétante. Tu crains une embuscade ?

— Restez ici avec les chevaux, répondit Chilpéric.

Il prit un instant pour les jauger. Ansowald était trop frêle. Il en choisit un autre, plus massif et plus âgé.

— Beroulf, tu viens avec moi.

Sans attendre, il s'avança vers l'aile principale, suivi de son antrustion. D'un pas rapide, il franchit les quelques toises qui le séparaient des bâtiments et ne ralentit guère, tandis que les hommes regroupés sous le portique s'écartaient en le reconnaissant pour un prince royal à sa longue chevelure autant qu'à sa morgue. Seuls le roi et les princes mérovingiens laissaient pousser leurs cheveux au-delà des épaules, comme un signe distinctif. Certains guerriers se rasaient le crâne à la mode ancienne, avec une houppe qui leur retombait sur le front, mais la plupart étaient coiffés à la romaine, qu'ils soient francs, gaulois ou germains. Chilpéric évita de croiser leur regard, et nul d'entre eux ne le salua. Il y en eut même pour lui tourner le dos.

Dès qu'ils furent à l'intérieur, le prince ralentit son allure, puis, entendant Beroulf refermer derrière eux, il s'immobilisa et poussa un soupir de soulagement. Malgré lui, son cœur cognait jusqu'à ses tempes. Les hommes, au-dehors, étaient armés en guerre, portant la hache à double tranchant, le scramasaxe et l'angon[1]. Tous étaient vêtus de lourdes broignes de cuir matelassées et cloutées qui descendaient jusqu'à l'aine. Quelques-uns étaient munis de boucliers couverts de fourrure. Il y en avait même un ou deux qui portaient un casque, très rare dans les armées franques en raison de son prix, et réservé à des chefs ou à des guerriers d'élite. Ces hommes n'étaient pas une troupe d'apparat mais une bande de tueurs endurcis qui n'hésiteraient pas à lui trancher la gorge si on le leur ordonnait. Au moment où Beroulf le rejoignit, une porte s'ouvrit de l'autre côté de la pièce et Sigebert apparut.

Des trois frères aînés de Chilpéric, c'était le plus jeune et le plus proche de lui. Bien qu'ils ne soient pas nés de la même mère, les deux garçons avaient été élevés ensemble, ils avaient côte à côte étudié les lettres, appris à monter à cheval, à lancer la hache et l'angon, à manier l'épée et le poignard. Ils avaient fait leurs premières armes ensemble, avaient connu leurs premières filles ensemble, et s'étaient si souvent battus qu'ils en avaient gardé tous deux quelques cicatrices. À vingt-cinq ans, Sigebert n'était toujours pas marié, tandis que Chilpéric avait déjà trois fils. Cela rétablissait un peu l'équilibre entre le cadet et ce frère plus âgé, plus grand, plus fort, plus expérimenté et plus beau que lui.

En le voyant avancer à sa rencontre les bras grands ouverts, Chilpéric retrouva une sensation ancienne, toute de sujétion et de rivalité, qui portait comme toujours ombrage à leurs retrouvailles.

1. Javelot de jet. Pour la hache, le terme de francisque n'était bien sûr pas utilisé par les Francs.

Les deux frères s'étreignirent cependant avec chaleur, tandis que Beroulf s'écartait pour observer ces princes si différents.

En commun, ils n'avaient que leur longue chevelure, du même brun châtain, et ces yeux sombres au regard vif qui vous donnaient l'impression de vous transpercer l'âme sitôt qu'ils se posaient sur vous. Chilpéric, sans être petit, paraissait trapu, tandis que Sigebert le dépassait d'une bonne tête, ce qui avait toujours obligé son frère à lever les yeux vers lui. Son visage était glabre, contrairement à son jeune frère, dont le menton et les joues étaient rongés d'une barbe peu fournie. Mais la différence essentielle était dans leur mise. Vêtu d'une tunique de laine écrue aux manches longues et étroites et s'arrêtant au-dessus des genoux, les jambes nues avec de simples souliers de peau, l'aîné ne portait aucun bijou, ni bracelets, ni collier, ni dague ouvragée, tout juste une fibule de bronze damasquinée fermant son manteau à l'épaule, qui ne devait valoir que quelques deniers. Il aurait presque eu l'air d'un clerc s'il n'y avait eu ce regard et cette sensation de force qui émanait de lui. « Un lion vêtu comme un chien », pensa Beroulf, sans savoir s'il l'admirait ou s'il le méprisait pour cela. Chilpéric, en revanche, se vêtait avec l'ostentation coutumière des princes. Son manteau était rouge saphir, liseré d'or et retenu à l'épaule par une fibule d'orfèvrerie cloisonnée, rehaussée de grenats et de turquoises. Sa tunique à manches longues et son pantalon étaient de laine épaisse ornée aux jambes de larges bandes de tissu rouge brodé de fils d'or et d'argent, entrecroisées autour de ses mollets. À sa ceinture de cuir fin ornée de plaques de fer damasquinées d'argent pendait une épée au fourreau de hêtre recouvert d'une toile blanche durcie par de la cire brillante. Il portait aux poignets de larges bracelets, eux aussi de fer damasquinés d'argent, ainsi que des bagues précieuses. Malgré les souillures boueuses de la chevauchée, l'ensemble lui donnait fière allure.

Lorsque les deux frères se détachèrent, Sigebert jeta un coup d'œil vers Beroulf, sourit et jaugea son cadet d'un air amusé.

— Viens, dit-il. Tu peux laisser ton… escorte ici. Tu n'as rien à craindre.

— Je sais. Comment ça s'est passé ?

Le sourire de Sigebert s'effaça et il baissa la tête.

— J'étais avec lui, murmura-t-il. Nous chassions dans la forêt de Cuise. Il s'est brusquement senti mal. Au retour, il a été pris par les fièvres et il a perdu connaissance. Quand il a recouvré ses esprits, il a demandé qu'on l'emmène ici, et hier soir il m'a dit de vous faire venir. Depuis, ça a empiré…

— J'ai vu les troupes, au-dehors. Je suppose que Gontran et Caribert sont déjà là.

Sigebert opina.

— Viens. Il t'attend…

D'un signe de tête, l'aîné lui montra le chemin en direction de la porte par laquelle il était entré quelques instants plus tôt. Ils s'avancèrent sans un mot le long d'un couloir sombre fleurant bon le bois, passèrent une antichambre encombrée de serviteurs affairés, puis une salle plus vaste, l'une des seules de la villa à posséder un mur de pierres et une cheminée. Une trentaine d'hommes et de femmes richement parés étaient agglutinés autour d'une tablée chargée de fruits et de cruches. Des nobles locaux, sans doute… Chilpéric n'en reconnut aucun, mais il inclina la tête dans leur direction, à quoi ils répondirent pour la plupart par le même salut muet. Sigebert ne s'était pas arrêté et ne leur avait pas accordé un regard. Les deux frères franchirent une autre porte, grimpèrent longuement un escalier en colimaçon menant à l'étage le plus élevé de la tour centrale. Ils débouchèrent enfin dans une pièce plus réduite, encombrée cette fois d'hommes d'armes qui se levèrent d'un bond à leur entrée, la main sur le poignard.

— Rengainez vos armes, dit un homme âgé d'une cinquantaine d'années, à la barbe et aux cheveux poivre et sel.

Vêtu d'une broigne cloutée, il portait sur l'aine une épée longue qu'il dégagea pour se lever de la table où il était assis, face à un frère bénédictin. Puis il s'avança vers eux en écartant les gardes et inclina brièvement la tête.

— Seigneur Sigebert, seigneur Chilpéric...

— Je te salue, Thibert, dit ce dernier, qui avait reconnu le *domesticus*[1] des villas royales du Soissonnais.

— J'aurais aimé qu'on se revoie en une autre occasion, mon prince.

— Moi aussi, Thibert. Moi aussi...

— Vos frères sont auprès de lui.

Chilpéric lui pressa l'épaule et rejoignit Sigebert. Il patientait, debout dans l'encoignure d'une porte si basse qu'il fallait ployer la nuque pour rentrer, ultime précaution d'un vieux roi détesté craignant qu'un assassin parvienne jusqu'à lui...

Ils ne purent réprimer une grimace tant l'odeur qui avait envahi la chambre était âcre. Clotaire se vidait de ses entrailles, et tout l'encens que les chambriers avaient mis à brûler ne faisait qu'alourdir un peu plus la puanteur du lieu. L'unique fenêtre, aussi étroite qu'une meurtrière, était fermée par un rideau de cuir qui empêchait l'air d'entrer, et plus encore la lumière. Un courant d'air aurait été une bénédiction, mais Chilpéric rendit bientôt grâce au ciel de cette obscurité. Éclairé par un simple lumignon, le vieux roi n'était plus qu'un cadavre desséché, la peau jaunâtre et parcheminée, les yeux enfoncés, ses longs cheveux blancs étalés sur les draps comme ceux d'une vieille femme. Et cette odeur... Le jeune prince se détourna en relevant un pan de son manteau sur son nez et sa bouche.

C'est alors qu'il vit Caribert. Assis près de la fenêtre, il paraissait dormir. Gontran était à son côté, toute bedaine en avant, tenant devant son visage un mouchoir parfumé qu'il écarta brièvement, le temps d'une accolade sans chaleur.

— Enfin, vous voilà, murmura-t-il. Je n'y tiens plus, je vous attends dehors.

---

1. Intendant chargé de l'administration d'un domaine royal, ayant rang de comte.

Puis il se rapprocha de la couche et secoua rudement le mourant par l'épaule.

— Père ! cria-t-il d'une voix si forte qu'elle les fit tous deux sursauter. Ils sont là ! Chilpéric est arrivé !

Clotaire ouvrit les yeux et leva la main. Aussitôt, Gontran s'écarta du lit, sortit en bousculant au passage son frère cadet et claqua la porte derrière lui. Chilpéric s'avança jusqu'au roi et s'agenouilla à son chevet. Dans le mouvement que fit Clotaire pour lui saisir la main, les fourrures qui le recouvraient s'écartèrent, exhalant à la face du prince une bouffée infecte qui le prit à la gorge. Ses draps et sa chemise étaient souillés d'excréments sanguinolents.

— Je... Je suis là, père, bredouilla Chilpéric.

— Tu vois comment meurt un roi... Tant de richesses, tant d'armées et de terres pour finir dans cette chiasse... Voilà comment finit Chlot-Hari, « Célèbre dans la guerre »... Dieu n'a pas voulu que je meure au combat. Il me fait payer toutes mes fautes.

— Dieu sait votre repentir, père, et tout ce que vous avez fait pour Sa gloire.

— Sa gloire, oui... Et la mienne. Mais je vous laisse un royaume plus grand et plus puissant encore que celui de mon père. Tu vas être roi, Chilpéric. Toi et tes frères, vous vous partagerez mes terres... Regarde ça.

Alors que le vieux roi désignait d'une main lasse un gros coffre dans un coin de la pièce, Chilpéric se leva, fit jouer les verrous et l'ouvrit. Malgré la pénombre, la vision du contenu lui vida le sang du visage. De l'or. De l'or sur plus d'une coudée de haut, des bijoux aussi, et quelques parchemins scellés à la cire. Mais de l'or surtout, un monceau de pièces, sous, deniers, triens[1]... Une seule poignée de ce trésor aurait suffi à équiper entièrement vingt cavaliers. Il y avait là de quoi se payer une armée.

— La bannière, murmura Clotaire.

1. Tiers de sou. L'unité monétaire de base.

Chilpéric se ressaisit, fouilla un instant le coffre et mit la main sur un carré d'étoffe, soigneusement plié parmi le trésor de Clotaire. Il se redressa puis déplia la bannière royale de Clovis qu'il étala comme une couverture sur les fourrures du lit. À la lueur des chandelles de suif, l'étoffe bleue semblait aussi sombre que la nuit, une nuit où les trois fleurs de lys d'or brillaient comme des étoiles.

— Tu sais ce que ça signifie…

— Les deux fleurons du bas représentent la sagesse, vertu des clercs, et la force, vertu des princes, murmura le jeune homme comme une leçon longtemps rabâchée. Le haut fleuron représente la foi en Dieu.

— En Jésus-Christ… Jésus-Christ au-dessus de tout. Il faut que tu saches, comme tes frères, que nous descendons de Lui.

Le prince sourit, mais Clotaire secoua faiblement la tête.

— Nous sommes les descendants de Jésus-Christ, mon fils. Sa lignée. Son sang. C'est ce que l'évêque Rémi a révélé à mon père Clodowig, et c'est la raison pour laquelle Dieu a permis que nous battions les Burgondes, les Alamans ou les Goths, même lorsqu'ils semblaient plus forts ou plus nombreux que nous… Je l'ai oublié et Il me punit. Toi, ne l'oublie pas, c'est tout ce que je te demande… Et que tes bannières portent désormais les fleurs de lys… Sigebert !

— Je suis là, père.

— Je veux qu'on m'enterre dans ma basilique de Crouy. Fais-m'en le serment.

— Sitôt qu'elle sera achevée, je vous le promets.

Le roi ferma les yeux et sourit faiblement.

— *Awa*[1] *!* Quel est donc ce souverain céleste qui fait mourir de si grands rois ?

Les deux frères échangèrent un regard d'incompréhension auquel Clotaire coupa court.

— Sortez, maintenant… Et faites venir le prêtre.

1. Du germain *was*, ancêtre des interjections « quoi ! » et « ouais ! ».

Chilpéric hésita. Il aurait voulu dire quelque chose, mais des émotions contradictoires nouaient sa gorge, entre dégoût et incrédulité, joie et remords. En se relevant lentement, il eut le sentiment que son père ne lui avait jamais tant parlé depuis sa naissance. Alors qu'il hésitait sur la conduite à tenir, un trait de lumière le fit sursauter. Sans un mot, Caribert, qu'il croyait endormi, venait d'ouvrir la porte et de quitter la pièce. Sigebert était resté debout au pied du lit, la tête penchée et le visage masqué par ses longs cheveux bruns, les mains jointes devant lui. Il lui fallut un moment pour comprendre que son aîné marmonnait une prière entre ses dents. Malgré ses efforts, il ne put se rappeler assez de latin pour se joindre à lui. Surtout, le souvenir des sous d'or luisant comme des braises au creux du coffre de son père s'imposait à son esprit sitôt qu'il fermait les yeux. L'encens lui portait au cœur, encore plus que la puanteur répandue par leur père. Soudain, un spasme plus violent le révulsa. Il n'eut que le temps de courir au-dehors avant de vomir tripes et boyaux dans la salle de garde, sous le regard écœuré de l'intendant et des antrustions.

***

Quand ils redescendirent, la grande pièce à la cheminée était vide. Caribert et Gontran avaient congédié les familiers du roi et s'étaient installés sur les bancs de pierre attenants à l'âtre. Au moment où Chilpéric et Sigebert traversèrent la salle pour rejoindre leurs aînés, un homme en vêtements de route s'écarta d'eux et sortit, sans qu'ils aient pu voir auquel des deux il avait parlé, ni entendre ce qui s'était dit. Comme à son habitude, l'aîné ne leur accorda pas le moindre regard. Gontran, en revanche, alla au-devant d'eux et leur servit de larges gobelets de bière qu'ils acceptèrent avec reconnaissance.

— J'ai parlé à Thibert, dit-il. D'après les mires[1], le père n'en a plus que pour quelques heures. Demain, au plus tard, ce sera fini.

1. Médecins.

— Je l'espère pour lui, grommela Chilpéric, le nez dans son verre.

— Pourquoi ? C'est l'odeur qui te dérange ou tu veux nous faire croire que tu as de la pitié pour le vieux ?

— Laisse-le, dit Sigebert d'un ton calme. Toi non plus tu n'étais pas vaillant la première fois que tu l'as vu comme ça.

Gontran toisa ses deux frères cadets d'un air supérieur, lissa d'un geste familier la courte barbe brune qui masquait en partie ses joues rebondies et son double menton, puis ricana avec mépris.

— Il va falloir que tu te reprennes, Chilpéric... Tu ne voudrais pas que ta femme et tes enfants te voient dans cet état.

Le jeune prince mit un temps pour comprendre, puis changea d'expression lorsqu'il réalisa ce que sous-entendaient les paroles goguenardes de son aîné.

— Notre petit frère se méfie de nous, on dirait... Il a laissé à une demi-lieue d'ici trois litières, pleines de piaillements et de rires... Tu es venu avec toute ta petite famille ?

— Juste mon fils, mentit Chilpéric. Clovis, mon dernier... Je voulais le présenter au père avant qu'il meure. Il ne l'a pas encore vu.

— Eh bien, fais-le venir, alors ! De quoi as-tu peur ?

D'un bond, le jeune prince se dressa face à Gontran, le visage empourpré de colère.

— Il m'en faudrait plus qu'une grosse outre comme toi !

L'autre lui était inférieur en taille et en masse, mais Gontran recula d'un pas. Le vin et la chère l'avaient amolli depuis trop longtemps, et d'ailleurs le courage physique n'avait jamais été son trait de caractère dominant. À trente-cinq ans, il n'avait plus l'âge des démonstrations guerrières ou des chevauchées insanes dont ses frères faisaient si grand cas et qui, de plus en plus, lui semblaient vides de sens. La seule puissance n'était pas celle du glaive, ainsi que leur père Clotaire l'avait compris trop tard. Une bataille ne devait être livrée que lorsque la victoire était inéluctable. Dans le cas contraire, mieux valait reculer et endormir la méfiance de l'adversaire. C'est ce que Gontran fit à cet instant en cédant devant ce jeune coq. Susceptible et emporté... Il faudrait s'en souvenir.

Sigebert s'était interposé, mais ce fut Caribert qui ramena le calme en se levant brusquement de son banc de pierre pour venir se servir à boire.

— Ça suffit, dit-il. Chilpéric, si ton fils est dehors, fais-le venir. Il sera plus en sécurité ici que dans les bois. Va donner tes ordres et reviens, nous avons à parler.

Le prince baissa les yeux, comme toujours devant ce frère aîné qui, à quarante ans, aurait pu être son père. Il sortit sans un mot, déboucha dans l'antichambre, elle aussi désertée, puis remonta à grandes enjambées le couloir jusqu'à la salle où l'attendait Beroulf, adossé contre l'un des madriers sculptés qui soutenaient le plafond de bois peint. En le voyant, le hobereau se redressa d'un bond. Chilpéric l'observa un moment en silence, tandis qu'il réfléchissait.

— Rassemble les autres, dit-il enfin. Je veux qu'ils rentrent à Paris avec Audowère et mes fils... Les aînés, en tout cas, Théoudebert et Mérovée. Qu'ils prennent des chevaux... Toi, tu reviendras avec les litières et tous les serviteurs. Vous escorterez mon fils Clovis jusqu'ici, avec sa nourrice et les suivantes d'Audowère. Tu as compris ?

— Clovis seul. Les autres repartent sans être vus.

— Quand tu verras Desiderius, dis-lui : « Notre Dame, saint Pierre. » Ne l'oublie pas, sinon ce balourd pourrait bien t'arracher la tête.

— Je n'aimerais pas ça...

Chilpéric se détendit. Peut-être avait-il fait une erreur de venir à Braine avec toute sa maisonnée, peut-être pas... Quoi qu'il en soit, il maîtrisait la situation à présent, et l'avenir s'annonçait plutôt bien. Il souriait lorsqu'il posa une main sur l'épaule de son antrustion.

— Je compte sur toi... Et dès ton retour, viens me rejoindre en haut, avec mon fils. Fais vite...

***

Une pluie givrante s'était mise à tomber peu de temps après qu'ils furent sortis de la forêt. Les gardes transis avaient ramassé du bois mort relativement sec et allumé des feux, qui dégageaient néanmoins davantage de fumée que de chaleur. À l'abri de leurs saies tendues entre des branches, ils grognaient ouvertement contre l'ordre imbécile qui les maintenait au-dehors par ce temps de gueux, à moins d'un quart d'heure de marche d'un abri chaud et confortable. Desiderius s'efforçait de ne pas les entendre. Il guettait le ciel qui s'assombrissait rapidement et ressassait les paroles du prince. S'il ne voyait personne avant la tombée de la nuit, il allait devoir conduire tout ce monde à Paris… Cette perspective l'effrayait. Non pas qu'il craigne la troupe, il lui suffirait d'en cogner un ou deux pour se faire obéir, mais il lui faudrait expliquer la situation à Audowère et ses suivantes, et depuis bientôt deux heures qu'il se représentait la scène, il ne parvenait toujours pas à imaginer comment il pourrait se faire obéir de la princesse si celle-ci décidait de rejoindre malgré tout son époux.

L'attente se prolongeant, on n'entendait plus de rires ni de babillages joyeux à bord des voitures attelées. Un enfant vagissait, sans doute le petit Clovis, qui devait avoir faim ou froid, et ses pleurs stridents lui portaient sur les nerfs.

Alors qu'une fois de plus il s'était hissé en selle pour s'approcher de la villa royale, il discerna à travers le crachin un groupe de cavaliers galopant droit vers leur campement. Le temps de rassembler les hommes et de les former en ligne autour des litières, la petite troupe les avait rejoints avec, à leur tête, Beroulf. Ce dernier sauta à terre, jeta ses rênes à un garde et s'approcha du Gaulois. Leur courte chevauchée avait suffi à le tremper jusqu'aux os.

— Descends de là, il faut que je te parle.

— Les mots, dit Desiderius.

— Quoi, les mots ? Bougre d'âne, c'est moi, tu ne me reconnais pas ?

Le Gaulois écarta son cheval d'un coup de talons et sortit un scramasaxe de sous son sayon.

— Du calme, fit Beroulf en reculant. « Saint Pierre, Notre Dame… » Ou le contraire, je sais plus. Ça te va ?

— Ça me va.

Desiderius rengaina son arme, le visage éclairé d'un sourire de soulagement, puis il mit pied à terre et s'approcha de son compagnon. Beroulf essuya ses sourcils gorgés de pluie, retenant les injures qui lui venaient aux lèvres. L'espace d'un instant, il se demanda si cet imbécile aurait vraiment eu le cœur de lui trancher la gorge s'il avait oublié leur mot de passe… La réponse ne faisait pas de doute.

— Bien, écoute-moi, je vais t'expliquer ce qui se passe…

En quelques mots, il l'informa des ordres de Chilpéric. Le Gaulois l'écouta sans un mot, hocha la tête et entreprit aussitôt de faire lever le camp et de rassembler les chevaux. Ce n'est qu'un peu plus tard que Beroulf comprit qu'il lui laissait ainsi le soin de prévenir Audowère.

Durant quelques instants encore, le Franc resta auprès d'un feu de camp pour réchauffer ses mains transies, puis il se mit en marche vers les voitures attelées. Les volets de bois étaient tous ouverts, sur des visages qu'il n'identifiait pas dans la grisaille. Sitôt que Beroulf fut assez près pour être reconnu, la portière arrière du véhicule principal s'ouvrit. La princesse Audowère vint au-devant de lui, suivie d'une jeune fille qui tenait une saie pour les protéger de la pluie. Les cheveux et les épaules recouverts par un chaperon de sombre et grossière étoffe qui détonnait avec sa cotte bleu pâle, la princesse marchait d'un pas rapide, sans paraître se soucier des flaques boueuses qui encombraient son chemin. En la regardant approcher, maudissant intérieurement Desiderius pour son empressement à se défiler, le Franc remarqua que les plis pourtant larges de sa robe se plaquaient contre son ventre arrondi et qu'elle y portait parfois les mains. Sans doute était-elle grosse, de nouveau... Écartant cette pensée, Beroulf s'inclina pour la saluer, tout en cherchant en hâte comment présenter les choses avec assez d'autorité et de conviction pour être obéi, mais sans se montrer inconvenant envers celle qui, bientôt, serait sa reine.

— Que se passe-t-il ? lança-t-elle d'un ton inquiet, dès qu'elle fut à portée de voix. Pourquoi Chilpéric n'est-il pas avec vous ? Pourquoi ne repartons-nous pas ?

— Ma dame, le prince a jugé qu'il serait imprudent de le rejoindre. Il m'a donné l'ordre de vous faire reconduire à Paris sans tarder.

— Pourquoi ? Il craint un danger ?

Beroulf hésita. Le visage d'Audowère était marqué d'une angoisse qui déformait ses traits, sans parvenir à l'enlaidir tout à fait. Sous le chaperon, il devina la *vitta*[1] de brocart entourant ses cheveux blonds tressés de fines lanières d'or, ainsi que ses pesantes boucles d'oreille d'or et de grenats, assorties à un collier qui devait bien valoir le prix d'une ferme, bêtes et gens inclus... Audo-Wara portait bien son nom. « Richesse protégée »... On avait parfois l'impression que Chilpéric l'ornait de tout l'or qu'il avait pu amasser. Même pour un Franc, l'ostentation de sa mise semblait excessive. Au lieu de la rendre belle, les excès de fards et d'or confinaient au ridicule, surtout en pareil instant, dans ce champ boueux.

— Dis-moi ce qui se passe !

Décontenancé par le ton plaintif d'Audowère, l'antrustion détourna le regard un instant. Ses yeux se posèrent sur la suivante qui tenait la saie au-dessus d'elles. Ses bras relevés avec une grâce innocente faisaient saillir sa poitrine sous une robe claire que la bruine rendait presque transparente. Ses longs cheveux bruns étaient noués en un chignon retenu par une fibule d'argent, dégageant ses hautes pommettes et soulignant l'éclat de ses yeux verts. Ce n'était encore qu'une jeune fille, seize ou dix-sept ans au plus, mais lorsqu'elle soutint

1. Serre-tête d'une largeur de un pouce.

son regard, c'était sans l'effronterie de son âge. Plutôt une lueur de...

— Eh bien ? jappa la princesse, agacée par cet examen trop prolongé.

— Le roi est vraiment en train de mourir, dit Beroulf avec empressement. Le seigneur Chilpéric et ses frères vont se partager le royaume... Alors oui, ma dame, il y a danger. On ne sait jamais ce qui peut se passer dans ce genre de situation. Vous devez vous en aller tout de suite.

Audowère ne répondit que par un soupir tourmenté, avec un geste instinctif pour soutenir son ventre qui n'échappa guère aux yeux du Franc.

— Ce n'est pas tout, reprit-il. Vous devrez repartir à cheval avec vos fils aînés. Mon seigneur m'a ordonné d'emmener les litières à la villa du roi, avec vos suivantes... Et avec Clovis.

— Quoi ?

— Ce sont ses ordres.

— Mais pourquoi ? Et qui va s'occuper de mon fils ?

— Puis-je parler, dame Audowère ?

Les yeux perdus, au bord des larmes, la princesse se tourna vers la jeune fille qui l'accompagnait et hocha la tête.

— Parle, Frédégonde.

— J'irai avec Clovis, dit-elle. N'ayez crainte, je veillerai sur lui.

Audowère saisit son poignet et le pressa avec ferveur. Frédégonde... Depuis bientôt quatre ans, elle avait la charge des enfants et le gouvernement de leurs serviteurs. Elle saurait prendre soin de Clovis.

— Ma dame, vous devez partir au plus vite si vous voulez rejoindre Soissons avant la tombée de la nuit, insista Beroulf. Pardonnez-moi, mais je ne crois pas que vous puissiez galoper, dans votre état... Vous devriez vous changer et faire habiller vos fils pour la route.

Audowère hocha la tête d'un air égaré puis, brusquement, tourna les talons et partit en courant vers sa litière. Prise de court, Frédégonde la regarda s'éloigner, laissa retomber ses bras qui tenaient toujours la saie et ferma les yeux pour offrir durant quelques instants son visage à la bruine. Puis, inclinant doucement la tête sur son épaule, elle se mit à dévisager Beroulf. Se voyant ainsi observé, le Franc eut un sourire gêné.

— Messire, dit-elle, je suis tout à vous...

***

Le jour était tombé sans qu'aucun des frères s'en soit aperçu. Un long grincement interrompit Caribert au beau milieu d'une diatribe enfiévrée. Une procession d'esclaves portant flambeaux et chandelles de suif investit la grande salle, suivie du *domesticus* Thibert qui s'avança d'un pas rapide vers les quatre princes. Il les salua d'une brève inclinaison de la tête.

— Pardonnez-moi, messires, mais on n'y voit plus. J'ai pensé...

— Tu as bien fait, dit Caribert, avec un effort manifeste pour adopter un ton posé.

— Si vous voulez dîner, je vais faire servir des viandes et des fruits.

— Bien, bien.

— Ah, seigneur Chilpéric ! Votre fils est arrivé avec vos gens. Je les ai installés. Ils attendent vos ordres...

Le prince opina, sans cesser de triturer nerveusement sa courte barbe.

— C'est bien, dit-il. Qu'on le fasse venir sans tarder.

Assis sur la longue table à l'écart des trois autres, il semblait s'efforcer de se faire oublier, et parut même agacé lorsqu'un serviteur vint le tirer de la pénombre en déposant près de lui un chandelier allumé. Pour se donner une contenance, il se servit à boire, imité par les trois autres. Aucun d'eux ne prononça plus la moindre parole jusqu'à ce que Thibert et ses serviteurs aient quitté la pièce.

— Bon, ça suffit, dit Caribert sitôt que le *domesticus* eut refermé derrière lui. Aucun de nous n'a jamais éprouvé pour le vieux autre chose que de l'aversion...

— Ou de la peur, intervint Gontran, les yeux dans le vague.

— Oui… Tout le monde a eu peur de lui. Mais plus maintenant. C'est fini. Le royaume est à nous. Pour ma part, cela fait quarante ans que j'attends ça. À quoi bon perdre encore du temps pour ces bondieuseries ?

— Il me l'a demandé, répondit Sigebert, à qui leur aîné s'était adressé prioritairement. Quoi que tu choisisses de faire, je l'enterrerai à Crouy, comme je lui ai promis, et avec les honneurs…

— C'est ridicule. Le père n'a jamais cru en Dieu, bon sang !

— Nous devons respecter sa volonté.

— Assez ! hurla Caribert, perdant soudainement tout contrôle. Je sais ce que tu manigances ! Tu veux te servir du vieux pour te faire bien voir des prêtres, c'est ça ?

Sigebert baissa les yeux et resta silencieux, le temps que son frère se calme. Caribert était l'aîné, le seul qui ait une réelle expérience de la guerre, le plus riche d'entre eux aussi, depuis que sa jeune femme Ingoberge lui avait apporté en dot l'alliance de la puissante aristocratie romaine du Sud-Ouest. À leur contact, il s'était pris de latinité et portait la pourpre patricienne, sur un curieux assemblage de robes, de fourrures et de braies. L'ensemble lui donnait l'air d'un potentat oriental que ne déparaient pas les bagues qu'il portait à chaque doigt.

— Je n'avais pas vu les choses comme ça, murmura Sigebert. Mais en fait, tu as parfaitement raison…

Prudemment restés à l'écart, Chilpéric et Gontran échangèrent un regard chargé d'incompréhension.

— J'aurais dû y penser, poursuivait Sigebert. C'est évident ! En donnant au roi des funérailles religieuses en grande pompe, c'est nous qui en tirerons toute la gloire ! *Nous*, Caribert… Nous tous… Enterrons-le comme un saint dans sa basilique, et les évêques nous mangeront dans la main !

— Il n'a pas tort, murmura Gontran.

— Je suis d'accord, renchérit Chilpéric. Si on l'enterre comme un voleur, on passera pour des fils de voleur. Il lui faut des funérailles grandioses si nous voulons être nous-mêmes respectés.

— Qui t'a demandé ton avis, à toi ? jappa Caribert. Va plutôt chercher ton bâtard, tant que le vieux ne s'est pas encore étouffé dans sa merde !

Gontran éclata d'un rire de fausset, auquel se joignit Caribert, enchanté de sa plaisanterie, et Sigebert lui-même, avec moins de naturel. Alors que Chilpéric passait devant eux, l'aîné lui décocha un coup de pied que le jeune prince n'évita qu'au prix d'un écart.

— Allez, va ! J'ai hâte de voir si ton gamin dégueulera autant que toi en redescendant !

À pas lents, les poings serrés pour tenter de contenir le bouillonnement de rage et d'humiliation qui lui faisait battre les tempes, le prince se dirigea vers la porte. Avant de l'ouvrir, il s'efforça de sourire afin que la truste qui attendait au-dehors ne pense pas, en entendant leurs rires, que ses frères se moquaient de lui.

L'antichambre était bondée. Une bonne part des dignitaires que Gontran et Caribert avaient refoulés de la grande salle attendait là, parmi les serviteurs affairés et les gens d'armes. Tout ce monde se figea lorsqu'il poussa le battant, toutes les conversations s'interrompirent, et tous les regards se tournèrent vers lui.

Chilpéric n'en vit qu'un seul.

Frédégonde tenait son fils nouveau-né dans ses bras. Il était emmailloté dans une couverture d'un rouge éclatant qui tranchait sur l'étoffe claire de sa robe. La jeune femme était assise sur un tabouret, droite et digne, si belle et lumineuse dans cette simple vêture qu'un vide s'était formé autour d'elle, comme si les autres n'osaient l'approcher. On aurait dit la Sainte Vierge à l'église.

Dès l'instant où Chilpéric avait poussé la porte, ses yeux verts s'étaient rivés aux siens aussi fermement qu'un hameçon. Sans attendre un ordre ou un geste du prince, elle se leva et s'approcha de lui avec l'enfant, alors que le temps semblait s'être suspendu dans la pièce et que toute cette foule immobile les observait en silence. Chilpéric ne dit rien, lui non plus. Le visage de Frédégonde lui était suffisamment familier pour qu'il la reconnaisse comme l'une des suivantes d'Audowère, même s'il ne l'avait encore jamais autant regardée qu'en cet instant. Il est vrai que les moments qu'il passait avec son épouse étaient devenus rares et toujours brefs. Trop brefs en tout cas pour qu'il perde du temps à observer son entourage. En la voyant s'avancer vers lui avec tant de grâce, le prince ne pouvait que s'en blâmer.

Quand elle fut si proche que leurs corps étaient sur le point de se toucher, il s'effaça devant elle et respira sur son passage l'odeur de ses cheveux encore humides.

Prestement, il referma le lourd battant et la précéda dans la grande salle. Il n'y eut pas de rire, cette fois. Pas de moquerie ni de coup de pied. Tout le temps qu'elle mit à traverser la salle, guidée par Chilpéric, jusqu'à la petite porte menant aux étages royaux, les trois frères aînés dévisagèrent la jeune fille avec des expressions diverses. Sigebert baissait la tête et la regardait à la dérobée. Gontran semblait hilare, Dieu sait pour quelle raison. Et Caribert la détaillait sans vergogne, de la tête aux pieds. Quand Chilpéric croisa son regard, alors que Frédégonde venait d'emprunter l'escalier en colimaçon grimpant à l'étage, il saisit son entrejambe avec une moue d'appréciation explicite. En deux enjambées, le prince la rejoignit, à l'instant même où le frère bénédictin redescendait de la chambre royale.

— C'est trop tard, dit-il en voyant l'enfant emmailloté. Le roi est mort.

Il est tard, on n'entend plus un bruit au-dehors. Aussi étrange que cela puisse paraître, je me sens bien, malgré la certitude de ce qui va se produire. Ne crois pas que je n'éprouve aucun remords à te laisser si jeune, seul face à tant d'ennemis. Tu seras mon seul regret. Pourtant, il me semble juste que mon histoire s'achève ainsi, tant que je suis belle encore. C'était cela, ma vie : ma beauté, le désir que j'éveillais chez les hommes, et plus encore, celui que j'éveillais chez ton père. Je ne devais pas perdre peu à peu ce pouvoir. Dieu ne l'aurait pas voulu. Je ne l'aurais pas voulu.

Entre ton père et moi, il y eut dès le premier instant une fièvre irrésistible, plus forte que notre raison et bien plus forte que l'affection de nos cœurs. Je ne pourrais dire qu'il m'a aimée dès le premier regard. Je dirai plutôt qu'il m'a aimée dès qu'il a daigné me regarder. Pendant des années, je n'avais été que la suivante d'une femme à laquelle il n'accordait plus aucune attention. Et puis ses yeux se sont dessillés.

Ce fut en tout cas le premier homme que j'ai aimé, adoré, chéri plus que tout au monde. Le seul, en fait. Tu connaîtras plus tard, je l'espère, cette magie qui lie les amants véritables, quand le seul contact de la peau fait naître le désir. Comme je plains ceux qui ignorent cette béatitude !

Parce que nous étions amants avant tout, notre vie était riche, insouciante. Le danger n'existait pas. Je sais qu'il prit pour moi, à cause de moi, des risques insensés. Pour ma part, je n'éprouvai aucune honte à trahir Audowère qui, pourtant, avait été bonne malgré sa bêtise ou à cause de celle-ci. Je ne la haïssais pas, mais il me semblait naturel qu'elle soit à jamais éloignée de lui, et je la détestai dès qu'elle fit mine de se mettre en travers de notre chemin. J'aimais Chilpéric, quoi qu'il fasse. Je l'ai vu tuer des hommes de sa propre main, j'ai vu toute l'avidité de ses rêves et la hargne qu'il mettait à les réaliser.

Je ne l'en aimais que davantage.

6

L'or de Clotaire

Durant deux jours, il n'avait guère cessé de pleuvoir. Au matin du troisième, alors même que la procession mortuaire franchissait les portes de la villa de Braine, un trait de soleil traversa les nuages, et tous y virent un signe de Dieu. Pas nécessairement le même signe pour tout le monde, bien sûr, mais la présence divine n'en était pas moins évidente.

Peut-être y en eut-il, dans tout ce peuple assemblé, pour croire que le Tout-Puissant illuminait ainsi le dernier voyage du roi Clotaire. Pour la plupart, ce soleil après la pluie marquait plutôt l'aube de temps nouveaux et la fin d'un règne de terreur. Mais personne autant que Chilpéric ne prenait le présage à son compte, et personne ne pensait moins que lui au défunt. Ces deux jours avaient été parmi les plus beaux de sa vie ; comment auraient-ils pu s'achever autrement que par un matin radieux ?

Sous le regard de la foule amassée le long du parcours, le prince s'était composé un masque contrit et marchait derrière le tombereau chargé de la dépouille de Clotaire. Mais il se sentait transporté, débordant de vie et bien plus enclin à courir ou crier à tue-tête qu'à cheminer en marmonnant des prières derrière ce cadavre puant. Pour autant, l'image qu'ils offraient était telle que l'avait souhaitée Sigebert. Des moines chantant des psaumes, une haie ininterrompue de badauds de Braine jusqu'à Soissons, des gardes, des chevaux, des bannières, la litière de la reine Arnegonde chargée d'ors et de velours, et, au milieu de tout cela, les quatre princes portant des flambeaux de cire allumés, accompagnant leur père vers sa dernière demeure en la basilique Notre-Dame-et-Saint-Pierre de Crouy, dignes dans leur tristesse, graves et pieux. Une mise en scène magnifique, dont le principal défaut, aux yeux du prince, était d'être interminable. Il y avait plus de quinze lieues[1] de Braine à Soissons. Une journée entière de marche, et encore, bien heureux s'il ne se remettait pas à pleuvoir…

Moins d'une heure plus tard, à l'avant du tombereau, Gontran et Caribert s'étaient débarrassés de leur flambeau de cire. Les nobles de leur truste les avaient rejoints, accompagnés de serviteurs portant des fruits et du vin. À l'arrière, au contraire, Sigebert et Chilpéric avançaient en silence, mais tandis que le premier récitait des prières ou semblait plongé dans ses pensées, l'esprit du second était ailleurs, bien loin de Dieu et de ses saints. Sitôt qu'il fermait les yeux, c'était le corps de Frédégonde qui lui revenait en mémoire, ses longs cheveux bruns balayant son torse quand elle le chevauchait, la grâce de son cou, la cambrure de ses reins, l'insolente fermeté de ses seins. Et ses pensées délicieuses suffisaient pour que le rouge lui vienne aux joues et que son sexe se réveille, comme animé d'une vie propre. Ce n'était certes pas le lieu ni le moment, mais son âme, son cœur et son corps étaient pleins de son souvenir, vibrants encore de ses caresses, épuisés et béats.

Aucune femme, pas même la princesse, n'avait su jusque-là le séduire au-delà de l'assouvissement brutal de son désir. Toutes celles qu'il avait troussées au hasard des rencontres, parfois contre une porte, sur une table, voire dans leur propre chambre conjugale, les soirs où l'impureté de son épouse la contraignait à dormir ailleurs, d'elles toutes il ne restait rien que le souvenir sans attrait d'étreintes brouillonnes. En cet instant, même le visage d'Audowère s'effaçait de sa mémoire. Ils

1. La lieue gauloise vaut deux kilomètres.

avaient été mariés alors qu'ils n'étaient encore tous deux que des enfants, et le prince avait perdu toute attirance pour elle dès sa première grossesse, passant déjà bien plus de temps à la chasse ou à l'exercice des armes que dans les quartiers de sa femme. Parfois même il s'absentait des semaines entières, des mois, et lorsqu'il revenait accomplir son devoir conjugal, ce n'était que dans le but de lui faire des enfants, ce qu'au moins elle faisait bien.

Avec Frédégonde, tout était différent. Deux jours et deux nuits n'avaient pas été suffisants… Dès l'instant où il l'avait aperçue portant Clovis dans ses bras, il avait eu envie d'elle. Et puis il y avait eu le regard de ses frères lorsqu'elle était entrée. La gêne de Sigebert, la moue égrillarde de Caribert… Pour la première fois peut-être, ses aînés l'avaient envié, et leur concupiscence si manifeste avait décuplé la sienne. Le soir même, moins de deux heures après qu'on leur eut appris la mort du roi, Chilpéric avait fait conduire Frédégonde dans sa chambre. Était-ce la façon dont elle l'avait regardé, ce mélange d'effronterie et de luxure, cette façon toute masculine qu'elle avait de manifester son propre désir, là où les autres baissaient les yeux comme des proies tremblantes ? Était-ce la grâce innocente avec laquelle elle s'était déshabillée, assez loin de lui pour qu'il ne puisse que l'observer ? Chilpéric s'était assis sur le lit, le cœur battant, tandis qu'elle délaçait sa cotte. La robe était fermée sur le devant par un ruban qui, en se dénouant de la poitrine jusqu'au ventre, commença par élargir l'échancrure de son corsage, puis par dévoiler la fine chemise qu'elle portait par-dessous, jusqu'à ce que le vêtement glisse à terre dans un bruissement soyeux. Lentement, paraissant plus que nue sous cette chemise que la lueur des chandelles rendait diaphane, elle s'était approchée de lui pour qu'il ôte lui-même l'ultime rempart de tissu qui le séparait d'elle. L'ancien Chilpéric, le rustre, le lourdaud, l'haïssable balourd qu'il était encore l'avait alors renversée sur le lit et possédée fiévreusement, presque avec rage, et sans autre plaisir qu'un râle bref, dans un grognement d'ours. C'était ainsi qu'il faisait depuis qu'une chambrière replète l'avait déniaisé sur ordre de son père. À vingt-deux ans, de telles étreintes lui avaient déjà donné trois fils – et Audowère était enceinte d'un quatrième enfant –, trois fils et peu de plaisir, pas même celui de la conquête.

Ce soir-là, ce fut à cet instant d'achèvement que tout commença. Les caresses. Les baisers. Le mouvement des corps, leur odeur, le frôlement des cheveux. Les gémissements. Il leur fallut bien deux jours et deux nuits pour oublier et réapprendre, s'éblouir l'un l'autre, s'exténuer sans épuiser leur envie. Deux jours et deux nuits à ne voir personne, à camper dans ce lit défait et à parler des heures durant, Chilpéric surtout, de ce que serait leur vie désormais, puisqu'il ne l'envisageait plus sans elle.

Dès le matin du premier jour, alors qu'il s'était levé pour quérir à boire et à manger tandis qu'elle dormait encore, l'avenir lui était apparu comme une évidence. À l'instant où il pouvait devenir roi par la mort de son père, le destin avait voulu qu'Audowère soit écartée et que cette femme apparaisse. Dieu était témoin qu'il n'avait rien manigancé. La reine était repartie pour Paris par mesure de sécurité, et il n'avait pas choisi que ce soit elle qui reste avec son plus jeune fils. D'ailleurs connaissait-il seulement son nom ? À sa grande honte, il s'aperçut qu'il ne le lui avait sans doute même pas demandé. En la voyant couchée sur les draps en bataille, les cuisses entrouvertes, la taille ceinte d'une fine lanière en peau de serpent, une main posée sur ses seins et l'autre sous sa joue, il réalisa qu'il ne connaissait rien d'elle mais qu'elle ferait désormais partie de sa vie, d'une façon ou d'une autre. Cette femme nouvelle éclairait son avenir encore incertain d'un jour nouveau, comme un heureux augure.

Alors qu'il détaillait chaque pouce de ce corps alangui, Chilpéric vit soudain qu'elle avait ouvert les yeux et qu'elle l'observait en silence, de ce regard lumineux qui semblait vous sonder l'âme. Et le plus troublant était qu'elle n'avait pas eu le moindre geste pour recouvrir sa nudité, ni même resserrer les jambes.

— Tu es éveillée, dit-il, le temps de se chercher une contenance. Je m'aperçois que je ne sais même pas ton nom.

— Frédégonde, sire.

— Frédégonde ! s'exclama-t-il en souriant. *Frid gunth*, la paix et la guerre… Quel nom est-ce là ?

Le sourire de Chilpéric se figea sous le regard émeraude de la jeune fille. Il émanait d'elle, malgré son jeune âge et malgré sa nudité, une force indicible.

— La paix pour ceux que j'aime, murmura-t-elle, la guerre pour nos ennemis, sire.

Le prince quitta son siège et vint s'asseoir près d'elle, sur le lit. Dehors, des oiseaux chantaient. Il faisait déjà chaud. Chilpéric caressa du bout des doigts la hanche nue de la jeune femme.

— Quel sera ton *morgengabe* ? murmura-t-il.

Frédégonde s'efforça de sourire, mais un froncement de sourcils instinctif avait trahi son incompréhension.

— *Du bischd nidd fränkisch*[1]…

Elle ne répondit pas. Tout au plus un voile passa-t-il dans ses yeux, et Chilpéric s'en voulut.

— Le « don du matin », dit-il doucement. Le *morgengabe*… C'est une tradition.

— Je la connais, dit-elle. Mais ce n'est une tradition qu'après une nuit de noces.

— Et si c'était une nuit de noces ?

— Alors je serais ta reine, puisque tu seras roi… De quoi d'autre aurais-je besoin ?

La réponse l'avait enchanté et ne cessait, aujourd'hui encore, de l'ébahir chaque fois que la scène lui revenait en mémoire. Même si ce n'était qu'un jeu sans signification, ne lui avait-il pas plus ou moins proposé de l'épouser et n'avait-elle pas accepté ? De toute autre qu'elle, ce souvenir serait risible, mais rien de ce qui venait de Frédégonde ne pouvait être autre que

1. « Tu n'es pas franque. »

troublant. Jusqu'à son nom, et la signification qu'elle en donnait… Un nom de guerre. Un nom de reine.

Ce fut une longue journée, jusqu'à Soissons, que Chilpéric employa à réfléchir, quand il ne pensait pas à elle. La cérémonie funéraire ne constituait qu'une trêve provisoire entre les quatre frères. Sitôt achevée, il n'appartiendrait qu'à eux de partager le royaume de leur père, et en pareille affaire, le jeune prince savait qu'il ne pourrait compter que sur lui-même pour défendre ses intérêts. La reine Arnegonde, sa mère, ne lui serait d'aucun secours. Tout ce qu'elle-même pouvait espérer était une retraite paisible dans l'un des domaines constituant son bien propre.

Durant tout le trajet, Caribert et Gontran ne s'étaient pas quittés d'une semelle, plongés dans un conciliabule qui ressemblait fort à une négociation. Sigebert paraissait indifférent à leurs tractations, mais il était leur frère consanguin[1], appuyé par une truste considérable comptant nombre d'hommes de guerre. Ils ne pourraient se permettre de l'oublier dans leur partage. Chilpéric, en revanche, n'était que leur frère germain, né d'un mariage que l'Église avait depuis désapprouvé[2]. De surcroît il était le cadet, le moins riche et le moins entouré de ses frères… À quoi bon affaiblir leur futur royaume en lui concédant un vaste territoire ? Pourquoi même lui en céder un petit ? L'ancien Chilpéric se serait peut-être contenté de subir son sort de mal gré, en espérant que la loyauté de Sigebert serait plus forte que l'avidité de ses aînés. Mais cet homme-là n'était plus. Bien des choses avaient changé en deux jours et deux nuits, et tout d'abord une envie, un désir immense, plus pressant encore que sa passion charnelle pour Frédégonde : l'envie de prendre enfin une place qui ne soit pas la dernière

1. Chez les Mérovingiens, les frères consanguins sont de même père et mère, les frères germains seulement de même père.

2. Clotaire ayant épousé Arnegonde, la propre sœur de sa première femme Ingonde, le concile de Paris, quelques années plus tard, interdit toute union « avec la sœur de sa femme », mais sans oser briser le mariage du roi.

et d'être pour une fois maître de son destin. Les sarcasmes de Caribert, leurs rires à tous trois, leur façon de le traiter comme un bâtard, tout cela confortait ses pires appréhensions. Ils comptaient se partager le royaume sans lui ? L'écarter, le tuer peut-être ? Il n'y avait qu'un moyen de les en empêcher : les gagner de vitesse. Pour cela, il fallait de l'or. Assez d'or pour acheter des nobles et rassembler autour de lui une truste fidèle, une armée, des chevaux. Cet or existait. Il l'avait vu. Il lui suffisait de le prendre.

***

Ils se tenaient exactement au même endroit, sur le même promontoire dominant la plaine et la villa de Braine. Les mêmes hommes autour de Chilpéric, la poignée de cavaliers qui l'accompagnaient à son arrivée quelques jours plus tôt, suivis de ce qu'ils avaient pu ramasser en si peu de temps, trente ou quarante gaillards de sac et de corde auxquels on pouvait faire confiance le temps d'un coup de main, à condition de les payer bien et vite. C'était le même endroit, mais il faisait nuit. La villa royale ne se devinait que par le scintillement lointain des torches illuminant la tour centrale et, plus indistinctes encore, les quelques fenêtres éclairées çà ou là, à travers les bâtiments. Malgré la pluie fine et glacée qui lui fouettait le visage à chaque saute de vent, Chilpéric ne détachait guère les yeux de ces lumignons, à la simple pensée que Frédégonde était peut-être étendue sous l'une de ces lueurs vacillantes.

— Là, seigneur, regardez !

Le prince sursauta et, durant un instant, fut aussi perdu que s'il s'était éveillé en sursaut. Depuis quelques secondes, ses yeux suivaient le mouvement lent d'un flambeau à la porte principale sans que son cerveau ne réagisse.

— Le signal, seigneur !

— J'ai vu.

Ainsi, Beroulf avait réussi… La veille au soir, à Soissons, alors que les cérémonies funéraires n'en finissaient plus, Chilpéric avait pris sa décision et envoyé en grand secret un chevaucheur à Braine. En compagnie des quelques hommes restés avec lui sur place pour garder son fils, Beroulf devait se rendre maître de la barbacane défendant l'entrée principale de la villa et en ouvrir l'accès, entre matines et laudes[1], au cœur de la nuit. Selon ses estimations, une cinquantaine de gaillards décidés suffiraient pour investir la villa, s'emparer du trésor royal et le convoyer jusqu'en lieu sûr. Le temps que ses frères réagissent, l'or de Clotaire lui aurait déjà payé une armée et bâti un royaume… Chilpéric sentit le sang battre plus fort dans ses veines. On ne pouvait plus reculer à présent.

— Allons-y, lança-t-il à voix basse en mettant pied à terre.

Un coup d'œil autour de lui, un hochement de tête à l'intention de ses leudes, et les troupes du prince, nobles, guerriers et mercenaires, s'élancèrent dans la pente, lourds de leurs armes et de leurs broignes de cuir épais. Aucun d'eux ne portait de casque, ni de haubert métallique, rien qui puisse briller sous la lune. Ils avaient même frotté leurs visages avec de la terre boueuse et noirci leurs lames de suie. Durant de longues minutes, dans le grondement sourd des bottes frappant le sol durci, le crissement des cuirs et le halètement rauque des hommes, ils coururent sans quitter des yeux le chemin de ronde. Qu'une seule sentinelle donne l'alarme et c'en serait fini de leur coup de main. Ils n'avaient pas même une échelle pour escalader la palissade… Mais Dieu voulut que cette nuit-là ils soient invisibles à leurs ennemis. Avec ce temps de chien, les gardes de la villa ne quittaient guère leur abri. La lune était enfouie sous les nuages. Il faisait si sombre en vérité que Beroulf lui-même ne les distingua que lorsqu'ils furent parvenus à un jet de pierre de la barbacane. Aussitôt, il écrasa la torche dans la boue et dégaina son épée.

Chilpéric s'arrêta près de lui, hors d'haleine, tandis que les autres s'engouffraient dans le poste de garde. Il y avait un corps à terre, le visage contre le sol. Impossible de savoir si c'était l'un

1. Minuit et trois heures du matin.

des siens… Le prince s'en détourna, saisit Beroulf par l'épaule et se courba pour reprendre son souffle. De la sueur coulait sur son front glacé, dans son dos, sous ses bras. Son gambison de cuir clouté était trop serré et l'empêchait de respirer. Lorsqu'il voulut saisir son épée, il s'aperçut que ses mains tremblaient légèrement.

— Referme les portes et rentre celui-là, dit-il enfin en désignant le cadavre d'un mouvement de menton. Tu sais combien ils sont, là-haut ?

— Non, pas vraiment. Cinq ou dix, au plus, dans la salle de garde près de la chambre du roi, et sans doute autant en bas. On les a entendus ripailler une bonne partie de la nuit. Les troupes de vos frères sont parties avec eux pour Soissons. Mais je ne sais pas combien il y en a dans la tour.

— J'y vais. Que les autres me suivent par petits groupes. Laisse dix hommes ici pour garder les portes, et que tous les autres me rejoignent dans le bâtiment central, en silence. On ne tue personne, sauf si nécessaire.

— Bien.

Chilpéric balaya ses troupes d'un rapide coup d'œil, repérant quelques visages connus, mais aussi beaucoup de parfaits étrangers aux trognes fermées, presque haineuses.

— Je viens prendre ce qui m'appartient, leur dit-il à voix basse. Demain, je serai roi et je saurai récompenser ceux qui m'auront aidé.

Quelques-uns hochèrent la tête, d'autres brandirent leurs armes en signe d'assentiment.

— On ne tue que si nécessaire, répéta-t-il.

Puis il s'avança à découvert, seul, d'un pas rapide mais sans courir, vers le portique bordant le bâtiment central. Dans la cour, la terre boueuse figée par le froid avait formé des ornières qui manquèrent plus d'une fois de le faire trébucher. On n'y voyait goutte, surtout sous la volée de colonnes de bois coiffées d'un toit de tuiles qui bordait le bâtiment principal, comme un simulacre grossier de portique à la romaine. À l'instant où il lui sembla y apercevoir un mouvement, un éternuement sonore éclata, tout proche. Chilpéric serra autour de lui sa longue cape de laine doublée de fourrure de loup, dissimulant ainsi le long du corps l'épée qu'il tenait à la main. Au même instant, un homme se détacha des ténèbres et s'avança dans sa direction. Il faisait si sombre que le prince ne put distinguer ses traits, même lorsqu'il fut proche à le toucher. Son odeur, en revanche, lui frappa désagréablement les narines. Un remugle de bière aigre et de vomissures…

— D'où tu viens, toi ? grommela l'ombre d'une voix pâteuse. Laisse-moi passer…

Sans attendre de réponse, il écarta Chilpéric d'une bourrade et disparut dans l'obscurité en titubant. Quelques secondes plus tard, dans un bruit sourd, le soûlard s'effondra à terre, assommé par ses hommes ou par son ivrognerie.

Le prince resta immobile quelques instants sans parvenir à distinguer quoi que ce soit sous les colonnades. Dans la pénombre il lui fallut avancer à tâtons jusqu'à la porte de la salle commune où, quelques jours plus tôt, Sigebert l'avait accueilli. Dès qu'il entra, une bouffée de chaleur lui sauta au visage. La pièce était baignée de la lueur rougeoyante d'un large brasero auprès duquel quelques gardes étaient endormis, à même le sol, enroulés dans leurs manteaux. D'autres étaient encore affalés sur la grande table centrale, parmi les restes de leurs agapes. Beroulf avait dit vrai. À voir le nombre de cruches renversées, la viande, les fruits et le pain en quantité, les gardes de la villa avaient fait bombance, comme s'ils avaient fêté quelque chose, ou comme si leurs chefs étaient partis… Chilpéric dégagea son épée et s'avança, laissant la porte grande ouverte derrière lui. En passant, il décocha un coup de pied à l'un des dormeurs, qui ne réagit que par un grognement. Sans doute y avait-il là une douzaine d'hommes en tout, mais aucun qui n'ait été assez sobre pour présenter le moindre risque. La plupart ne portaient même pas d'armes. Était-ce ainsi que le *domesticus* Thibert entendait garder le trésor royal ? À moins... À moins que les coffres de Clotaire ne soient déjà plus à Braine.

Le grondement assourdi d'une course résonna sous le portique et, dans l'instant suivant, le premier groupe fit irruption dans la salle. Parmi eux, il reconnut la mince silhouette d'Ansowald. D'un signe, il les entraîna à sa suite, lui et son groupe, vers le long couloir, l'enfilement de salles, et enfin l'escalier en colimaçon menant aux étages supérieurs du donjon central. Rien, personne, tout le long du chemin. Le silence et l'obscurité d'une demeure désertée. Chilpéric sentait monter en lui la rage et la frustration, marchait de plus en plus vite, ouvrait les portes à la volée et ne prenait plus garde à dissimuler leur présence. Ce fut ainsi qu'il déboucha en haut de la tour, au seuil des appartements royaux. La salle de garde était vide, la chambre de Clotaire également. Le coffre avait disparu.

Durant quelques instants, il se sentit vidé de son sang, glacé à l'intérieur. Ses jambes ne le portaient plus, il était près de s'effondrer. Puis la rage prit le dessus et Chilpéric se déchaîna en frappant à grands coups d'épée le lit de mort de son père. Entré derrière lui, Ansowald referma précipitamment la porte basse pour que nul autre ne le voie dans cet état. Il en fut ainsi de longues minutes, sans un mot, sans un cri. Une rage froide, méthodique, un acharnement de bûcheron à détruire ce lit, crever la paillasse, en disperser le crin, les plumes, les draps, à taillader le bois sculpté de ses montants. Puis le prince s'arrêta aussi soudainement qu'il avait commencé. Il se retourna vers son antrustion, le visage luisant de sueur mais apaisé, comme éclairé d'une pensée nouvelle. Toujours sans un mot, il écarta Ansowald et sortit.

Lorsqu'ils redescendirent, la villa était en émoi. L'intrusion de la troupe de Chilpéric avait finalement réveillé quelques défenseurs, vite maîtrisés. Un peu partout, des serviteurs se terraient dans les angles. Des hommes et des femmes en chemise, arrachés à leur lit, étaient rassemblés par groupes sous la garde de ses mercenaires. Parfois un corps gisait à terre, assommé ou mort, que Chilpéric enjambait sans un regard. De couloir en antichambre, écartant sans ménagement quiconque se dressait sur son chemin, il parvint jusqu'à son but et, là seulement, marqua un instant d'hésitation avant de pousser la porte.

Frédégonde était assise sur le lit auprès du petit corps endormi de Clovis. Elle ne vit tout d'abord de Chilpéric que la silhouette d'un guerrier, dans la pénombre du couloir, et elle se leva d'un bond pour faire face, un couteau à la main. Cela ne dura qu'un instant, mais cet instant-là emplit le prince d'admiration, de fierté et d'amour. La posture de son corps, l'expression de son visage, la fermeté de sa main tenant la lame, tout montrait qu'elle était prête à se battre, pas seulement pour se défendre, mais pour vaincre, pour tuer. À la lueur des chandelles, sa chemise révélait l'ombre de ses formes délicieuses, ajoutant encore au trouble du prince.

« La paix pour ceux qu'elle aimait, la guerre pour ses ennemis… »

Dès qu'il sortit de l'ombre, le visage de Frédégonde se métamorphosa, allant de la crainte à la surprise, puis du soulagement au bonheur. Elle se jeta dans ses bras, l'enlaça, et ce fut pour Chilpéric un moment de plénitude absolue. Sa chair tiède et souple sous la chemise de lin, l'odeur de ses cheveux, la douceur de ses lèvres pressées éperdument contre les siennes… Il la souleva de terre, s'avança dans la chambre avant de refermer la porte derrière lui, et la plaqua contre le mur de bois. Fiévreusement, il troussa la chemise de la jeune femme, pétrit ses cuisses, ses fesses, ses hanches, ses seins. Durant quelques instants, ils furent l'un et l'autre habités par la même frénésie, oublieux des gardes dans le couloir, de l'enfant dans le lit, de tout ce qui n'était pas leur passion. Mais le haubert de cuir de Chilpéric, trop lourd et trop ajusté pour leur permettre d'assouvir leur désir, tarit ce moment d'exaltation. Le prince s'écarta d'elle et commença à se défaire, mais Frédégonde l'arrêta d'un geste.

— Seigneur, j'ai entendu des cris et des combats. Que se passe-t-il ?

— N'aie crainte… J'étais venu chercher quelque chose qui m'appartient et qui n'est plus là. Il n'y aura plus de combat, c'est fini…

— Seigneur, je ne sais pas si c'est important, mais le *domesticus* et ses hommes sont partis avec un chariot à la tombée de la nuit.

— Qu'est-ce que tu dis ?

Frédégonde désigna l'étroite fenêtre de sa chambre.

— Je les ai vus, par là… Ils étaient en grande hâte, des hommes en armes à cheval, cinq ou six, autour d'un chariot. Ils ont chargé un coffre si lourd qu'ils étaient quatre, avec des perches, pour le porter. Et ils sont partis aussitôt.

Chilpéric opina en silence, réfléchissant à ce qu'elle venait de dire. Puis il se força à lui sourire et caressa sa joue.

— Tu me sauves la vie… Habille-toi et habille mon fils, tu veux ? Tu pars avec moi. Dépêche-toi. Il y aura un cheval pour toi, en bas.

Ansowald attendait devant la porte avec son groupe.

— Je te confie mon fils Clovis, dit-il sans prendre le temps de s'arrêter. Emmène-le à Paris chez sa mère. Tu y retrouveras Desiderius. Rassemblez des hommes d'armes, autant que vous pourrez sans éveiller l'attention, et attendez de mes nouvelles.

Il était déjà dans l'escalier qu'il donnait encore ses ordres.

— Que deux hommes escortent jusqu'à moi la dame qui sortira de cette chambre ! criait-il. Et avec tous les égards ! Sur leur vie !

À toutes jambes, il dévala les marches et traversa l'enfilade de salles jusqu'au-dehors, où l'attendaient Beroulf et le reste de sa troupe. Les hommes qui gardaient la villa, une vingtaine, avaient été regroupés contre un mur, éclairés par les torches brandies par ses mercenaires. Chilpéric les examina tour à tour, le temps de retrouver son souffle et un semblant de calme avant de s'adresser à son antrustion.

— Thibert a quitté la villa ce soir avec un chariot.

— Oui, sire.

Chilpéric hocha la tête et poussa un long soupir fatigué, tandis que Beroulf, surpris tout d'abord de la nervosité de son prince, commençait à comprendre que ce dernier lui tenait grief de la fuite du *domesticus*. Un Franc n'avait pas pour coutume de se justifier et encore moins de s'excuser. S'il devait subir le courroux de Chilpéric, ce serait dans l'ordre des choses. Pour autant, le prince ne lui avait rien dit de ses plans. Sa mission était de s'emparer de la barbacane à l'heure dite, ce qu'il avait fait. Quand le chariot avait quitté la villa avec son escorte, il n'avait pas un instant songé à s'en alarmer.

— Est-ce que tu sais où il est allé ?

— Non, sire, mais il a pris la route de l'est.

— L'est ? Tu en es sûr ?

Sans attendre la confirmation de son antrustion, Chilpéric réfléchit rapidement. Si Thibert était parti vers Soissons, à l'ouest, il n'aurait rien pu faire. La ville n'était qu'à quelques lieues. Mais à l'est, il n'y avait que de la forêt et des plaines désertes, jusqu'à Reims. Tout était encore possible…

— Ce chariot, dit-il. Il emmenait le trésor de mon père. C'est pour ça qu'on est venus.

D'un geste, il prévint les protestations de Beroulf.

— Tu ne pouvais pas savoir. C'est ma faute, j'aurais dû te le dire… Et quand bien même, tu n'aurais rien pu faire. Quelqu'un a dû nous trahir, sinon Thibert ne serait pas parti si vite… Sans doute l'un de ces coupe-jarrets qu'on a enrôlés. Il était sur ses gardes, il devait même te faire surveiller… Mais ce n'est rien. Nous allons le rattraper.

Le prince hocha la tête comme pour se convaincre lui-même et se donner courage. La fatigue commençait à se faire sentir. Le jour se lèverait bientôt et leur seule perspective pour les heures à venir était une longue chevauchée dans ce froid glacial. D'un mouvement de menton, il désigna les prisonniers alignés dans la cour.

— On peut sans doute enrôler certains de ceux-là, marmonna-t-il. Fais chercher les chevaux, trouves-en d'autres. Fais vite.

Ayant dit, il s'avança vers les captifs, assez près d'eux pour qu'ils puissent le reconnaître et lui les jauger. Thibert avait pris les meilleurs. Ceux-là étaient trop jeunes, trop vieux, trop gras, trop saouls. Il lui fallait pourtant des hommes. Ceux qu'il avait enrôlés n'étaient pas assez nombreux pour suivre toutes les pistes de l'est.

— Vous savez qui je suis, dit-il d'une voix lasse, à peine assez forte pour qu'ils l'entendent. Votre maître est parti avec le trésor de mon père, et il vous a laissés en arrière pour que je vous tue ou pour que vous me tuiez. Ce trésor, je vais le récupérer, avec ou sans vous, mais ceux qui m'aideront recevront dix deniers d'argent par jour de campagne. Décidez-vous !

Les hommes baissèrent la tête, soit qu'ils n'aient pas compris, soit qu'ils n'aient pas assez de bravoure ou de cupidité pour le suivre... Seul l'un d'eux affronta son regard.

— Ce trésor n'est pas le tien et tu n'es pas encore roi, Chilpéric. Tu peux nous tuer, ça n'y changera rien.

Un instant interloqué, le prince finit par sourire et ouvrit les bras en un geste d'impuissance.

— Tu as raison...

Il hocha la tête, souriant toujours, et fit mine de s'écarter. Mais dans le même mouvement, il se retourna d'une volte, l'épée haute, et l'abattit à toutes forces sur l'effronté, le frappant à la base du cou avec une vigueur telle que la clavicule cassa et que la lame du prince, dans une gerbe de sang qui l'éclaboussa, se ficha dans le corps sur près de dix pouces.

— Il avait raison, ajouta-t-il quand il se fut dégagé. Vous voyez ? Je peux vous tuer.

Chilpéric se tenait au-dessus de sa victime encore agitée d'écœurants soubresauts, éclairé par les torches, son épée rougie à la main, avec dans les yeux une lueur effroyable, rendue pire encore par le sang constellant son visage et qu'il n'essuyait pas.

Les autres choisirent de le suivre.

Au matin, les premiers flocons commencèrent à tourbillonner. La neige était encore trop fine pour tenir sur la terre humide, mais elle s'accrochait aux capes, aux cheveux et aux barbes, écrasait le paysage d'un silence angoissant et mélangeait les champs, la boue du chemin et le ciel dans une teinte uniformément grise et sale. Chilpéric et ses hommes avançaient au pas, somnolant à demi sur l'encolure de leurs montures. Soudain, un appel strident les éveilla en sursaut. C'était un cavalier appartenant à l'une des escouades lancées sur une autre route, celle suivant la rivière de Braine à Reims. Thibert et ses hommes avaient été repérés, annonça-t-il, et le chariot était toujours avec eux.

Au lieu de s'élancer au galop, le prince descendit de cheval, contourna la monture de Frédégonde et l'aida à mettre pied à terre. Puis il cala le bras de son amante sous le sien et l'entraîna vers une souche d'arbre où ils purent s'asseoir à peu près au sec.

— Allez, pied à terre, tous ! cria Chilpéric. À boire, à manger !

Les hommes obéirent avec lenteur, trop abrutis de fatigue pour réagir de quelque façon que ce soit.

— On se repose un moment, poursuivit-il sur un ton exagérément enjoué pour une heure aussi matinale et un ciel aussi bas. Prenons des forces pour la curée ! Apportez tout ce que vous avez, mes loups, et mangeons... Dites-moi vos noms que je me souvienne de vous, si Dieu nous laisse en vie jusqu'à demain. Par Dieu, voilà ce qui nous attend ! Demain, nous serons tous morts ou tous riches et puissants !

Transie de froid malgré la cape de fourrure dont elle s'était enveloppée, Frédégonde l'observa tandis qu'il haranguait ses hommes. Cet instant avait quelque chose d'irréel. Le profil de Chilpéric se découpait dans la grisaille, avec ses cheveux longs et sombres, la barbe qui lui mangeait les joues et l'éclat particulier de son regard d'oiseau de proie. Cet homme était un prince, bientôt un roi, il était son amant. Elle ne connaissait pourtant rien de lui, si ce n'est son corps et ses désirs. Pourquoi était-elle là, sur cette route boueuse, recrue de fatigue, les cuisses et le dos brisés par la chevauchée, ses vêtements crottés, ses cheveux plaqués par la neige fondue, au côté de cet homme marié dont elle gardait encore l'enfant quelques heures plus tôt ? Elle l'avait suivi sans poser de questions, au beau milieu de la nuit, parmi les gens de guerre, les flambeaux, le hennissement des chevaux, le cliquetis des armes. On l'avait hissée en selle sur un destrier fin et nerveux qui ne ressemblait en rien aux bêtes de labour qu'elle avait montées jusqu'alors. Mais elle n'avait pas eu peur. Ni du cheval, ni de ces guerriers, ni de l'agitation qui s'était emparée de la villa de Braine, ni des morts. Et ils étaient partis dans le grondement sauvage et enivrant des sabots martelant le sol de terre battue. Ce n'est qu'en cet instant, alors que Chilpéric venait de s'asseoir à côté d'elle, que toute l'incongruité de sa situation lui apparut pour la première fois. Sur cette souche d'arbre, au bord du chemin, ils trônaient comme roi et reine. Les hommes d'armes de Chilpéric n'osaient la regarder qu'à la dérobée, avec une attitude que personne, encore, ne lui avait manifestée. Le respect… Ces hommes lui témoignaient du respect.

L'un d'eux avait extirpé de ses fontes une boule de pain et un bloc de viande séchée dure comme du bois, qu'il essuya de sa manche avant de les proposer gauchement au prince et à la dame.

— Moi, c'est Bertramm, votre seigneurie.

— Tranche-nous ça, Bertramm. Tu viens de te gagner une terre !

Un autre les rejoignit avec une gourde.

— Je te connais, toi, dit Chilpéric.

— Seigneur, oui, je suis Dag, fils d'Ébrechaire, qui était votre maître d'armes.

— Je m'en souviens… Tu lançais la hache comme personne, mais j'étais meilleur que toi à l'épée et au scramasaxe.

— Il faut voir… J'ai fait des progrès, depuis.

Chilpéric éclata de rire, mordit dans la viande de Bertramm et se mit à la mastiquer joyeusement. Frédégonde ne le quittait pas des yeux. Les hommes faisaient cercle autour d'eux, chargés de leurs maigres provisions et partageant tout. Certains avaient des trognes d'égorgeur à faire peur, couturés de partout, les cheveux tondus à ras, la barbe et la moustache en broussaille. D'autres semblaient à peine capables de tenir une épée. Un ou deux d'entre eux étaient de ceux que Chilpéric avait enrôlés de force à Braine. En cet instant pourtant, autour de leur prince, ils formaient une troupe homogène, bruyante et gaie, prête à se battre pour lui comme si la fatigue de la nuit, la boue du chemin, la neige fondante qui trempait leurs manteaux, comme si tout cela s'était dissipé. Et Chilpéric était ainsi, sans artifice, heureux de ce morceau de pain et de cette viande si salée qu'elle brûlait la langue. Ce n'était pas un calcul, une manœuvre destinée à galvaniser cyniquement ses troupes, comme l'eût fait un Romain. C'était leur manière d'être la plus habituelle, la plus naturelle. Au moment de la bataille, il n'y avait plus de roi parmi les Francs. Tout juste des guerriers parés pour le combat, côte à côte, et dont la survie ne dépendait que de leur force commune.

Alors que chacun d'eux, à l'invite du prince, s'était présenté et avait déposé à ses pieds ce qu'il avait dans ses fontes, Frédégonde ressentit le besoin d'accomplir elle aussi un geste. Sans réfléchir davantage, elle se leva et s'écarta d'un pas pour se placer devant lui, avant de le saluer d'une révérence.

— Et moi, je suis Frédégonde, dit-elle. Servante de mon seigneur Chilpéric à qui je n'ai rien d'autre à offrir que ma vie, s'il en veut.

Les rires et le brouhaha des conversations s'étaient tus. Elle termina dans un silence total, tandis que le prince la contemplait avec une expression qu'elle déchiffra mal. Était-il amusé ou attendri ?

— Eh bien moi, s'écria un gaillard tout à côté d'elle, je dis que c'est bien le plat le plus appétissant qu'on ait offert à mon seigneur ce matin !

Les autres partirent d'un grand éclat de rire, et Chilpéric avec eux.

— Attends que j'y goûte !

Devant ses hommes qui braillaient en cadence, il se leva, enlaça Frédégonde et l'embrassa longuement. Pour une fois, elle ne ferma pas les yeux. Elle vit ainsi qu'il la regardait, lui aussi, tout en lui donnant ce baiser.

— Un mets de roi ! s'exclama-t-il en se détachant d'elle. Trop bon pour des pourceaux comme vous !

Alors qu'ils riaient de plus belle, Chilpéric retourna s'asseoir en lui tenant fermement la main pour qu'elle reprenne place à son côté. Frédégonde s'efforçait de sourire, mais elle gardait les yeux baissés pour ne plus les voir, car elle sentait bien qu'elle rougissait. L'indécence de leur baiser l'avait humiliée jusqu'au plus profond d'elle-même, et pourtant le geste du prince avait quelque chose de touchant. Il y avait de l'orgueil dans ce baiser, un orgueil qu'elle ne pouvait formuler tant elle peinait à croire que Chilpéric puisse être fier d'elle et qu'il puisse ainsi se glorifier de l'exhiber à son bras. Mais il y avait surtout tant de prétention et de grossièreté qu'elle avait du mal à trouver une contenance. Elle ne dit mot jusqu'à ce qu'ils repartent et vit bien, aux regards du prince, que ce dernier n'ignorait pas cette marque d'humeur. Elle trouva même une forme de consolation à le voir monter en selle la mine sombre et le regard dur.

Bientôt, il ne fut plus le seul à afficher un air maussade. La bonne humeur de la troupe s'était effacée dès les premières lieues, et lorsqu'ils rejoignirent le second détachement, ils arboraient tous le même visage renfrogné.

À la tête de ses cavaliers, Beroulf n'avait pas pris la peine de se dissimuler. Ils suivaient à vue le chariot et sa maigre escorte, à une portée de flèche en arrière, allant au pas. Chilpéric le rejoignit au petit trot, après avoir recommandé à Frédégonde de rester en arrière.

— Thibert est avec eux ? demanda le prince.

— Oui, c'est lui, là-bas, avec le manteau bleu…

— C'est curieux qu'ils n'aient pas essayé de fuir.

— Ils n'iraient pas loin, et Thibert le sait. Regarde…

Beroulf désigna d'un mouvement de menton les profondes ornières creusées dans le chemin par les roues de bois plein du chariot, lourdement chargé.

— C'est bien, murmura Chilpéric. Il est temps d'en finir, maintenant.

Et avant que son antrustion n'ait pu faire un geste, il élança sa monture d'un coup de talons et galopa droit vers le *domesticus* de la villa royale.

Thibert était un homme âgé. Presque cinquante ans. Il ne distingua clairement les traits du prince que lorsque celui-ci ne fut plus qu'à quelques toises. Dans le même temps, alors que Chilpéric lâchait les rênes de son cheval, il aperçut dans sa main un angon, un instant à peine avant que le court javelot ferré soit projeté sur lui. D'un geste réflexe, il releva son bouclier. La pointe crochue de l'angon s'y ficha avec un claquement sec. Au moment où Thibert tenta de saisir son épée, Chilpéric le percuta, dans les hennissements de terreur de leurs montures. Tout en tirant son épée et son scramasaxe, il pesa du bout du pied sur le dard, toujours accroché au bouclier comme un harpon, forçant son adversaire à se découvrir. Déséquilibré, le souffle coupé par le choc, Thibert tenta de se jeter en arrière pour éviter le coup, mais il était trop tard. Chilpéric le cingla d'un revers qui entailla profondément son haubert de cuir, mais le coup mortel vint du poignard que le prince tenait de la main gauche. Une longue lame tranchante et pointue, qui s'enfonça profondément dans le ventre du *domesticus*.

Un brusque écart de son cheval affolé arracha le scramasaxe des mains de Chilpéric, alors même que Beroulf et le reste de sa troupe arrivaient en grand vacarme, l'arme haute, cernant de toutes parts les gardes de l'escorte.

Personne ne bougea. Chacun d'eux l'avait reconnu ou avait au moins vu les cheveux longs désignant un prince mérovingien. Plus encore, ils avaient jaugé la supériorité numérique de l'assaillant. En pareil cas, lorsqu'un combat ne pouvait être gagné, les Francs ne se battaient pas. Il n'y avait pas d'honneur à mourir pour rien. Immobiles sur leurs chevaux, le visage fermé, ils se laissèrent encercler, tout en regardant leur maître agoniser. Car Thibert n'était pas mort. Il avait lâché son bouclier et vacillait sur sa selle, les yeux et la bouche grands ouverts, la longue lame toujours fichée dans son ventre, les jambes inondées de son propre sang.

Frédégonde survint à cet instant. L'horreur de ce spectacle lui serra la gorge et le cœur. Tous ces hommes inertes, sombres et silencieux, formant un cercle vague autour de Chilpéric et du *domesticus* ballotté par son cheval, affreusement muet lui aussi, et pourtant vivant encore, grimaçant, paraissant endurer le martyre. Tous ces hommes et pas un seul pour lui porter secours, ou même pour l'achever, jusqu'à ce qu'il s'effondre à terre et qu'il cesse de remuer. La jeune femme crispa ses mains sur les rênes de sa monture et se recroquevilla pour contenir le tremblement convulsif de ses membres. Était-ce cela, l'honneur, la gloire du combat dont ils se targuaient sans cesse ? Était-ce par respect pour Thibert qu'ils l'avaient laissé souffrir ?

En cet instant, raide sur son cheval, le visage dur, ses longs cheveux collés à son front et ses joues luisants de sueur, le bras éclaboussé de sang, Chilpéric réveilla en elle l'image qu'elle se faisait des barbares effroyables dont parlaient les anciens au village, lorsqu'elle les écoutait durant les veillées. Ce n'était pas de la cruauté, ou pas seulement... À le voir ainsi, elle sut qu'il lui restait beaucoup à apprendre avant de les comprendre, lui et son peuple de guerriers.

Chilpéric, comme eux tous, observa longuement le corps de son ennemi avant de relever les yeux et d'inspecter le reste de l'escorte. Depuis l'instant où il avait talonné son cheval, il n'avait pas dit un mot. La mine hostile mais résignée des gardes de Thibert lui permit de conserver le silence. Plus rapidement, il parcourut du regard ses propres troupes. Quelques fidèles, mais surtout de mercenaires de sac et de corde, des gardes ramassés à Braine, peu de visages souriants. De l'indifférence ou de la fatigue, dans le meilleur des cas.

Il rengaina son épée, descendit de cheval et marcha vers le cadavre qu'il retourna du bout du pied. D'un geste sec, il arracha son scramasaxe du ventre de Thibert, puis essuya sur les vêtements du mort le sang qui souillait la lame. S'étant penché sur lui, il aperçut un lacet de cuir à son cou. Mû par une intuition, il trancha le lien et le tira à lui. Deux lourdes clés y étaient fixées. Chilpéric eut un bref sourire en les serrant dans son poing, puis il se redressa et, le poignard toujours à la main, s'avança jusqu'au chariot bâché chargé des coffres de Clotaire. Sur un simple signe de tête du prince, les deux hommes qui gardaient le trésor royal s'empressèrent de sauter à terre, le laissant seul, à l'abri des regards.

Le prince réapparut quelques minutes plus tard, le visage éclairé, tenant sa cape relevée contre lui comme un sac. Il marcha droit vers Beroulf, puisa dans les plis du manteau une pleine poignée de pièces d'or qu'il lui fourra dans les mains avec un clin d'œil, avant de faire face à la troupe.

— De l'or ! cria-t-il. Je vous avais promis dix deniers d'argent, voilà de l'or ! Dix, vingt sols d'or pour chacun de vous ! De quoi vous acheter des chevaux ou des femmes, ou ce que vous voudrez !

Tout en parlant, il avait défait les fibules qui maintenaient sa cape à ses épaules. Sous les acclamations des Francs, il la jeta à terre, et chacun d'eux put voir les *solidi* du roi luisant dans l'étoffe sombre du manteau comme le soleil dont ils avaient pris le nom.

— Beroulf, tu feras le partage ! cria-t-il encore. La même chose pour chaque homme, y compris ceux de Thibert !

Les hommes sautèrent à terre et s'amassèrent en grand vacarme autour de l'antrustion et du manteau, trop heureux de l'aubaine pour oser y croire vraiment. Dans leur empressement, il y en eut pour piétiner le cadavre du *domesticus*... Devant eux, Chilpéric marchait de long en large, comme un fauve en cage.

— Ceux qui choisiront de me suivre en compagnonnage et de me jurer truste et fidélité en recevront le double une fois que nous serons en sécurité ! clama-t-il. Par Dieu, prêtez serment à votre nouveau roi et je ferai de vous des hommes riches !

Il s'interrompit, la gorge enrouée d'avoir forcé sa voix. Durant quelques instants, il contempla avec un sourire hautain la bousculade des Francs, que Beroulf et ses hommes parvinrent peu à peu à contenir. Puis il avisa Frédégonde. À l'écart de la cohue, elle était restée en selle, le visage et le corps presque entièrement dissimulés par sa cape de fourrure. Chilpéric ne voyait d'elle que sa bouche, et cette bouche lui souriait.

— Mon royaume pour un baiser, dit-il en la rejoignant.

Frédégonde tremblait toujours, mais ce n'était plus que de froid. Elle écarta ses fourrures et se pencha vers lui, les yeux brillants d'un éclat nouveau.

— Vous n'avez pas encore de royaume, seigneur.

— J'ai tout ce qu'il me faut pour cela. Des hommes valeureux, assez d'or pour en acheter mille fois plus... Demain, je serai vraiment roi.

Frédégonde découvrit son visage et se pencha vers lui.

— Et moi ?

Chilpéric ne put répondre. Beroulf avait achevé la distribution et revenait vers eux, la cape du prince roulée sous le bras.

— Et maintenant ? dit-il. Où allons-nous ?

Chilpéric resta un moment accroché au regard de son amante, puis il s'arracha d'elle, saisit sa cape et repartit à grandes enjambées vers son cheval, suivi de son compagnon. Autour d'eux, le calme revenait. Les guerriers remontaient à cheval, des ordres fusaient.

— Où veux-tu qu'on aille ? lança le prince tout en marchant. À Reims ? Va savoir si Thibert n'avait pas envoyé des messagers pour préparer sa défense. Et puis j'aurais l'air de me cacher. Non, on va à Paris. Au palais de Childebert. Le plus beau, le plus riche. Mon père n'en a rapporté que des miettes, quelques barriques d'or et de bijoux. Le reste doit y être encore. Et puis c'est là que sont ma femme et mes enfants, après tout !

Beroulf eut un petit rire étouffé et secoua la tête avec amusement. Il attendit que Chilpéric se soit hissé en selle pour poser la question qui le taraudait.

— Et elle, seigneur ? dit-il avec un mouvement de tête discret en direction de Frédégonde. Tu l'emmènes aussi à Paris ?

Chilpéric ne répondit pas tout de suite. À un jet de pierre de là, Frédégonde soutint son regard, droite et fière parmi tous ces hommes d'armes, malgré sa fragilité. Dans la grisaille du jour, ses cheveux, ses yeux et sa bouche contrastaient avec la pâleur de sa peau. Elle n'était pas seulement belle. Il y avait de la force en elle, plus qu'en bien des hommes.

— Évidemment qu'on l'emmène, murmura-t-il. Un jour, elle sera ma reine.

C'était une folie. Cela n'avait aucun sens. Je n'ai jamais su véritablement si Chilpéric croyait réussir ou s'il ne s'était lancé dans cette chevauchée sanglante que dans le seul but de faire entendre sa voix ou de sauver la face vis-à-vis de ses frères. Peut-être ne voyait-il pas si loin. Peut-être voulait-il simplement être roi, quel qu'en soit le prix. Après toutes ces années, je ne puis toujours pas dire que je comprends leur façon d'agir. Chilpéric, Gontran, Sigebert et tous les autres… Combien de fois les ai-je vus rire quand il fallait pleurer, se battre quand tout était perdu, pardonner à leurs ennemis et égorger leurs proches ? Auras-tu, toi aussi, cet étrange sens de l'honneur ? Sans doute, puisque tu auras été élevé ainsi.

J'avais alors la certitude, comme ce soir, de vivre mes derniers instants. Paris ne pouvait rester à nous avec aussi peu d'hommes. Les autres allaient venir et nous tuer, tous les deux.

Je m'étais résolue à mourir au côté de Chilpéric et je vivais ces jours absurdes avec une délectation morbide. Si seulement il n'avait pas fait aussi froid, si seulement ce palais sur la Seine n'avait pas été aussi lugubre… Je me souviens d'une pluie incessante, d'une froideur de tombe. C'est à peine si l'on trouvait du bois pour se chauffer. Si je n'avais été là, peut-être Chilpéric aurait-il levé le camp au lieu d'attendre ses frères. C'était cela le plus pénible : attendre le jour de notre mort dans un tel dénuement.

7

Le roi de Paris

Depuis que Chilpéric avait pris possession de Paris et s'en était proclamé roi, le froid recouvrait la cité comme un linceul, figeant les eaux de la Seine et pesant sur les âmes au point qu'on ne pouvait y voir qu'une malédiction divine.

Prendre la ville n'avait été qu'une formalité. Les quelques soldats cantonnés là étaient prêts à se vendre à quiconque paierait leur solde, ce qui n'était plus arrivé depuis longtemps, si bien que les troupes du prince étaient entrées dans l'ancienne capitale de Clovis sans livrer combat. Sa petite troupe avait assez d'allure pour impressionner la populace et assez d'effectifs pour occuper les tours gardant ses deux ponts. Mais son coup de main, pour réussi qu'il fût, laissait voir par sa nature même la faiblesse du nouveau maître de Paris. Chilpéric avait traversé à la hâte les faubourgs clairsemés de la rive droite et s'était empressé de franchir le fleuve pour s'emparer du palais, sans faste et sans gloire. Ni vivats, ni pavoisons, ni pluie de fleurs sur son passage. Tout juste quelques attroupements clairsemés de badauds désœuvrés par l'hiver, venus voir ce qu'il se passait ou, pour les mieux informés, à quoi ressemblait le nouveau roi. Ceux qui l'aperçurent ne virent qu'un jeune homme aux yeux sombres et à la mine fermée qui pressait sa monture à travers les ruelles, comme s'il craignait d'être rejoint. Sa longue chevelure bien plus que son attitude le désignait comme un prince franc.

Rien, pourtant, n'était venu contrarier ses plans. Rien hormis l'essentiel : le plan lui-même n'était qu'une chimère. Chilpéric avait été élevé dans la fascination de la richesse et l'admiration sans bornes des puissants. Plus encore que son père, son oncle Childebert, le roi de Paris, avait incarné à ses yeux cette richesse et cette puissance. On disait que la fortune qu'il avait entassée dans les caves de son palais, sur l'île de la Cité, dépassait celle de l'empereur de Constantinople... Mais Childebert était mort depuis plus de trois ans, et de cette fortune il ne restait rien. Le palais, qui avait été autrefois la demeure de l'empereur Julien l'Apostat puis celle de Clovis lui-même, n'était plus aujourd'hui qu'une illusion, une carcasse vide parcourue de courants d'air glacé qui mugissaient lugubrement à travers les couloirs, faisant claquer les rideaux accrochés aux rares fenêtres. Vide, glacée et sombre. Un cercueil. Une tombe... Les rares serviteurs qu'on y croisait encore s'esquivaient comme des spectres avant qu'on les interpelle. Pour autant qu'on puisse en voir, ils ressemblaient davantage à des mendiants qu'à des membres d'une maison royale. Les cuisines étaient vides, les feux éteints, les écuries et l'étable désertes. L'île était à l'avenant, tassée derrière ses épaisses murailles, pareille à un vaisseau immobile au milieu de la Seine. La majorité des quelque cinq mille habitants que comptait l'ancienne capitale de Clovis s'était regroupée sur la rive gauche, le long de l'avenue pavée qu'on nommait Cardo et qui grimpait en pente douce jusqu'à l'horizon, vers Sens et Orléans. Des thermes romains il ne demeurait rien, et les anciennes arènes, qui marquaient la limite occidentale de la ville, avaient été éventrées. Une ville ruinée...

Le cœur et la gorge serrés d'appréhension, Chilpéric s'était fait conduire dans les caves par un vieillard faisant office de maire du palais. L'homme n'avait pu lui montrer que des coffres vides, rongés de moisissure. Tout ce qu'il restait du trésor de Childebert.

— Il y avait ici plus d'or qu'à Constantinople, avait murmuré le prince.

— Oh oui, seigneur… Des coffres entiers de sous d'or, de vaisselle et de bijoux… Et puis notre roi a voulu sauver son âme.

À la fin de sa vie, Childebert avait dilapidé les richesses longuement et cupidement amassées pour en faire don aux pauvres. Persuadé qu'il ne pouvait y avoir de faute qui n'ait son prix, il pensait sincèrement racheter ainsi sa conscience tourmentée. Il avait vidé les coffres jusqu'à ce qu'il n'y ait plus un seul nécessiteux à Paris ni dans les environs. Puis, à l'instigation de l'évêque Germain[1], il avait fait fondre sa vaisselle d'or et d'argent pour financer la construction d'une cathédrale en pierre dédiée à la Vierge Marie, juste en face du palais, à l'autre bout de l'île.

À la tombée du jour, du haut du donjon surplombant l'édifice, Chilpéric contemplait justement d'un œil morne l'enclos religieux, dominé par la cathédrale Sainte-Marie. Juste à côté s'élevait encore l'ancienne cathédrale Saint-Étienne, une bâtisse de bois que nul n'avait eu le cœur de détruire, si bien que la cité avait deux cathédrales, sans compter nombre d'églises, d'abbayes et de basiliques[2], sur l'île et sa rive gauche.

En ce crépuscule de grisaille, la folie de Childebert s'étalait sous ses yeux.

Alors que le palais suintait d'humidité et que la plus robuste des étoffes s'y couvrait de moisissure en quelques jours, l'enclos religieux étalait son opulence, depuis les ors de ses deux églises jusqu'à l'île Sainte-Marie[3] où les moines faisaient paître leur troupeau, et que, pour cette raison, les Parisiens nommaient l'île aux Vaches. Voilà où était passé l'or du roi. Pas étonnant qu'il n'y ait plus un seul pauvre à Paris.

---

1. Canonisé après sa mort, il donnera son nom à l'église Saint-Vincent-Sainte-Croix, qui deviendra Saint-Germain-des-Prés et où il sera enterré en 576.

2. Les deux cathédrales seront rasées au XIIe siècle pour laisser place à l'actuelle Notre-Dame.

3. L'actuelle île Saint-Louis.

Après la mort de Childebert, son frère Clotaire n'y avait séjourné que le temps de rafler ce qui pouvait l'être encore. Le vieux roi ne s'était jamais senti en sécurité dans la capitale de son frère ennemi, ni dans aucune ville d'ailleurs. Une fois vidé le palais, il était rapidement retourné à ses villas du Nord. Peu à peu, le peuple rapace des quémandeurs et des courtisans, des orfèvres, fourreurs et pelletiers, des grands et petits nobles, des vrais scribes et des faux lettrés avait déserté Paris, abandonnant les rives vaseuses de la Seine et le tumulte permanent de ses ruelles pour celles de Soissons ou de Reims.

Voilà pourquoi la ville n'était pas défendue. Il n'y avait plus rien, ici, qui vaille la peine de l'être…

À contrecœur, Chilpéric se redressa et jeta un coup d'œil circulaire à la campagne encore déserte, au-delà du faubourg. Combien de temps encore avant que ses frères ne réagissent ? Un jour ? Une semaine ? Combien d'hommes lèveraient-ils pour venir le déloger ? Sans doute viendraient-ils du nord, par-delà les collines, le village de Montmartre et la forêt. Paris, pourtant, n'était à personne avant qu'il la prenne, puisque le vieux Clotaire était mort sans partager ses États entre ses fils. Ses frères oseraient-ils nier son droit de conquête ?

Bien sûr qu'ils oseraient…

Chilpéric prit une longue inspiration qui ne suffit pas à dénouer la boule qui lui serrait toujours la gorge. Ce soir, pourtant, il faudrait faire bonne figure et recevoir ses antrustions ainsi que tout ce que cette ville maudite comptait encore de notables, de religieux et de grands marchands, comme l'aurait fait un vrai roi… Son épouse Audowère prendrait place à son côté, et Frédégonde ne serait sans doute même pas en vue. Cela aussi lui nouait la gorge. Tout s'était passé si vite qu'il ignorait où se trouvait son amante en ce moment même. Sans doute avait-elle rejoint le service de la reine, auprès de ses enfants.

En songeant à sa femme légitime, le prince se sentit saisi d'un sentiment de honte et de colère mêlées. Plus tôt dans l'après-midi, il avait échangé quelques mots avec elle. Guère plus. Desiderius l'avait escortée avec leurs fils depuis leur villa parisienne jusqu'au palais de la Cité où Chilpéric les attendait. En la voyant venir à lui, la démarche pataude du fait de sa grossesse et affichant son habituelle expression d'égarement craintif, il avait violemment ressenti la sensation qu'elle n'était pas à sa place dans cette aventure. Avant même qu'elle n'ouvre la bouche, il savait ce qu'elle allait dire et il en était déjà excédé.

— Seigneur, c'est vous enfin ! Est-ce vrai cette folie qu'on raconte en ville ? Vous vous êtes proclamé roi de Paris ?

— Vous aussi, vous m'avez manqué, avait-il grommelé pour toute réponse.

Il s'était détourné d'elle et avait retrouvé un sourire véritable pour accueillir ses enfants. Le plus jeune, Clovis, n'avait pas encore deux ans. Dans les bras de Desiderius, il paraissait minuscule. Chilpéric avait caressé la joue de l'enfant et claqué affectueusement l'épaule du Gaulois.

— Je suis heureux de te voir.

— Moi aussi, seigneur… À ce que m'a dit Ansowald, j'ai raté de l'action.

— Ne t'inquiète pas, tu auras de quoi te rattraper.

En y repensant, dans la solitude de ce donjon aux quatre vents, Chilpéric réalisa qu'il n'avait plus parlé à son épouse de la journée. Où était-elle ? Il l'ignorait et il en ressentit du remords. Audowère avait eu peur, sans doute avait-elle craint pour la vie de l'enfant qu'elle portait ou même pour sa vie à lui, et il n'avait su trouver ne serait-ce que quelques mots pour la rassurer, expliquer son plan et lui donner courage. Mais ce plan lui paraissait stupide à présent, et du courage, il lui en restait tout juste assez pour ne pas fuir à toutes jambes.

***

À la nuit tombée, le palais faisait illusion. Le banquet avait été dressé dans l'ancien atrium devenu la salle d'apparat. Sous la chaude lumière des lustres garnis de lampes à huile, même une vaisselle de bois ou de terre cuite avait de l'allure. Chilpéric avait puisé dans l'or des coffres de Clotaire pour faire ramasser en ville quelques joueurs de flûte et de harpe dont la musique, à peine audible dans le brouhaha de la tablée, pouvait faire illusion, quelques jongalons raconteurs d'histoires et assez de filles publiques pour servir de compagnes à toute la truste de Chilpéric. Les tables, disposées en U, étaient de ce fait garnies de commensaux assez disparates, mais l'évêque Germain et ses abbés, qui étaient assis à celle du roi, feignaient de ne pas s'en offusquer.

Ils n'avaient pas encore commencé à dîner, attendant l'arrivée d'Audowère et de sa suite. Le vin de Paris, cependant, coulait à flots et enivrait peu à peu les Francs, davantage habitués à la bière. Chilpéric n'était pas tout à fait assez saoul pour oublier la précarité de ce triomphe de pacotille payé par de l'or volé, et pourtant l'instant ressemblait assez à l'idée qu'il se faisait d'un début de règne, avec ces serviteurs empressés autour de lui, les apostrophes joyeuses de ses compagnons d'armes d'un bord à l'autre des tablées, et les saluts obséquieux des bourgeois de la ville. La raideur même de l'évêque Germain l'enchantait, tant elle était conforme à l'idée qu'il s'était faite de lui.

Les deux hommes n'avaient pour l'heure échangé que des politesses d'usage, mais le jeune roi n'ignorait pas que ce prélat assez fou ou assez puissant pour avoir ruiné son oncle Childebert était venu pour le jauger, estimer tout à la fois sa force, sa richesse et sa piété. Plus tard, au cours du festin, viendrait entre eux le jeu véritable, tout en allusions, en chausse-trappes et en perches tendues... Chilpéric attendait ce moment presque avec gourmandise.

Il s'extirpa tout à coup de la torpeur béate qui s'emparait déjà de lui en réalisant que les conversations s'étaient tues et que, dans le silence rétabli, on entendait enfin les musiciens. Levant les yeux vers les colonnades et le portique de marbre ouvert sur l'extérieur, il vit apparaître Audowère, blanche et lumineuse dans la pénombre dorée de la salle, vêtue d'une robe de soie et de brocart assez ample pour dissimuler en partie son état. Comme à son habitude, elle s'était parée de bijoux depuis les poignets jusqu'au front, ceint d'un diadème d'or incrusté d'émaux. Un homme marchait auprès d'elle. Il fallut au roi un effort pour dissiper les brumes de l'ivresse et reconnaître Beroulf, les épaules couvertes d'une longue cape rouge. On eût dit une impératrice romaine accompagnée d'un centurion. Un spectacle magnifique, digne d'une mosaïque...

Chilpéric voulut se lever et lancer quelque compliment à la santé de son épouse, mais deux choses l'en empêchèrent : le vin, tout d'abord, qui manqua de lui couper les jambes dès qu'il quitta son siège, et l'entrée, à la suite d'Audowère, d'une ombre discrète qui le laissa bouche bée et dont il ne put détacher les yeux. Frédégonde n'était couverte que d'une robe verte sans atours, bien terne en regard de la mise de sa maîtresse, et ne portait aucun bijou. Mais cette robe, étroitement ajustée, soulignait ses lignes élancées. Elle se mouvait avec grâce quand Audowère peinait à chaque pas. Et puis, surtout, ses yeux d'un vert plus éclatant que la plus pure émeraude étaient dardés sur Chilpéric avec une expression d'une telle concupiscence qu'il s'en sentit presque gêné.

Si Germain, à côté de lui, avait remarqué quoi que ce soit, il n'en laissa rien paraître. À l'approche de la nouvelle reine de Paris, il se leva et s'inclina respectueusement, aussitôt imité par des religieux de tous rangs présents au banquet. Les notables suivirent tant bien que mal le mouvement, puis les antrustions de Chilpéric et jusqu'au roi lui-même, pour la plus grande confusion d'Audowère, qu'une telle marque de respect collective mettait dans les affres. Elle prit place au côté de son époux sans un regard ni une parole, le visage écarlate et les yeux fuyants.

Chilpéric se rassit, l'humeur enjouée et le gosier sec. Il tendait déjà son gobelet pour qu'on lui serve à boire lorsqu'il croisa le regard de Germain. Et celui de Beroulf, à côté de l'évêque. Et celui encore d'un prieur dont il n'avait pas cherché à retenir le nom. Et, à l'autre bout de la table, celui d'une catin à la peau mate et aux cheveux aussi frisés qu'un mouton. Tous le regardaient. Coupant court à l'accès de colère qu'il sentait monter en lui, il réalisa à cet instant seulement qu'on attendait du roi un discours, avant que commencent les agapes. Lentement, avec toute la dignité dont il pensait être encore capable, il se leva, salua l'assistance en brandissant son verre et le reposa sans y porter les lèvres, d'autant qu'il était vide.

— Ce soir, dit-il en balayant la salle d'un long mouvement du bras, le palais renaît ! Un roi… Un roi vous est rendu.

Il jeta un coup d'œil vers l'évêque, à côté de lui, fit la moue et releva le menton.

— Mon père n'aimait pas Paris… Il ne vous aimait pas. Mais moi, si ! C'est à Paris que j'ai voulu installer ma capitale, et c'est de Paris que je bâtirai mon royaume !

Il y eut quelques exclamations et vivats, venant de ses hommes, seulement. Les autres se taisaient.

— J'étais venu ici pour le trésor, je l'avoue… Mais Mgr l'Évêque vous dira mieux que moi que les véritables trésors ne sont pas faits d'or ou de bijoux. Non… Non, la seule vraie richesse ne peut venir des hommes, ni des terres. La plus grande force d'un roi, son plus grand trésor… c'est sa volonté !

Le brusque changement d'expression de l'évêque de Paris montra assez bien qu'il ne s'était pas attendu à une telle conclusion. Il fronça les sourcils et souleva la main comme pour intervenir, mais Chilpéric ne le regardait pas. Emporté par l'exaltation de son discours, il ne parlait plus que pour ses leudes, et bientôt uniquement pour la silhouette discrète de Frédégonde, restée à l'autre bout de la salle, sous le portique romain.

— Je suis roi parce que je l'ai voulu et parce que vous avez cru en moi ! Nous voici aujourd'hui à Paris, dans le palais de Clovis, par la seule grâce de notre courage et de notre détermination. Dorénavant, rien ni personne ne pourra nous empêcher de prendre ce qui nous revient et de mener la vie que nous voulons, comme nous le voulons et avec qui nous le voulons !

Alors que ses hommes étaient debout et ponctuaient chacune de ses phrases de vociférations éraillées, Chilpéric dégaina soudainement son scramasaxe et le planta violemment dans la table.

— Voilà notre force ! cria-t-il. Et voilà le destin de quiconque se mettra sur notre route ! La seule vraie puissance vient de là !

Épuisé, il se laissa retomber dans son fauteuil, le visage éclairé d'un sourire imbécile, tandis que les Francs, d'un bout à l'autre de la tablée, brandissaient à leur tour leurs longs couteaux de boucher sous l'œil consterné des bourgeois de Paris. Durant un long moment, la salle résonna de leurs braillements, puis un semblant de calme revint. C'est alors que l'évêque Germain se leva. Sans rien dire, il se dirigea vers le jeune moine qui, en arrière de son siège, tenait sa crosse épiscopale. Il la saisit et revint auprès du roi. Chilpéric n'eut que le temps de lui adresser un regard interrogateur. D'un geste plus violent encore que le sien quelques instants plus tôt, Germain abattit sa crosse sur le scramasaxe. Le coup l'arracha de la table et l'envoya tinter sur le carrelage de la grande salle. Alors que le roi – imité en cela par la plupart de ses hommes – se levait d'un bond, l'évêque le pointa du doigt, bras tendu.

— La seule vraie puissance, tonna-t-il d'une voix formidable, vient de Dieu ! Rien que de Dieu ! Comment oses-tu l'oublier ?

Germain tremblait d'indignation, ses yeux dardés sur le roi, le corps ramassé comme s'il n'attendait qu'un mot de plus de sa part pour le rouer de coups. Face à lui, Chilpéric restait interdit, plus offusqué que furieux, stupéfié en réalité par la réaction du religieux dont il ne parvenait pas vraiment, pas encore, à comprendre la raison. Ils restèrent ainsi figés un long moment dans le silence, tandis que l'hébétude du roi se transformait en indignation, son indignation en colère, sa colère en rage.. .

Ce fut à ce moment que, du fond de la salle, jaillit un rire, celui d'une femme. Tous se tournèrent d'un même mouvement vers celle qu'une telle circonstance égayait à ce point. La plupart ne la connaissaient pas, mais ils furent plusieurs à trouver son hilarité charmante et communicative. Chilpéric fut d'abord vexé de voir son amante s'amuser ainsi de la scène. Puis il comprit que Frédégonde ne riait pas de lui mais de la fureur de l'évêque et il sentit aussitôt son cœur s'alléger. Un simple regard vers Germain, tellement violacé de colère qu'il en ressemblait à son habit, le fit à son tour éclater de rire, en cela aussitôt imité par une bonne part des convives.

Outré, l'évêque vida les lieux sous les rires et les quolibets des Francs, suivi de sa troupe encapuchonnée, alors qu'à table les Parisiens roulaient des yeux et baissaient le nez dans leur assiette, certains pour masquer leur amusement, d'autres leur effroi de voir ainsi humilier un saint homme.

À la table du roi, restée assise, immobile, glacée, Audowère ne quittait pas des yeux Frédégonde.

***

Il pleuvait à verse, au point que du haut de sa tour Chilpéric n'apercevait que l'ombre indistincte de la cité, sous l'insondable rideau de la pluie. On n'y voyait rien et on n'entendait guère mieux, dans le vacarme du crépitement des gouttes sur l'ardoise des toits. Pourtant, les armées de ses frères étaient là, quelque part dans cette bouillasse, sur la rive droite, attendant peut-être un ciel plus dégagé pour donner l'assaut, à moins qu'elles n'aient déjà traversé le fleuve et se soient infiltrées dans la ville depuis les faubourgs. Impossible de savoir, et impossible de tenir sous une pluie pareille. Chilpéric quitta brusquement son poste d'observation et s'engouffra dans l'escalier en colimaçon reliant le donjon à la salle de garde, où s'étaient regroupés ses leudes.

Il y fit irruption en s'ébrouant comme un chien et se défit aussitôt de sa cape dégoulinante de pluie. Au centre de la pièce, une cuve de pierre où l'on entretenait des braises dégageait une agréable chaleur. Chilpéric s'en rapprocha en souriant, mais son sourire se crispa dès qu'il leva les yeux vers ses hommes. Ils n'étaient plus que trois : Desiderius, bien sûr, Beroulf, et un jeune rustaud qui ressemblait davantage à un paysan à peine dégrossi qu'à un guerrier, mais dont le visage ne lui était pas inconnu. À voir leur tête basse et leur regard fuyant, il ne pouvait y avoir de doute. Les autres, tous les autres, étaient partis.

— Ils sont là ? dit Chilpéric.

Desiderius fronça les sourcils en se demandant de qui il parlait, mais Beroulf avait compris.

— Au moins les hommes de Gontran. Il y a eu des combats dans le faubourg. On dit qu'ils ont été repoussés, mais ce n'est pas sûr. L'armée de Caribert serait sur la rive droite.. Comment savoir, avec cette pluie…

— Et Sigebert ?

Beroulf secoua la tête.

— De combien d'hommes disposons-nous ?

— Je ne sais pas… On envoie des chevaucheurs, ils ne reviennent pas. Ansowald et Bladaste sont partis rejoindre leurs escouades, sur les ponts, mais on n'a plus de nouvelles d'eux. Ils sont morts, ou prisonniers, ou ils s'abritent de la pluie, ou ils ont trahi, qu'est-ce que j'en sais ? Cette ville est impossible à défendre, mon prince. On peut résister dans le palais, bien sûr, mais sans vivres on ne tiendra pas longtemps…

— Bon, alors fais ouvrir les portes.

— Seigneur, non !

— Mes frères me rendent visite, Beroulf… Il faut que je les accueille royalement. Fais ouvrir les portes… Toi, Desiderius, rassemble tous les gardes que tu trouveras et ramène-les ici. Que cette pièce, au moins, donne l'impression de regorger d'hommes. Et toi…

— Bertramm, sire.

— Oui… Oui, Bertramm, je me souviens de toi. Tu étais avec moi l'autre jour quand on a rattrapé Thibert… Eh bien, fais chercher du vin et de quoi dîner. Qu'on mette des chaudrons à bouillir sur ces braises, qu'on prépare une soupe[1], qu'on fasse venir ma femme également et… et sa suivante. Tu te souviens d'elle, elle était avec nous, ce jour-là.

Chilpéric eut l'impression que le jeune homme souriait, mais il n'eut pas le temps de s'en soucier davantage. Les trois nobles s'en étaient déjà allés à leur tâche. Resté seul, il s'approcha lentement du foyer, la main sur la garde de sa grande épée, et s'abîma dans la contemplation rêveuse des tisons rougeoyants. Voilà… Il n'y avait plus rien à faire, si ce n'est périr avec honneur. Son règne n'aurait duré que quelques jours, tout juste le temps de déplaire à l'un des évêques les plus puissants de toute la Francie. Mais au moins aurait-il régné.

Quelques minutes plus tard, la rêverie maussade du jeune roi fut perturbée par la brusque agitation qui s'était emparée du palais. De toutes parts des cris d'alarme, des ordres gutturaux, des bousculades et des bruits de course. Beroulf faisant irruption dans la salle de garde, le visage enfiévré et l'épée à la main. Puis Desiderius, avec pour toute arme ce qui ressemblait à un pied de tabouret, et une dizaine – pas plus – d'hommes avec lui. Ils n'eurent que le temps de se regrouper autour de leur seigneur. Un flot de soldats portant une cotte rouge sang au-dessus de leur haubert se déversa dans la pièce, et juste derrière eux entra Caribert.

— Qu'est-ce qui me vaut le plaisir de ta visite ? lança Chilpéric depuis l'âtre qu'il n'avait pas quitté.

Caribert hocha la tête d'un air amusé. D'un geste négligent, il lâcha la hache qu'il tenait à la main pour faire mine d'applaudir son cadet. Retenue à son poignet par un lacet, l'arme oscilla comme un balancier, et chacun put voir que son fer était taché de sang.

---

1. Le terme *supa* vient des Francs.

— Je suis venu voir comment tu étais installé, dit-il, entrant dans le jeu de son cadet sur le même ton badin que démentait son regard furieux.

— Eh bien ?

— Franchement, je suis déçu. Tu mérites mieux, mon frère…

Tout en parlant, Caribert avança le long du foyer. Derrière lui, au fond de la pièce, ses hommes suivirent le mouvement. Encore quelque pas et il arriverait au bout de l'âtre de braises, seul obstacle qui le séparait encore de son frère.

— C'est à cause de la pluie, répondit Chilpéric. Aucune demeure n'est belle, sous la pluie… Tu devrais revenir au printemps, quand il fera beau. J'aurai arrangé tout ça.

Autour de lui, ses leudes observaient tour à tour les deux frères et guettaient la progression des gardes de Caribert. Les mains se crispaient sur le pommeau des armes, les gorges étaient sèches, les souffles courts, les cœurs battants.

À l'instant même où Caribert atteignit l'extrémité du foyer de braises, et alors que Chilpéric avait empoigné la garde de son épée, prêt à dégainer, un cri aigu résonna dans le couloir, suivi d'un bruit sourd. Tous se tournèrent vers la porte, qui, de nouveau, parut soudainement vomir un flot d'hommes en armes. Ceux-là ne portaient pas de couleur distinctive, mais des cottes de fourrure ou de gros cuir durci laissant les bras nus. La plupart avaient le crâne rasé, avec tout juste une longue houppe retombant sur leur nuque, des trognes effroyables, des regards brillants. Chilpéric reconnut quelques-uns d'entre eux pour les avoir vus à Braine, sous le portique de la villa royale. Des mercenaires, thuringiens ou saxons… L'un d'eux, le reconnaissant comme un prince royal à sa longue chevelure, lança négligemment dans sa direction un objet indistinct qui roula à terre. Quand il s'immobilisa devant lui, Chilpéric reconnut la tête exsangue de Bertramm et, comme tous les siens dans la salle, il sentit son courage faiblir.

D'un même mouvement, lui et ses hommes reculaient pour faire face à la meute lorsque Sigebert entra à son tour. Flanqué de près par deux de ces brutes, il s'avança sans un mot jusqu'au-devant du foyer. À la lueur des tisons, son haubert recouvert de plaques de fer semblait être de feu, et la pluie qui ruisselait encore sur son visage, pareille à du sang. Hors d'haleine, ses longs cheveux bruns collés à son front par l'averse, les bottes et les hauts-de-chausses couverts de boue, il resta un long moment silencieux en dévisageant Chilpéric, à l'autre bout de la pièce. Pour Caribert, il n'eut qu'un regard et un signe négatif de la tête. Étonnamment, l'aîné baissa les yeux et recula, comme un enfant pris en faute.

— Eh bien, il ne manque plus que Gontran et toute la fratrie sera réunie ! s'exclama Chilpéric.

— Pas de ça avec moi ! jappa Sigebert d'une voix sèche, dure, sur un ton qu'il ne lui avait encore jamais connu. Ce sont tes hommes ? Qu'ils sortent… Dehors ! Tous !

Les quelques guerriers rameutés par Désidérius eurent à peine un temps d'hésitation avant de filer. Autour du jeune roi, il ne restait plus que Beroulf et le Gaulois. Les seuls vraiment capables de mourir pour lui.

— Tu as tout de même deux fidèles, releva justement Sigebert. Ce ne sera pas suffisant, mais c'est déjà ça… Dis à ces braves de sortir, eux aussi. Il ne leur sera fait aucun mal… et à toi non plus.

À l'autre bout de la pièce, un rire méprisant attira leur attention. C'était Caribert, qui secoua la tête d'un air écœuré mais ne contredit pas son jeune frère.

— Ça ira, murmura Chilpéric à l'intention de ses antrustions. Une chose encore, pour l'amour de moi… Que l'un de vous garde la reine et les enfants, et l'autre… L'autre…

— Oui, souffla Beroulf. J'ai compris. Desiderius s'occupera d'Audowère. Et moi je resterai auprès de… auprès d'elle.

Puis il poussa en avant le colosse gaulois et les deux hommes sortirent, laissant Chilpéric seul face à ses frères.

— Eh bien ? dit-il dès qu'ils eurent quitté la pièce. Qu'avez-vous prévu en ce qui me concerne ?

Sigebert lui jeta un regard noir, mais il ne répondit pas. Il alla glisser quelques mots à l'oreille de l'un de ses mercenaires et ceux-ci vidèrent les lieux à leur tour, bientôt suivis des gardes à la cotte rouge de Caribert.

Autour de l'âtre rougeoyant, les trois frères se tenaient à l'écart les uns des autres, dans un silence si lourd qu'on entendait le crépitement de la pluie contre les murs. Ce calme pesant fut interrompu lorsque Caribert jeta sa hache à terre.

— Pourquoi attendre ? grogna-t-il. On n'a qu'à commencer, Gontran finira bien par arriver !

— Il faut que les choses soient faites dans les règles, répondit Sigebert.

À quoi Caribert ne répliqua que par un nouveau grognement de dépit. Durant les heures qui suivirent, jusqu'à la tombée du jour, ils n'échangèrent plus un mot, assis chacun dans un coin de la salle. Tout à coup, des pas et un bourdonnement de conversations se firent entendre dans le couloir, puis la porte s'ouvrit. Gontran fit enfin son apparition. Comme les autres, il était vêtu en guerre, mais à la différence que sa mise portait les traces des combats qu'il avait dû livrer. Son haubert de cuir matelassé était lacéré sur l'épaule droite et laissait voir sa peau, son bras était raide, du sang séché maculait son oreille et sa barbe, ses bottes et ses hauts-de-chausses étaient éclaboussés d'une boue noirâtre et vaseuse.

— Tu as mis le temps ! s'exclama Caribert.

— Ouais… Eh bien la prochaine fois, ce sera toi qui donneras l'assaut au pont et moi qui traverserai en barque ! Ces chiens ont bien failli avoir ma peau !

— J'ai aussi eu ma part de mêlée, protesta son aîné sans grande conviction.

Chilpéric sourit en silence, ressentant une certaine fierté à l'idée que le bastion du pont, au moins, avait noblement livré bataille.

— Puisque tu es vivant, grâce au ciel, nous allons pouvoir commencer, lança Sigebert d'un ton où perçait l'agacement.

Sur l'instant, Chilpéric eut le sentiment que seul ce dernier s'était réellement battu, que c'était lui, même s'il n'en disait rien, qui avait pris Paris, et que ses deux aînés n'avaient livré aucun combat décisif. L'idée fugace que ses troupes auraient pu repousser leur assaut lui remit le sourire aux lèvres.

— Qu'est-ce qui t'amuse, toi ? s'écria Gontran. Ce coup de hache a failli m'emporter la tête et ça te fait rire ? Tu veux que je te montre l'effet que ça fait ?

— J'aimerais bien, oui, répondit Chilpéric avec un rire narquois, en empoignant de nouveau son épée.

— Assez !

Les deux frères se tournèrent vers Sigebert. Comme à l'instant où il avait fait irruption dans la salle, ses yeux brillaient d'une lueur farouche, violente ; sa peau avait blêmi et ses lèvres ne formaient plus qu'un trait. Il était plus jeune que Gontran et sans doute moins fort que Chilpéric, mais les deux frères obéirent à sa voix impérieuse.

— Nous sommes quatre et nous le resterons jusqu'à ce que Dieu en décide autrement, reprit-il d'une voix moins dure. Le royaume de Clotaire sera donc partagé en quatre, comme le fut autrefois celui de Clovis. Ce partage, Chilpéric, nous l'avons fait en ton absence, et tu t'y conformeras, comme nous tous. Jure-le !

— Vous êtes trois contre moi, avec vos armées… Je n'ai pas besoin de jurer.

— Les lots ont été tirés au sort, et le tien devrait te faire honneur. Mais si tu ne prêtes pas serment, tu n'auras rien.

— Le couvent pour toi, renchérit Gontran.

— Ou la mort, murmura Caribert avec un sourire faussement désolé. Après tout, ce serait plus simple…

Chilpéric hocha la tête et se retourna vers Sigebert.

— Je vois, dit-il. Je jure, donc, de me conformer au partage… Qu'est-ce qui m'échoit ?

Sigebert le regarda longuement. Chilpéric soutint ce regard, sans se départir d'un sourire goguenard qui disait assez la valeur qu'il accordait à ce serment. Cette fois, par lassitude, ce fut l'aîné qui rendit les armes le premier et se détourna.

— Ton lot est celui de notre père Clotaire, dit-il en s'écartant. Tu seras roi de Soissons et tu régneras sur les terres entre l'Escaut et la Somme, jusqu'à la mer du Nord.

Chilpéric était trop stupéfait pour répondre, mais son expression, quand son frère lui fit face à nouveau, était suffisamment éloquente : lui qui s'était attendu à être tué ou, pis encore, tondu et enfermé dans un couvent, il se voyait offrir la terre sacrée des Francs Saliens, le premier royaume de Clovis, avec pour capitale la ville où ils avaient tous les quatre longtemps vécu. Sans attendre des remerciements qui ne viendraient peut-être jamais, Sigebert poursuivit, désignant tour à tour leurs aînés.

— Caribert a reçu l'ancien royaume de notre oncle Childebert, celui de Paris, depuis la Somme jusqu'aux Pyrénées, avec la Loire, la Garonne et la Seine. Gontran sera roi d'Orléans et des terres burgondes, jusqu'à la Provence et la mer du Sud. Quant à moi, j'hérite du royaume d'Austrasie, avec Reims comme capitale, l'Est jusqu'au Rhin, ainsi que l'Auvergne et une part de la Provence…

Chilpéric s'efforça de rester impassible, tandis qu'il tentait de visualiser les régions évoquées par son frère[1]. Même sans l'aide d'une carte, il était évident que le hasard, si vraiment ses frères avaient tiré les lots au sort, avait bien fait les choses. L'aîné, Caribert, recevait le territoire le plus grand et le plus paisible, le long de la mer de l'Ouest. Celui de Gontran était compact, riche et protégé presque de toutes parts par des montagnes difficilement franchissables. Quant à Sigebert, il héritait des terres les plus dangereuses, proches des Saxons et des Thuringiens. Un domaine de guerrier, de conquérant, qu'il pourrait agrandir indéfiniment vers l'est tandis que ses frères protégeraient ses arrières… Chacun s'était taillé un royaume à sa mesure. Et lui, Chilpéric, se trouvait enfermé dans un triangle étroit, prestigieux sans doute, mais trois fois moins étendu que les leurs. En outre, ses frontières étaient bordées par les terres des trois autres et Soissons se trouvait à moins d'un jour de chevauchée de leurs capitales – au moins Paris et Reims.

1. Voir carte p. 10

On ne pouvait être plus clair : ils se méfiaient de lui, ce qui était normal, et ils lui avaient tout juste accordé l'aumône d'un domaine sans aucune possibilité d'expansion, à moins d'aller au-delà des mers… Ou de leur livrer bataille. Voyant que les autres attendaient à présent une réaction de sa part, il fit un nouvel effort pour ne rien laisser paraître de son humiliation, et s'inclina respectueusement vers chacun d'eux.

— Je remercie Dieu de m'accorder la terre de notre père Clotaire et de notre grand-père Clovis, dit-il d'une voix étranglée. J'espère être digne de leur mémoire, et je jure…

— Pas ici, intervint Sigebert.

Tous trois le toisèrent avec la même expression d'incompréhension agacée.

— Il est tard et nous sommes fatigués… Demain, si vous le voulez, nous prêterons serment en présence de l'évêque Germain, dans un lieu un peu plus…

Sigebert jeta un coup d'œil autour de lui et sourit, pour la première fois de la journée.

— … Un peu plus solennel.

Même Chilpéric dut bien admettre que la salle de garde humide et parcourue par les vents, avec cette tête tranchée à leurs pieds et toute une piétaille en armes battant la semelle de l'autre côté de la porte, n'était sans doute pas à la hauteur de l'événement.

— J'ai ce qu'il faut ! s'exclama Caribert.

— Faites silence, messires, glousса Gontran. Le roi de Paris va parler !

— Justement, oui, il se trouve que je connais cette ville un peu mieux que vous, marauds que vous êtes… Il y a, sur la rive gauche, une basilique qui vient d'être achevée et qu'on appelle Saint-Vincent-Sainte-Croix, parce qu'elle abrite l'étole de saint Vincent de Saragosse et un fragment de la Vraie Croix. Et, accessoirement, la dépouille de notre oncle Childebert. J'en connais le prieur, l'abbé Autère. Il nous organisera ça très bien.

Les autres approuvèrent en silence, et aussitôt Caribert eut un geste négligent de la main, comme pour les congédier.

— Allez vous reposer, je vous ferai savoir l'heure et l'endroit. Après tout, vous êtes désormais mes hôtes, ici.

Comme ses frères, Chilpéric salua leur aîné d'une inclinaison de la tête. Son cœur lourd s'allégea un instant à l'idée que ce fat, ce débauché, ce bigame, aurait maintenant affaire à l'évêque Germain. Cette pensée avait même fait naître sur ses lèvres une ébauche de sourire lorsque Caribert le retint par le bras, au moment où il tournait les talons et alors que les autres étaient déjà sortis.

— Tu t'en tires bien, fils de chienne. Si cela n'avait dépendu que de moi, tu serais au fond de la Seine en cet instant. Tu devrais remercier Dieu que tes frères croient en Lui.

— C'est amusant que tu dises ça. Justement, je pensais à Dieu et à ses moines. Tu vas aimer cette ville.

Caribert se rapprocha encore de lui.

— Ne pousse pas trop ta chance, petit frère. Et tâche de ne pas oublier que ces partages n'ont qu'un temps. Nos oncles et notre père se sont répartis le royaume de Clovis comme nous venons de le faire. À la fin, il ne restait que Clotaire. Un seul roi pour un seul royaume. Étrangement, les trois autres sont tous morts.

— C'est vrai, murmura Chilpéric. Mais n'oublie pas, toi non plus…

Il souriait en soutenant le regard de Caribert, et ses paroles n'en parurent que plus menaçantes.

— … C'est *moi* qui ai hérité du royaume de Clotaire.

Jours noirs, jours tristes... Chilpéric était roi, et Audowère était sa reine. J'étais redevenue sa suivante, elle attendait encore un enfant. En revenant à Soissons, je ne pouvais imaginer reprendre le cours de ma vie auprès d'elle, partager peut-être la couche du roi quand le désir lui en prendrait et vieillir dans la rancœur d'élever leurs enfants.

Sans doute aurait-on fini par me marier à quelque centenier de village, d'un rang assez modeste pour se satisfaire d'une presque servante. Je ne croyais plus en rien, ni en Dieu, ni en la magie de mon talisman, ni même en ma beauté.

J'avais oublié Oiba.

8

Le baptême

La route de Soissons, aux derniers jours de décembre, était couverte d'une neige épaisse, dans laquelle les bœufs attelés peinaient à avancer. Les membres de la maison royale répartis dans le convoi auraient peut-être été aussi vite à pied. Si elle n'avait eu la charge des trois enfants du roi, c'est en tout cas ce que Frédégonde aurait fait, sans hésitation. Quitter d'un bond ce tombereau brinquebalant, les piaillements aigus des petits, la chaleur sèche et la fumée irritante du brasero. Tenant dans ses bras Clovis, le dernier-né de Chilpéric, elle souleva le rideau de cuir qui recouvrait l'unique fenêtre de la litière – une meurtrière en réalité, par laquelle elle ne pouvait apercevoir qu'un fragment étroit du paysage – dans l'espoir d'y découvrir un hameau, un cours d'eau, un bûcheron coupant du bois, tout ce qui aurait pu rompre un tant soit peu la monotonie de leur voyage. Elle ne vit rien, désespérément rien, comme si nul être vivant n'existait de Paris à Soissons, comme si le monde, entre ses deux villes, se résumait à cette immense forêt enneigée et plantée de hêtres aussi droits que des piliers.

Heureusement, le voyage tirait à sa fin. Encore deux, peut-être trois heures de route et ils seraient arrivés à Soissons. Il ferait sans doute déjà nuit. Au plus tôt, elle ne verrait Chilpéric qu'au souper, le temps pour elle de confier les enfants aux chambrières et de s'habiller dignement. À moins qu'il ne puisse attendre et qu'il galope au-devant du convoi… Pourquoi pas, après tout ? Ne pourrait-il prétendre vouloir voir ses fils ?

Durant un moment, cette pensée allégea le cœur de Frédégonde, mais les grincements de la voiture et le mugissement sourd du vent dissipèrent graduellement cette illusion. Chilpéric ne viendrait pas. Et si elle le voyait ce soir, enfin, après plus de dix jours loin de lui, sans doute se comporterait-il comme lors de leur dernière entrevue à Paris. Soutenant le bras d'Audowère comme si le gros ventre de la reine l'empêchait de faire le moindre pas sans risquer de rouler à terre, il avait tressailli en la voyant – de cela, au moins, elle était certaine –, mais son regard s'était aussitôt détourné d'elle. Et puisqu'il avait voulu que la reine, malgré son état, fasse avec lui son entrée dans sa nouvelle capitale, tout le temps que cette dernière avait fait ses adieux à ses enfants il s'était tenu à l'écart, la nuque raide, le corps tourné ailleurs. Frédégonde en avait eu le cœur broyé et les larmes aux yeux. Ce que cette sotte d'Audowère avait pris pour une marque d'amitié à son égard.

— Ne pleure pas, mon amie. C'est déjà assez triste pour moi de quitter mes enfants. Ma seule consolation est de les laisser avec toi, toi qui les aimes tant.

« Je ne les aime que parce qu'ils sont de son sang », avait-elle brûlé de lui répondre, pour qu'au moins Chilpéric réagisse. Elle s'était tue et ils étaient partis, abandonnant leur maisonnée aux bons soins des moines de la cathédrale Sainte-Marie, hors de portée de son frère Caribert.

Dix jours s'étaient écoulés, dans le froid et l'ennui du monastère. Dix jours à attendre un message du roi, ou au moins l'ordre de se mettre en route. Dix jours sans entendre personne, hormis le babillage des petits. Dix jours à les imaginer en train de prendre tous deux possession du royaume de Soissons, s'installer dans le palais et les villas de Clotaire, recevoir l'hommage des barons, de la troupe. Audowère ne devait pas même en être heureuse. Depuis qu'elle était entrée à son service, jamais Frédégonde ne l'avait vue capable de tenir son rang. Elle n'était pourtant alors qu'une princesse sans terre ni pouvoir, et voilà qu'elle revenait à Soissons en reine. Comment pourrait-elle s'imposer en maîtresse dans le palais où elle s'était terrée des semaines durant, de crainte de devoir affronter sa belle-mère, la reine Arnegonde, ou l'une de ses belles-sœurs ? Comment tiendrait-elle tête au maire du palais, Ausanius, et à son collège de moines ? Frédégonde l'imaginait prostrée, ne quittant guère sa chambre et prenant une fois encore prétexte de l'enfant qu'elle portait pour éviter de paraître au côté du roi. Combien de temps encore pourrait-il supporter une telle épouse ? Pourquoi la gardait-il auprès de lui ? Ce ne pouvait être à cause de sa beauté ou de son intelligence, aussi médiocres l'une que l'autre. Ce ne pouvait être pour son courage, elle en était totalement dépourvue. Son seul atout, de toute évidence, voyageait en ce moment même avec elle, dans ce chariot étouffant. Ses trois enfants, mis au monde en quatre ans. Trois fils, alors qu'aucun des frères de Chilpéric, pas même Caribert à quarante ans passés, n'avait d'héritier. Voilà tout l'attrait d'Audowère...

Frédégonde laissa retomber le rideau de cuir et, le temps que ses yeux se réhabituent à la pénombre rougeoyante de la litière, toisa ses jeunes compagnons de route.

Théoudebert et Mérovée jouaient aux dés, ou plutôt le petit regardait faire son aîné. Les deux enfants étaient aussi différents que possible. À cinq ans, Théoudebert avait déjà des manières de petit homme, ne quittant jamais l'épée de bois que lui avait donnée son père, et passant le plus clair de son temps à livrer de terribles assauts contre d'invisibles adversaires. Avec ses frères, il se comportait en tyran, et il ne tarderait sans doute pas à traiter Frédégonde de même. Pourtant, elle le préférait aux deux autres, probablement parce qu'il ressemblait à Chilpéric. À côté de lui, Mérovée semblait encore un bébé. Son teint pâle et ses cheveux clairs, son visage rond, ses sourires niais dès qu'elle le regardait, tout en lui évoquait Audowère. C'est pour cette raison qu'elle l'avait aimé tendrement quand elle était entrée au service de la reine, pour cette raison aussi qu'elle ne pouvait plus souffrir sa vue aujourd'hui. Mais au moins l'avait-elle aimé et conservait-elle, malgré son aversion récente, quelque sentiment à son égard. Le dernier-né, Clovis, n'avait, lui, jamais mérité son affection. Un poids mort, braillant la nuit, dormant peu, souillant ses langes, vomissant le lait de la nourrice, souvent malade, babillant à peine et ne souriant jamais. Il était de ces enfants à la santé fragile auxquels on ne s'attachait guère dans son village, sachant qu'ils ne vivraient pas vieux. Chaque hiver, il en mourait un ou deux, qu'on oubliait aussitôt. Tout fils de prince qu'il soit, celui-là ne valait pas mieux, et ce ne serait pas son nom glorieux qui y changerait grand-chose.

Lové dans les bras de Frédégonde, l'enfant suçait son pouce avec un tel abandon que les larmes vinrent aux yeux de la jeune fille dès qu'elle se pencha sur lui. Une boule noua aussitôt sa gorge. Elle le serra contre elle, bouleversée par la rudesse de ses propres pensées et, dans l'instant suivant, plus émue encore lorsqu'elle réalisa que cette rudesse ne venait que de son propre désespoir. Elle avait voulu se faire aimer du prince et elle l'avait séduite comme une… comme une prostituée, une dansatrice, une louve digne du lupanar dont l'abbé Prétextat l'avait sortie quatre ans plus tôt. À présent qu'il était roi, Chilpéric revenait à sa femme, c'était aussi simple que cela. Peut-être même l'aimait-il, après tout. Qui était-elle pour juger une noble dame ? Elle n'était rien. *Geneta.* Une fille sans nom éblouie par les cours franques comme une phalène voletant autour d'une chandelle. Elle l'avait pourtant ébloui, lui aussi, mais un prince ne pouvait aimer une catin. Il pouvait en jouir, puisque c'était de cela qu'il s'agissait, en faire sa favorite et même l'épouser, si l'envie lui en prenait. Ingoberge, la femme de Caribert, était-elle autre chose qu'une courtisane ? À Soissons, il était de notoriété publique qu'elle alimentait le lit de son époux de jeunes femmes choisies parmi ses servantes. Et on disait pareillement des deux concubines de Gontran, la Gauloise Vénérande et la Franque Mercatrude, qu'elles n'étaient que des filles de joie, tout comme l'impératrice de Byzance, Théodora.

Frédégonde prit une profonde inspiration pour tenter de desserrer le nœud qui lui serrait la gorge. Ni courtisane ni concubine... Au moins ne serait-elle pas traitée comme telle, puisqu'elle avait quitté le cœur du roi.

De nouveau, elle releva le rideau de cuir, cette fois pour masquer aux enfants les sanglots qui l'étouffaient. Mais au même instant Théoudebert et Mérovée se mirent subitement à crier puis à se battre, créant aussitôt dans leur étroite litière une agitation extrême qui éveilla leur petit frère. Arraché à un sommeil profond, l'enfant eut un violent mouvement du corps qui surprit Frédégonde. Elle qui ne faisait que soutenir Clovis tandis qu'il dormait ne put le retenir, et il chuta à terre, heureusement parmi les coussins. Avant qu'elle n'ait pu faire le moindre geste, Mérovée, poussé en arrière dans leur jeu brutal, bascula sur son petit frère. Il resta là à le regarder d'un air parfaitement stupide, sans voir qu'il l'écrasait. Frédégonde resta pétrifiée durant un instant, puis réagit brusquement. Saisissant Mérovée par les bras, elle le projeta violemment à l'autre bout du chariot avec une force et une hargne extraordinaires, puis extirpa Clovis qui se mit aussitôt à pousser des braillements stridents. D'autres cris lui répondirent, plus aigus et plus déchirants encore. Mérovée était tombé contre le brasero et l'avait renversé sur lui dans sa chute. Des braises rougeoyantes s'étaient glissées dans les échancrures de ses vêtements.

Plus tard, en repensant à la scène, Frédégonde tenta plus d'une fois de mesurer le temps qu'il lui avait fallu pour se porter à son secours. Ce fut long. Cinq, peut-être dix secondes durant lesquelles le petit garçon s'était tordu comme un ver pour échapper aux tisons qui le dévoraient vif. Cinq, peut-être dix secondes durant lesquelles l'odeur de sa chair grillée avait empli la voiture. Cinq, peut-être dix secondes durant lesquelles elle l'avait regardé sans bouger, car une pensée effroyable s'était imposée à elle et l'avait empêchée d'agir. Enfin, dans un sursaut, elle avait confié Clovis à son frère aîné et plongé vers le malheureux. Le brasero lui avait brûlé cruellement les mains et les avant-bras lorsqu'elle s'en était saisie pour dégager Mérovée. D'un seul geste, elle l'avait relevé et avait arraché le bliaud dont l'enfant était couvert. Les braises enfin enlevées avaient roulé parmi les coussins, qui avaient commencé aussitôt à se consumer en dégageant des fumerolles noires. D'un coup de pied, elle avait ouvert à la volée la porte de leur litière et projeté au-dehors Théoudebert, puis Mérovée pleurant et se tordant encore de douleur, avant de ramasser le petit et de sauter à son tour, alors que les premières flammes s'élevaient parmi les étoffes.

Elle était tombée à genoux dans la neige et s'était meurtri rudement le flanc et la tête pour protéger Clovis. Le souffle coupé, des points lumineux dansant devant les yeux, elle était restée à terre un moment, sans oser regarder ses bras, malgré la souffrance. Puis il y avait eu toute une agitation autour d'elle. Des mains pour la secourir, d'autres pour se charger de Clovis, des cris et des appels de toutes parts, la vision furtive de Mérovée que deux hommes portaient vers un chariot et qui semblait inanimé, celle de Théoudebert qui parlait aux gardes. Elle s'était évanouie en retrouvant la pensée qui l'avait pétrifiée dans la litière : « S'il meurt, il n'y en aura plus que deux. »

***

Frédégonde s'éveilla dans une chambre qu'elle ne connaissait pas, lumineuse, vaste, aux murs passés à la chaux et au sol jonché de plantes odoriférantes. Il y avait même une cheminée minuscule où couvait un feu de braises. La seule vue de ces tisons lui rappela les événements tragiques qu'elle venait de vivre et elle se redressa brusquement dans son lit, saisissant de surprise une femme à demi assoupie à son chevet. Comme une pauvrette dénuée de parole, et aussi prestement que si elle avait vu le diable, celle-ci se leva d'un bond, se précipita vers la porte et sortit en laissant ouvert derrière elle. Au claquement de ses galoches de bois déclinant rapidement, Frédégonde comprit qu'elle se trouvait dans une tour ou à un étage élevé.

Ce n'était donc pas un logement de serviteur. La pièce était petite et le lit étroit. Peut-être la cellule de quelque religieux de rang, s'il n'y avait eu cette jonchée à terre et cette large fourrure d'ours qui recouvrait ses draps.

En faisant un mouvement pour se redresser plus confortablement, elle prit appui sur ses mains brûlées et poussa aussitôt un gémissement de douleur. On les avait pansées d'un linge blanc jusqu'aux avant-bras et baignées d'une décoction d'écorces de chêne et de hêtre bouillies, mais le moindre geste, le moindre contact étaient une torture. Contre ses tempes et son front, eux aussi bandés, le sang cognait si fort qu'elle fut saisie d'un vertige et resta un long moment les yeux fermés, sans oser bouger ni même respirer, tant que le battement ne se fut pas atténué. Elle songea à Mérovée, bien plus atteint qu'elle, et qui devait souffrir mille tourments. Peut-être même n'avait-il pas survécu, et tout ça par sa faute, non pas de l'avoir poussé, mais surtout d'avoir tardé à le secourir. Étrangement, on ne paraissait pas lui en tenir rigueur puisqu'on l'avait soignée et transportée jusqu'ici, puisqu'on l'avait revêtue d'une chaude chemise de laine, puisqu'une servante veillait à son chevet. Elle se souvint des derniers instants avant qu'elle ne perde connaissance. Théoudebert avait parlé aux gardes. Avec un certain détachement, comme si la question ne la concernait que médiocrement, Frédégonde se demanda ce qu'il avait vu du drame et comment il pouvait l'expliquer. Du récit de cet enfant de cinq ans dépendait pourtant sa vie, sans doute au sens propre du terme.

Des pas, de nouveau, s'approchèrent de sa porte restée grande ouverte, interrompant le vagabondage de sa pensée. Quelques instants plus tard, un religieux en coule sombre, la tête couverte de son capuchon, entra en écartant les bras.

— Loué soit le Seigneur, tu es réveillée, et en bonne santé à ce qu'il semble !

L'homme rabattit sa capuche et elle reconnut le chapelain qui, quelques semaines plus tôt, lui enseignait encore le catéchisme.

— Nous avons eu peur que tu sois plus gravement atteinte, poursuivit le moine en s'asseyant auprès d'elle sur le tabouret laissé vide par la servante. Une pierre t'a entaillé le crâne, ça saignait beaucoup… Nous avons tous prié pour que tu reviennes.

Frédégonde resta silencieuse et se contenta de lui sourire prudemment, attendant qu'il en dise plus.

— La reine a été avertie, reprit-il. Elle tenait à être informée dès que tu aurais repris tes esprits. Je pense que, malgré son état, elle viendra te rendre visite…

— Son état ?

— Oui, le drame et… eh bien, disons, la vue des plaies de ce malheureux Mérovée lui ont causé un choc. Elle a dû s'aliter et n'a pas quitté sa couche depuis hier.

— Je suis ici depuis hier ?

— À vrai dire, ce matin seulement. Tu as passé la nuit au monastère, à Crouy. Il a fallu que les mires s'occupent de tes blessures et de celles de Mérovée.

— Comment va-t-il ?

— Il souffre beaucoup. Le roi a demandé qu'on le garde là-bas, le temps qu'il aille mieux. Vois-tu, ses pleurs et ses gémissements ne sont pas vraiment dignes d'un… Enfin, ses jours ne sont pas en danger. Il gardera quelques vilaines cicatrices sur le cou et le torse, mais il guérira. Le roi et la reine te sont en tout cas extrêmement reconnaissants de ton courage. Et dame Audowère m'a confirmé qu'elle voulait être ta marraine, pour ton baptême… Tu te souviens que tu devais être baptisée en même temps que Clovis, n'est-ce pas ?

— Oui. Je vous remercie, mon père.

Elle lui prit la main et la garda serrée, malgré le mouvement de recul instinctif du religieux. Durant un long moment, ils restèrent ainsi sans rien dire, elle trop bouleversée pour parler, à la fois honteuse et triomphante, la gorge serrée à en étouffer et les yeux noyés de larmes, lui pétrifié à l'idée que quelqu'un les voie ainsi, dans une intimité dépassant l'acceptable entre un homme de Dieu et une femme alitée, tout juste vêtue d'une chemise. Un bruit de pas, au-dehors, lui donna l'occasion d'ôter sa main et de s'écarter de la couche, ce qu'il fit avec un peu trop d'empressement et sans rien trouver à dire.

À en juger par les froissements d'étoffe, les cliquetis d'armes, les chuchotements et les rires, c'était toute une délégation qui venait à eux. Le premier à entrer était un véritable géant, vêtu avec une certaine richesse, mais portant au côté un scramasaxe qui n'avait rien d'une arme de parade. Tandis que Frédégonde le dévisageait sans parvenir à mettre un nom sur cette face rubiconde et joviale, l'homme lui fit un clin d'œil et prit aussitôt un air sérieux. Dans le même instant, elle reconnut enfin Desiderius, qui s'était coupé les cheveux à la romaine, avait taillé sa moustache et semblait véritablement vêtu comme un prince. Puis elle vit entrer à sa suite la dernière personne qu'elle s'attendait à voir, et celle pourtant qu'elle espérait le plus : Chilpéric, entouré de toute une cour d'hommes et de femmes qu'elle n'avait encore jamais vus. Il portait autour du front l'épais bandeau d'or qui avait été la couronne de son père Clotaire, aussi beau et aussi noble en cet instant que lorsqu'elle rêvait de leur destin royal. Autour de lui, ces inconnus, tous si richement parés, répandaient dans sa petite chambre des effluves capiteux et la regardaient aimablement, non comme une bête curieuse, mais comme une amie dont ils seraient venus prendre des nouvelles. Tout cela paraissait si absurde, si irréel, que la jeune femme passa des larmes au rire, ou au moins à une envie de rire qu'elle ne réprima qu'à grand-peine.

— Damoiselle Frédégonde…

Chilpéric s'interrompit, le temps que le bourdonnement des conversations s'apaise. Ces quelques secondes ne furent pas suffisantes à la jeune femme pour réaliser pleinement ce que l'emploi du terme « damoiselle » signifiait. Ce n'était pas ainsi que l'on nommait une fille de condition servile, mais uniquement les jeunes femmes libres et de haut lignage. Et tandis qu'elle en prenait conscience, le roi de Soissons avait repris sa péroraison.

— Damoiselle Frédégonde, je tiens à rendre publiquement hommage à votre courage. Que tous ici attestent que je suis votre obligé et… votre ami très cher.

Il osait, cette fois, la dévisager. Et, plus encore, il la caressait des yeux.

— Désormais, vous n'êtes plus au service de la reine… dit-il, laissant sa phrase en suspens pour ménager son effet.

Le résultat ne fut certainement pas à la hauteur de ses espérances puisque Frédégonde, l'esprit brumeux, en était encore à savourer le « damoiselle » qu'il avait utilisé, ainsi que le regard qu'il avait posé sur elle. Le reste de son discours ne lui était parvenu que par bribes, sans qu'elle en perçoive de quoi s'émouvoir. Voyant l'air absent avec lequel elle souriait, et craignant peut-être qu'elle perde de nouveau connaissance, le roi reprit la parole à un débit plus soutenu.

— Vous n'êtes plus au service de la reine, car cet emploi ne convient qu'à une servante, et non à une femme de qualité… S'il vous plaît, vous serez sa dame de compagnie, et elle sera votre marraine.

Il jeta un coup d'œil vers le chapelain, qui inclina pieusement la tête à l'évocation de ce prochain baptême. C'est tout juste s'il n'avait pas ponctué les paroles de Chilpéric d'un signe de croix.

— Retirez-vous maintenant, lança-t-il à l'intention de sa cour. La reine m'a chargé d'un message que seule notre bien-aimée Frédégonde peut entendre. Vous aussi, mon père, si vous le voulez bien.

Dans les secondes qui suivirent, le temps que sa petite chambre se vide, la jeune femme se laissa retomber dans son lit et ferma les yeux pour ce qui ne lui sembla qu'un instant. Quand elle les rouvrit, pourtant, Chilpéric était à son chevet, le visage inquiet.

— Pardonnez-moi, articula-t-elle péniblement. Je ne me…

— Ne dis rien. Il faut te reposer. Les mires m'ont dit que tu n'avais besoin que de cela. Du repos, du calme. Dans un jour, peut-être même dès ce soir, tu pourras te lever. Tu as faim ? Soif ?

Elle acquiesça d'un signe de tête.

— Je te renvoie ta servante avec ce qu'il faut. Oui, ajouta-t-il en la voyant sourire, « ta servante ». J'ai oublié comment elle s'appelle... Peu importe. Donne-lui le nom que tu veux.

Frédégonde se força à sourire. Ce devait être une Gauloise pour qu'il en parle ainsi.

— Merci.

— Non, merci à toi. Théoudebert nous a dit que tu avais sauvé Clovis et Mérovée, malgré ce qu'il avait fait...

Frédégonde tenta d'éclaircir ses idées, dans le brouillard confus qui l'enserrait. Ce que Mérovée avait fait... Quoi que son aîné ait pu dire, quoi qu'il ait pu comprendre du drame qui s'était déroulé dans la voiture attelée, Mérovée n'était coupable de rien, et elle-même ne méritait certes pas tant d'éloges. Pas de lui, pas de Chilpéric.

— Non, ce n'est pas...

— Ne dis rien, l'interrompit-il de nouveau. Tu as sauvé les enfants, c'est l'essentiel. Je n'aurais pas supporté de les perdre. Et de te perdre avec eux.

Frédégonde ferma ses yeux embués de larmes et se concentra un moment afin de dissiper un tant soit peu l'écœurement qui s'était saisi d'elle.

— Je croyais, murmura-t-elle, que tu ne voulais plus de moi.

Chilpéric sourit et lui prit la main.

— C'est vrai, j'ai essayé de t'oublier, mais je n'ai pas pu. Je devrais être heureux de ce que j'ai, pourtant... Ne suis-je pas roi ? N'ai-je pas des fils pour me succéder ? Ne suis-je pas riche ?

Un instant, il s'interrompit, mais avant que son amante ait pu réagir, il répondit lui-même à ses questions.

— Mon royaume n'est qu'une obole, une aumône jetée à un gueux. Je sais que les deux autres m'auraient volontiers tranché la tête et que je ne dois cette charité qu'à Sigebert. Mais il y a des jours où je me dis que j'aurais préféré mourir plutôt que d'endurer ce déshonneur. Je vois bien comment Ausanius et les autres me regardent ! Leur vrai maître est à Reims, je le sais bien. C'est Sigebert le véritable roi de Soissons ! Et moi, je n'ai rien !

— Non, murmura Frédégonde. Tu as tes hommes et ils te suivront partout. Et tu m'as, moi.

— C'est vrai. Et ces longues heures à ne pas savoir si tu survivrais ont été terribles. Je veux que tu restes à mon côté, désormais. Tout le temps…

Il y eut un long silence, un long regard. Elle crut qu'il allait se pencher sur elle et lui baiser la bouche, mais il ne le fit pas. Frédégonde retira sa main bandée, qu'il pressait trop fort.

— Alors plutôt qu'Audowère, dit-elle avec un sourire forcé, c'est toi qui devrais être mon parrain, pour le baptême.

— Oh non, sûrement pas.

— Pourquoi ?

— Parce que nous ne pourrions plus faire l'amour.

Comme Frédégonde levait sur lui un regard surpris, il rapprocha son tabouret du lit et se pencha vers elle.

— Le chapelain et cette vieille chattemite d'Ausanius ont entrepris de parfaire mon éducation religieuse, dit-il du même ton amusé. D'après eux, je ne serais pas assez chrétien pour faire un bon roi… Quoi qu'il en soit, ils me rebattent les oreilles depuis des jours sur le baptême de Clovis, le sens du cérémonial, le rôle des parrains et marraines. Eh bien, si j'étais ton parrain, je deviendrais comme ton père aux yeux de l'Église. Ce qui fait que nous ne pourrions plus coucher ensemble sans commettre un inceste.

— Pourquoi ? chuchota-t-elle d'un air espiègle. Tu as l'intention de coucher avec moi ?

— Pas dans ton état, en tout cas…

Une douleur fulgurante réveilla brutalement Frédégonde. Une fois encore, la première chose qu'elle vit fut le regard effaré de la servante à son chevet. *Sa* servante… Réprimant les gémissements qui lui venaient aux lèvres, elle se contenta de ramener son bras bandé contre elle et de le serrer jusqu'à ce que s'estompent les coups de dague qui semblaient le traverser. Et quand enfin elle put relever la tête et respirer librement, elle observa celle qu'on avait mise à son service. L'expression de sa face ronde, sans âge et sans grâce, la frappa aussitôt. Personne, jusqu'à présent, ne l'avait regardée avec autant de… autant de peur. Une peur véritable, insensée, qui l'aurait presque fait rire si elle n'avait pas autant souffert. La fille était probablement stupide, mais cette terreur qui la paralysait dépassait l'entendement.

— Ça va, souffla Frédégonde. Je m'étais endormie. J'ai dû faire un faux mouvement.

L'autre hocha la tête et, voyant que sa maîtresse lui souriait, se détendit un peu. Frédégonde reposa lentement son bras sur les draps en s'aidant de l'autre main, bandée elle aussi. Il faisait déjà sombre, on devait approcher des premières heures de la nuit et la pauvrette, la voyant endormie, n'avait osé la réveiller pour lui donner à manger et à boire. Elle n'avait pas non plus songé à allumer une chandelle et restait là, dans une demi-obscurité, à la veiller sans agir.

— Comment t'appelles-tu ?

— Poupa, dame Frédégonde.

— Ravive le feu et fais de la lumière, veux-tu ?

La servante s'affaira aussitôt, heureuse comme un chien d'obéir à un ordre. Sitôt qu'elle y vit assez, Frédégonde considéra son bras douloureux et fit la grimace. Les linges qui l'enveloppaient étaient souillés d'une sanguinolence purulente.

— Y faut changer les pansements, dit Poupa en tendant déjà les mains vers elle.

— Non !

De nouveau, il y eut dans son regard cet effroi affolé qui semblait la submerger à la moindre contrariété. En la mettant à son service, sans doute Chilpéric avait-il promis à la malheureuse les pires supplices s'il arrivait quoi que ce soit à sa maîtresse…

— Non, reprit Frédégonde avec autant de calme que possible. Ma… Ma brûlure a dû s'infecter. Il faut que tu ailles chercher un mire ou quelqu'un qui s'y entende, tu comprends ?

Poupa hocha vigoureusement la tête.

— Je connais quelqu'un, dit-elle. Elle est aux cuisines. Elle m'a guérie quand je me suis brûlée sur un chaudron.

— Va vite…

Comme la première fois, elle s'élança avec tant d'empressement qu'elle oublia de refermer la porte derrière elle. Frédégonde se laissa retomber sur sa couche et ramena ses draps sur elle avec un long gémissement de douleur, trop longtemps réprimé. Quelques minutes plus tard, des froissements d'étoffes et des chuchotements, dans le couloir, précédèrent l'intrusion d'une haute silhouette dans l'encadrement de sa porte.

— C'est toi, Poupa ? murmura Frédégonde, sachant pourtant que c'était impossible.

Sans répondre, la silhouette passa dans la lumière. Frédégonde écarquilla les yeux de stupeur.

— Dame Audowère !

— Damoiselle Frédégonde…

Audowère était d'une pâleur extrême. Ses cheveux étaient couverts par un bonnet de simple toile blanche noué sous son menton, et elle serrait d'une main contre elle le pan d'une cape qui la recouvrait entièrement. Elle s'avança jusqu'au pied du lit. Pas plus loin.

— Reste couchée, dit-elle alors que Frédégonde faisait mine de se redresser. Il semble que c'est ce que tu fais de mieux.

La jeune femme sentit sa gorge se serrer, et son trouble manifeste n'échappa guère à la reine.

— On m'affirme que je dois te remercier pour avoir sauvé mes fils, dit-elle d'un ton ironique. Quoique Mérovée raconte une autre histoire… Qu'importe, puisqu'ils sont vivants tous les trois et qu'on ne saura jamais ce qui s'est réellement passé. N'est-ce pas ?

Frédégonde ne répondit pas, ce qui ne fit qu'accentuer la morgue d'Audowère.

— Ne crains rien. Je souhaite que tu guérisses et que tu retrouves ta place au plus vite auprès de moi… et du roi. À tout prendre, je te préfère à celle qu'il baise en ce moment.

Le coup porta, nouant un peu plus la gorge de Frédégonde dont les mains meurtries se crispaient sur ses draps pour ne pas s'effondrer devant elle. La reine hésita un instant, et une ombre de dépit voila son sourire méprisant.

— Repose-toi bien, dit-elle enfin en faisant demi-tour.

Puis, sur le pas de la porte :

— Ah, j'oubliais. Il faut que tu saches que c'est moi qui ai suggéré à Chilpéric que tu ne t'occupes plus des enfants. Tu comprends pourquoi, bien sûr…

Elle sortit, et Frédégonde entendit les rires courtisans de ses suivantes tandis que leurs pas s'éloignaient dans le couloir. Lorsqu'ils se furent éteints, elle laissa enfin éclater ses sanglots. Et comme si la destinée voulait qu'elle n'ait de paix sur ce lit de souffrances, le bruit des galoches de Poupa résonna presque au même instant dans l'escalier. Elle n'eut que le temps de s'essuyer les yeux du revers de sa manche, et c'est dans le brouillard de ses larmes qu'elle vit entrer la guérisseuse cherchée aux cuisines. Un instant, elle crut qu'elle se trompait, et qu'Audowère était revenue se repaître de ses souffrances. La silhouette était la même sous la longue cape qui la recouvrait. La nouvelle venue marqua un temps d'hésitation, puis, lentement, referma la porte en repoussant la servante au-dehors. La nuit était tombée, à présent, et c'est depuis un recoin d'obscurité et avec une voix d'une infinie douceur que la guérisseuse s'adressa à Frédégonde.

— Je savais que c'était toi.

Cette voix… Frédégonde se sentit basculer, épuisée par trop d'émotions contradictoires, trop de souffrances et même trop de remords.

— Je vais veiller sur toi, ma fille, *Belisama gatalis*... Dors, Geneta, je suis là, tu n'as plus rien à craindre. *Uediiumi dibu e debu*[1].

Elle s'avança enfin. En voyant son visage apparaître dans le rougeoiement des braises et des chandelles, Frédégonde crut voir un fantôme revenant des enfers. Mais le fantôme souriait, et la voix était douce.

— *Uiro nasei es menio, olluncue medenti. Langom nathanom esti*... Tu te souviens ? Dors, ma petite. Ta vieille Oiba va s'occuper de toi maintenant.

***

Le baptistère de Saint-Médard était couvert de fleurs, comme de coutume, plus particulièrement aux endroits où les murs n'avaient pas été passés à la chaux, ainsi que dans les parties inachevées du toit qui laissaient voir le ciel. La basilique où le roi Clotaire avait été enterré était loin d'être terminée et ne le serait certes pas avant longtemps. Le trésor royal de Chilpéric avait jusqu'ici trouvé meilleur emploi à honorer les promesses faites à ses leudes et à renforcer son armée plutôt qu'à s'épuiser dans cette dépense fastueuse qu'un vieillard devenu bigot avait engagée au soir de sa vie. C'est donc dans un chantier, entre les amoncellements de briques et de bois de charpente, dans la boue de sentiers non dallés et sous une bruine glacée, que la noblesse du royaume de Soissons était venue assister au baptême de son fils. Et vu l'exiguïté des lieux, la plupart d'entre eux étaient réduits à attendre dehors, dans le froid et sous la pluie.

À l'intérieur, il faisait à peine meilleur. L'évêque Cautinus, qui avait accepté de présider la cérémonie, empestait l'eau-de-vie à des coudées et parvenait tout juste à se tenir debout. Lui et ses acolytes occupaient un pan de mur, devant la petite piscine octogonale servant à l'immersion. Il n'y avait pas de fonts

1. « Je prie les dieux et les déesses. »

baptismaux parce que d'autres aménagements étaient plus urgents dans la basilique, mais aussi parce qu'il était rare de consacrer de jeunes enfants. Les Francs, en matière de baptême, préféraient leur vieille coutume : huit jours après la naissance, le parrain donnait un bain au nouveau-né et choisissait son nom. Même les plus pieux avaient tendance à considérer que l'entrée dans la religion du Christ devait être un choix dûment réfléchi, que seul un jeune adulte[1] pouvait effectuer. Une demi-douzaine de catéchumènes, dont le plus jeune devait avoir dix ans et le plus vieux le triple, tous grelottant dans de simples chemises de laine et les pieds nus, attendaient d'ailleurs que l'évêque ait fini d'ondoyer le prince Clovis pour recevoir à leur tour le sacrement.

Chilpéric et la reine se tenaient en arrière, siégeant sur des trônes installés le long du pan de mur adjacent, entourés de leur truste et de gardes portant des flambeaux, tant le jour était gris et la lumière rare. Hormis leurs couronnes d'or qui se reflétaient à la lueur vacillante des torches, les souverains n'étaient guère plus remarquables par leur mise que le reste de l'assistance. À cause du froid, les broderies, bijoux et lanières d'or étaient pour l'heure dissimulés sous leurs longs manteaux à la mode franque, descendant par-devant et derrière jusqu'à mi-jambe et relevés sur une épaule par une fibule.

Tandis que Cautinus versait le saint chrême sur le crâne de Clovis en marmonnant d'inintelligibles incantations, une averse plus forte cingla le toit de tuiles et balaya les fleurs qui masquaient les trous de la charpente. La pluie commença aussitôt à clapoter sur l'eau de la piscine. L'ensemble avait quelque chose de profondément déprimant. Le froid, le sifflement du vent et le crépitement de l'averse sur les tuiles, les décorations florales dégoulinantes se décomposant les unes après les autres, les murmures hésitants de Cautinus et cette interminable cérémonie à laquelle nul ne comprenait quoi que ce soit. Ce fut le *major domus* Ausanius, parrain du jeune Clovis, qui y mit fin

1. La majorité était atteinte à douze ans chez les Francs.

soudainement, en remerciant l'évêque d'une voix énergique qui les fit tous sursauter, avant de lui tourner le dos pour rendre l'enfant à sa mère.

Il n'échappa à personne que deux diacres durent soutenir le prélat pour qu'il rejoigne son siège et laisse officier le prêtre désigné pour la suite de la cérémonie. Celle-ci fut expédiée à une allure proportionnelle au froid de la piscine dans laquelle devaient être immergés les baptisés ainsi qu'à l'impatience de l'assistance, pressée d'en finir et de regagner la chaleur de l'abbatiale de Crouy toute proche, où l'attendait de quoi célébrer dignement l'événement. Bien sûr, le spectacle de ces malheureux plongés dans l'eau glacée avait quelque chose de plaisant, mais la présence de l'évêque et, plus encore, d'Ausanius empêchait qu'on s'en amuse ouvertement. Le rituel touchait à sa fin, et déjà l'on se pressait à la porte du baptistère lorsque le roi se leva.

— Un instant encore, mes amis !

D'un geste, il releva son manteau, puis il prit son nouveau-né des bras de la reine et aida cette dernière à se relever. Audowère, rougissante et gauche comme à son habitude dès qu'elle paraissait en public, alla chercher parmi leur suite une jeune femme vêtue du manteau franc, et dont on découvrit qu'elle était pieds et bras nus lorsqu'elle s'avança à la lumière des flambeaux, qu'elle ne portait sous le sayon qu'une chemise blanche, qu'elle était d'une beauté saisissante et qu'enfin il s'agissait de Frédégonde, la nouvelle protégée du couple royal. Ceux qui s'apprêtaient à sortir s'arrêtèrent, ceux qui étaient dehors revinrent sur leurs pas. Tandis qu'Audowère s'en écartait ostensiblement, Frédégonde se débarrassa de son manteau dans les mains tendues de sa propre dame de compagnie. C'était une femme de petite taille, au visage rond et lumineux, pas franchement belle, mais dégageant dans chacun de ses gestes quelque chose d'inhabituel. Le regard qu'elle posait sur la jeune fille n'était pas celui d'une domestique, plutôt celui d'une mère. Brièvement, elle se pencha vers Frédégonde, murmura quelques mots à son oreille et recula tandis que cette dernière, aussi lumineuse qu'un cierge dans la blancheur de sa tunique, descendait les marches de la piscine jusqu'à ce que l'eau atteigne ses épaules. Contrairement à ceux qui l'avaient précédée, elle ne manifesta aucune réaction sous la morsure du froid. Tout juste une raideur dans le port de la tête et une fixité du regard. Silencieusement, comme une incantation, elle se répétait les mots d'Oiba : « *Uiro nasei es menio, olluncue medenti. Langom nathanom esti* : Lie un homme par son désir et tous te respecteront. Le prix en est insignifiant. *Langom nathanom est...* » Les mots de la vieille langue effaçaient la morsure du froid, tout comme Oiba avait réussi l'autre soir à effacer ses brûlures, sans qu'aucune trace n'en reste sur ses bras.

La Mère, elle aussi, avait appliqué cette consigne, ce qui lui avait permis de survivre là où la Grande avait succombé. Survivre au centenier Gehrard. Survivre à ses soudards. Survivre à la honte, au mépris. Et puis les lier par leur désir pour renaître. Et puis se venger. Quand Gehrard avait péri, tous avaient cru à une indigestion, et c'était bien comme ça. On l'avait alors vendue au palais de Soissons pour qu'elle serve aux cuisines. Séduire encore, survivre encore... Jusqu'à ce qu'elle aperçoive Geneta parmi les suivantes d'Audowère, peu de temps avant la mort du roi Clotaire. Ce n'avait été qu'une vision fugace, et avant qu'elle réalise ce qu'elle avait vu, les belles dames s'en étaient allées. Plus tard, elle avait su toute l'histoire par une femme travaillant avec elle aux cuisines, et dont le mari, un bouvier nommé Evrard, racontait volontiers qu'il avait trouvé un beau nom à cette petite à demi morte de froid. Puis le roi était mort, ses fils s'étaient dispersés, et de longues semaines s'étaient écoulées avant qu'elle puisse de nouveau apercevoir son ancienne protégée, par cette froide nuit d'hiver, quand Poupa l'avait fait venir au chevet de sa maîtresse. Toute la nuit, elle avait lutté contre la brûlure par la magie des mains et la médecine des plantes, non seulement pour apaiser les souffrances de Frédégonde et la guérir, mais aussi pour ôter le feu et faire disparaître toute trace sur ses bras afin que rien, jamais, ne l'enlaidisse.

Au matin, quand Frédégonde s'était éveillée, la douleur s'en était allée et Oiba, épuisée, reposait dans un recoin de sa petite chambre, près de la cheminée. La jeune femme l'avait laissée dormir en détaillant à loisir les traits de celle qui lui avait si longtemps servi de mère et qu'elle avait crue morte. Jamais Oiba ne lui avait semblé aussi belle. Ses cheveux avaient blanchi et son visage ne portait plus la moindre trace de fard. Au lieu de ses robes fendues et de ses bijoux de cuivre de courtisane sacrée, elle n'était vêtue que d'une grossière robe grise et d'une chape de laine écrue, comme la servante qu'elle était devenue. Mais il se dégageait d'elle une douceur lumineuse que Frédégonde ne lui avait encore jamais connue. Plus que cette chambre, que la servante mise à son service par Chilpéric, et plus que son titre nouveau de damoiselle, la simple présence d'Oiba l'emplissait d'un bonheur indicible, comme si une vie nouvelle devenait maintenant vraiment possible. Au-dehors, deux chiens s'étaient alors mis à aboyer furieusement, juste sous sa fenêtre, et avaient réveillé Oiba.

— Mère...

Les yeux de Frédégonde étaient embués de larmes, mais elle souriait en lui tendant les bras. Oiba s'était levée, lui avait pris les mains et les avait serrées contre elle. Elles étaient restées ainsi longuement enlacées, puis la Mère s'était détachée de Frédégonde et écartée du lit.

— Tu ne dois plus m'appeler ainsi, avait-elle murmuré.

Comme elle s'éloignait, Frédégonde s'était redressée vivement dans sa couche.

— Ne me laisse pas !

— Je dois me présenter à mon service. Le sénéchal ne plaisante pas avec ceux qui sont en retard...

— Je veux que tu restes avec moi ! Le roi...

Elle s'était interrompue, le temps de trouver ses mots, puis, comme avec fierté :

— Le roi est mon amant ! Je n'ai qu'un mot à dire et il te donnera à moi !

Le terme fit sourire Oiba, mais elle s'inclina respectueusement.

— J'en serais honorée, damoiselle Frédégonde.

Elle était sortie malgré tout et, sur le pas de la porte, s'était retournée après une hésitation.

— Il faut que tu saches... Ta sœur est morte la première année. Elle avait tenté de s'enfuir. Ils lui ont donné la chasse.

L'expression de Frédégonde s'était durcie. Elle avait ramené ses draps contre elle d'un geste hautain et détourné les yeux de la Mère.

— Tu dois confondre, avait-elle murmuré. Je n'ai jamais eu de sœur.

Oiba n'avait rien dit, mais cette dureté soudaine l'avait saisie.

Frédégonde avait le même visage aujourd'hui. En entrant lentement dans le bassin, elle semblait innocente, pure et en même temps inaccessible, captivant le regard de tous, hommes ou femmes. *Belisama galatis...* La grande courtisane...

Encadré par Audowère et par le chapelain de la maison royale qui lui servait de parrain, le prêtre s'avança jusqu'au bord de la piscine, s'agenouilla auprès de la jeune femme, posa une main sur sa tête et prononça les paroles rituelles.

— Renonces-tu à Satan, à ses pompes, à ses œuvres ?

— J'y renonce.

— Je te baptise au nom du Père, du Fils et du Saint-esprit.

Puis le prêtre lui enfonça brièvement la tête sous l'eau. Il y eut des rires, des vivats lorsque sa tête réapparut, une bonne humeur générale que seule la reine ne partageait pas. Déjà, elle était revenue auprès du roi pour lui reprendre son fils, ce qu'il refusa d'un simple froncement de sourcils. Au même instant, Frédégonde sortait de la piscine glacée, tout aussi lentement qu'elle y était entrée. Chacun put voir alors que sa chemise de lin collait à sa peau nue et n'en dissimulait rien, depuis les épaules jusqu'aux cuisses. Avec ses longs cheveux noirs luisant comme des algues, son corps moulé par l'étoffe mouillée, son regard indifférent et altier, son insensibilité apparente au froid et cette fine ceinture, sous la chemise, qui glissait contre ses hanches à chaque pas, on eût dit quelque naïade sortant d'une source. Frédégonde gravit ainsi les marches jusqu'au dernier degré, jeta un bref regard vers la femme qui portait son manteau et qui, aussitôt, s'avança vers elle. Avant que cette femme ne l'en enveloppe, elle se retourna avec une tranquille impudeur comme pour toiser de cette beauté irréelle l'officiant, sa marraine et, au-delà, Chilpéric.

Celui-ci dissimula son sourire en faisant mine d'embrasser Clovis.

Bien des choses changent quand on croit avoir tout perdu et que tout vous revient. Je n'étais plus l'amante éblouie qui aurait sacrifié sa vie pour son prince, ni la jeune fille résignée prête à le laisser s'empâter dans les bras de sa femme. Mon baptême m'avait éloignée de Dieu et de cette religion cauteleuse, toute de faux dévots et d'imposture. Ma seule religion était le succès de mes visées, et ma seule visée était de devenir reine. J'éprouvais envers Audowère une haine plus grande encore que mon amour pour ton père, et cet amour était désormais voilé de ressentiment, pour m'avoir humiliée et déçue. Je l'aimais encore – je l'ai aimé jusqu'au bout – mais je voulais qu'il souffre, qu'il implore, qu'il cède tout pour me reconquérir.

Au palais, on murmurait qu'Oiba était une sorcière et on nous craignait. Nous étions seules, mais animées d'une volonté rageuse, insolente, prêtes à tout pour que je retrouve ma place auprès du roi.

Je ne sais ce qui se serait passé s'il n'y avait eu la guerre. Au loin dans l'Est, les Huns avaient envahi les terres de Sigebert. Mais, tandis qu'il se portait à leur rencontre avec une armée formidable, Chilpéric crut que son heure était venue. Il avait tort.

9

« Brillant de victoire »

Printemps 562

À la nuit tombante, l'horizon était illuminé par les villages en flammes. Par-delà l'immense forêt de pins, noire et si dense que nul n'aurait songé s'y aventurer dans l'obscurité, le spectacle de ces incendies poignait le cœur et nouait les tripes. Les Huns étaient revenus…

Parti de Reims à leur rencontre avec mille hommes et cinq cents chevaux, Sigebert avait franchi le Rhin et rallié en terres germaniques des auxiliaires saxons et thuringiens. Leur troupe, immense, dont les cuirasses et les fers étincelaient dans les dernières lueurs du couchant, découvrait la réalité toute proche de la menace. Chacun tendait l'oreille, comme si les cris et les suppliques des villageois pouvaient parvenir jusqu'à eux. Et chacun, en contemplant ce crépuscule de feu, songeait aux histoires dont son père et ses grands-pères lui avaient rebattu les oreilles. Les Huns n'étaient pas des adversaires comme les autres…

Un siècle plus tôt, leur plus grand roi, Attila, avait pillé Metz et porté la guerre à travers la Francie jusqu'à Orléans. Bien plus que la guerre. Bien pire… La plupart des hommes qui campaient là s'étaient déjà battus et nombre d'entre eux avaient vu ou même commis d'écœurantes atrocités, dans l'élan du combat ou dans la fureur des représailles. Mais les horreurs innommables perpétrées par ces cavaliers hideux dépassaient l'entendement humain, et le souvenir de leurs cruautés insanes s'était transmis, de génération en génération.

Sigebert marchait à pied au milieu de la troupe, accompagné d'un seul homme, un gaillard à la tignasse rousse du nom de Sigulf, dont le manteau franc à deux pans masquait la hache qu'il tenait à la main, prêt à frapper. Autour de chaque feu de camp, les guerriers ne parlaient que de la sauvagerie des monstres auxquels ils allaient livrer bataille.

— Je vais vous dire ce que sont les Huns et d'où ils viennent, disait l'un. Le roi des Goths avait découvert des sorcières parmi son peuple. Il les fit chasser et les refoula dans une terre solitaire. Les esprits immondes qui vaguaient par le désert s'accouplèrent à elles et donnèrent le jour à cette race. Au début, ils se tinrent parmi les marais, rabougris, noirs, chétifs. C'est à peine si c'étaient des hommes et à peine si leur langue ressemblait à celle des hommes[1]...

— Ce sont les êtres les plus affreux qu'on puisse voir ! renchérissait un autre. Même les visages des petits enfants ont je ne sais quoi d'horrible. Leur tête étroite est déformée en une masse ronde, avec, sous le front, deux cavités profondes où disparaissent les yeux, de sorte que la lumière amenée vers les profondeurs de leur cerveau parvient difficilement jusqu'à leurs orbites[2]...

— Ce sont bien des hommes, intervint Sigebert en s'asseyant parmi eux. Ils se servent de la peur pour effrayer leurs ennemis avant le combat, c'est tout. Mais ils sont petits, faibles, tout juste bons à massacrer des vilains sans défense. Leurs coups ne pèsent rien pour un Franc vêtu d'un solide haubert, pas plus qu'une gifle de fille ! Alors ils usent d'arcs ou de dards pour ne pas avoir à nous combattre face à face. Ce sont des lâches, et quand nous les aurons coincés, vous verrez qu'on peut très bien les tuer...

---

1. D'après *De origine actibusque Getarum* d'Alain Jordanes, un clerc de l'époque. Rapporté par R.-X. Lanteri.

2. D'après Sidoine Apollinaire, *Panégyrique d'Anthème* (467-472).

— *Awa !* Écoutez comme il cause, celui-là ! grommela près de la flambée un vieux guerrier d'une trentaine d'années au moins, au nez cassé et aux yeux d'un bleu illuminant sa face burinée. On verra bien comment il se bat demain, le beau parleur !

— Ta gueule, toi ! cria Sigulf en le frappant dans le dos d'un coup de botte.

Le temps que l'autre se redresse, Sigulf avait brandi sa hache et paraissait prêt à l'abattre et à lui fendre le crâne.

— Tu sais à qui tu parles, chien ? À genoux devant ton roi !

Autour du feu, les hommes eurent tous un mouvement de recul.

— Abaisse ton arme, murmura Sigebert. Et toi, assieds-toi. Comment t'appelles-tu ?

— Gothiko, sire…

— Tu resteras à mon côté demain. Comme ça, tu pourras juger par toi-même…

— Juger quoi ?

— Eh bien, comment je me bats ! C'était ce que tu voulais voir, non ?

Un éclat de rire général ponctua les paroles du jeune roi qui déjà se levait pour rejoindre un autre feu. Derrière lui, Sigulf poussa Gothiko du bout de sa hache et, d'un mouvement de menton, lui fit signe de les suivre. Sans l'attendre, il se précipita sur les talons de Sigebert. Les deux hommes avaient la même taille, la même allure et quelques mois à peine de différence d'âge. De tout temps, ils avaient été élevés ensemble, au point que Sig-Wulf, le « Loup de victoire », se plaisait à laisser croire qu'il était lui aussi fils du roi Clotaire. C'était possible… Cela n'avait aucune importance, désormais. Demain, ils longeraient la forêt vers le sud, à la rencontre des hordes hunniques. Demain, si Dieu le voulait, ils les affronteraient.

En lui confiant le royaume d'Austrasie, le plus à l'est et donc le plus exposé, ses frères – ou le hasard – savaient ce qu'ils faisaient. Sigebert se battrait pour eux, pour la Francie, et garantirait leurs frontières. Et s'il mourait, il resterait toujours Chilpéric...

Le lendemain, il pleuvait. Et le surlendemain. Les terres thuringiennes étaient devenues un champ de boue dans lequel pataugeait l'armée de Sigebert. Parmi eux, les Saxons et les Thuringiens piaffaient comme des étalons et se désespéraient de leur lenteur chaque fois que leur route croisait un nouveau hameau incendié. Les Francs dégoulinaient de pluie, ils marchaient en grognant de plus en plus ouvertement, de plus en plus fort, et ne continuaient à avancer que parce que Sigebert marchait à leur tête, à pied comme eux, entouré de sa truste de tueurs et de Gothiko, qui le suivait d'aussi près que Sigulf.

Le premier cheval qu'ils virent était mort. C'était une bête de petite taille portant encore son mors, une selle recouverte d'une peau de mouton et surtout des étriers, ce qui la désignait à coup sûr comme une monture hunnique, puisque les Francs n'en connaissaient pas l'usage. De la viande avait été prélevée sur ses postérieurs, de la cuisse au jarret.

— Ils ne sont pas loin, grommela Gothiko.

— Oui, dit Sigebert en montrant la chair à vif. Regarde, il y a encore du sang.

— Et puis ils ont laissé la selle. Un cheval, ça se retrouve, mais pas une selle.

Sigebert releva les yeux, saisi d'une soudaine appréhension, puis regarda autour de lui. Avec la pluie, on ne voyait pas plus loin qu'un jet de flèche. Les Huns pouvaient être là, prêts à charger. Il se pencha, et ce qu'il distingua à terre dissipa l'angoisse qui l'avait brusquement saisi. L'averse n'avait pas effacé toutes les traces. Une troupe importante de cavaliers les avait précédés sur cette route, et le chemin portait encore les marques de nombreuses glissades.

— Sigulf ! Regarde les pattes du cheval, cherche une fracture !

— C'est cela, répondit l'antrustion quelques instants plus tard. L'antérieur droit est brisé.

— Il a glissé, murmura le roi en souriant ; puis, plus fort, en se tournant vers la troupe : Il a glissé !

— Bon, fit Sigulf en haussant les épaules. Ça nous en fait un de moins à tuer. Pas de quoi sauter de joie.

— Tu ne comprends pas. Ils ne pourront pas charger sans risques sur ce terrain, et s'il continue à pleuvoir ils ne pourront pas se servir de leurs arcs. Quand il pleut, les cordes se détendent et les flèches ne volent pas. C'est aujourd'hui qu'il faut les affronter.

Sigebert regarda autour de lui et désigna parmi sa truste la plus proche deux hommes auxquels il donna l'ordre de prendre la tête de la cavalerie et de se lancer au galop dans un mouvement de tenaille, en deux groupes, pour couper la route aux Huns.

— Et eux, ils ne risquent pas de glisser ? émit Gothiko, une fois qu'ils furent partis. Je me demande s'ils savent que tu les envoies à la mort…

Sigebert se retourna vivement vers lui, les yeux étincelants, mais l'autre soutint ce regard terrible avec une tranquille assurance.

— Rejoignez tous vos unités, jappa le roi en se détournant du guerrier. Au pas de course sur une lieue, puis en marchant sur une lieue aussi, et ainsi de suite jusqu'à ce qu'on les rejoigne. Gondowald et ses hommes resteront en arrière avec les chariots.

Il se tut, le temps que la masse de la cavalerie les dépasse, dans un grondement qui fit trembler la terre et les aspergea de boue.

— Seigneur, intervint l'un de ses leudes dès qu'il put se faire entendre, personne ne peut courir plus de quelques toises avec une broigne sur le dos, ou en portant un bouclier.

— Tu as raison, dit Sigebert. Dis-leur de tout laisser ici.

Donnant aussitôt l'exemple, il commença à délacer son haubert de cuir clouté. Puis il accrocha l'armure de cuir à une branche d'arbre et boucla son ceinturon, lesté de sa longue épée.

— Dépêchez-vous.

Les leudes échangèrent des regards sombres ou circonspects, mais nul n'osa protester. Bientôt, l'armée tout entière se défaisait de ses équipements les plus lourds, hauberts, casques, boucliers… Et plus de deux mille hommes en braies et chemise s'élancèrent en courant derrière le jeune roi, à la poursuite des Huns.

À peine deux heures plus tard, ils perçurent les clameurs d'une bataille. Les hommes exténués trouvèrent la force de repartir à toutes jambes, sans même qu'il soit besoin de leur en donner l'ordre. À moins d'une demi-lieue gauloise de là[1], sous une pluie battante, ils aperçurent la mêlée. La nuée tourbillonnante des Huns encerclait ce qu'il restait de la cavalerie franque. Sigebert donna l'ordre qu'on forme les troupes en gros bataillons, larges d'une centaine d'hommes et profonds de trois ou quatre rangs. L'angon ou la hache à la main, ils avancèrent au pas, sonnant du cor pour rallier les survivants autant que pour attirer sur eux la charge des Huns.

Ce fut tout d'abord leur cavalerie légère qui donna l'assaut. Une centaine d'archers à cheval dressés sur leurs étriers, qui longèrent la ligne de bataille franque en décochant des flèches. Si la plupart de leurs traits furent rabattus à terre par la pluie, quelques-uns parvinrent jusqu'à eux, et des cris dans la ligne indiquèrent que certains avaient frappé les hommes dénués de la moindre protection. Mais Sigebert avait vu juste : leurs redoutables arcs composites perdaient toute leur efficacité sous la pluie. Passé la première volée, les Huns hésitèrent, caracolant sur leurs petits chevaux tandis que les Francs avançaient toujours. Puis ils les virent tourner bride et s'échapper sur leur flanc droit. Bientôt, on ne put plus les distinguer sous le rideau de pluie, et les hommes des derniers rangs commencèrent à jeter des regards nerveux vers l'arrière. C'était bien dans la manière des Huns de harceler l'ennemi en attaquant de préférence là où on les attendait le moins, puis de disparaître avant d'engager vraiment le combat.

1. Une lieue gauloise équivaut à deux kilomètres.

Loin devant eux, les Francs voyaient maintenant la horde compacte de leur cavalerie lourde. Des hommes cuirassés, armés de longues lances et montés sur des chevaux plus lourds, avec en arrière une infanterie pareille à une meute de loups, hirsute et demi-nue.

Il y eut un intervalle de silence durant lequel on n'entendit plus que le clapotement de la pluie, puis une clameur soudaine lorsque les Huns se ruèrent à l'assaut. C'était encore lointain, mais leurs hurlements aigus parurent semblables à des cris de femme ou aux stridulations des esprits malins, à la fois ridicules et effrayants. Les Francs s'arrêtèrent et attendirent en resserrant les rangs. Depuis leur plus jeune âge, on leur avait appris à lancer la hache ou le javelot. Ce dernier pouvait frapper à longue distance, mais le lancer d'une hache ne dépassait pas cinq ou six toises[1]. En outre, à cause du poids du fer, l'arme tournait sur elle-même et ne présentait son tranchant à l'ennemi que trois fois durant son vol, ce qui demandait une certaine maîtrise de la part du lanceur.

Les hurlements des Huns leur vrillaient les oreilles. Le grondement de leur charge faisait vibrer la terre boueuse, et leur ligne sombre emplit bientôt tout l'horizon. Quand ils ne furent plus qu'à cinquante toises, une volée de plusieurs centaines d'angons et de javelots jaillit des rangs arrière des bataillons francs et s'abattit sur eux. On en vit des quantités formidables, hommes ou bêtes, chuter à terre pour y être aussitôt piétinés par les autres, mais la charge ne fut pas brisée. Les chefs francs étaient deux pas en avant de leurs hommes, la hache à la main, hurlant à pleine voix les ordres de bataille dans la langue franque, comme c'était d'usage à la guerre.

— *Waaden*[2] !

Les Huns galopaient toujours. Leurs visages grimaçants, effroyables, se distinguaient dans la masse sombre de leur assaut.

1. Environ douze mètres.
2. « Attendez ! »

— *De öksen furbereiden*[1]…

Les mains tremblaient sur le manche des haches. Les cœurs les plus braves étaient tordus d'angoisse. Cinq toises, face à la lance ou au sabre de l'un de ces monstres lancé au grand galop, ce n'était qu'une ou deux secondes avant le choc.

— *Schleiden*[2] !

On eût dit le bourdonnement d'un essaim de guêpes. Des centaines, peut-être un millier de haches tourbillonnantes jetant des éclats d'acier sous la pluie. Puis une déflagration sourde lorsqu'elles touchèrent leur but, et aussitôt des cris affreux, des hennissements de terreur, la clameur assourdissante des Francs dégainant leur épée, se jetant à l'assaut en hurlant à pleins poumons, et le tumulte de la mêlée. Les haches avaient tué ou blessé des centaines de cavaliers qui, en un instant, formèrent un véritable mur de corps entassés. Les autres, incapables sur l'herbe boueuse d'arrêter leur monture ou d'éviter l'obstacle, percutèrent cet amas écœurant avant d'être à leur tour renversés par ceux qui les suivaient. Sitôt après cette volée meurtrière, il n'y eut plus de ligne de bataille, plus aucun ordre, plus de tactique. La seule manœuvre collective d'une armée franque était le lancer simultané des haches ou des angons, à l'effet toujours dévastateur. Chacun, ensuite, se battait pour soi, au scramasaxe, à l'épée, au javelot. Les Francs frappèrent au hasard dans cette bouillie d'hommes et de chevaux, avec une jubilation frénétique, tant la subite hécatombe des cavaliers huns semblait surnaturelle. Ces monstres qui terrorisaient la Saxe et la Thuringe tombaient par dizaines sous leurs coups, sans presque se défendre, saisis à leur tour par l'épouvante à la vue de ces guerriers en chemise et braies, aux yeux fous, couverts de sang, que leurs flèches ne parvenaient pas à toucher. Dès le premier choc, les hommes d'armes de Sigebert furent persuadés d'avoir déjà vaincu,

1. « Préparez les haches. »
2. « Lancez ! »

au point qu'ils se battirent avec une témérité folle, comme si rien ne pouvait les atteindre. Sigebert lui-même s'était rué au massacre avant tous les autres, sautant littéralement par-dessus l'amoncellement de cadavres pour s'enfoncer dans les rangs ennemis, en taillant hommes et bêtes du tranchant de sa longue épée.

Il y eut quelque temps plus tard une période d'indécision quand l'infanterie des Huns rejoignit la mêlée et que, simultanément, leur cavalerie légère chargea les rangs arrière. Soudainement, le jeune roi se vit environné de sabres et de piques, de visages grimaçants, de cris de haine proférés dans une langue saccadée et gutturale. L'un des Huns le toucha à la hanche d'un coup de lance, mais à l'instant même un coup violent en détourna la hampe et empêcha qu'il soit transpercé. Sigebert perdit l'équilibre et tomba sur un genou, alors qu'à deux coudées à peine son sauveur abattait sa hache à pleine force sur le crâne du lancier. Du sang, des éclats d'os et des lambeaux de cervelle les éclaboussèrent tous deux. L'homme se détourna un bref instant pour s'essuyer le visage. Le jeune roi de Reims le reconnut alors à ses yeux bleus étincelants, saisissants dans cette face sanguinolente. C'était Gothiko.

La seconde suivante, une nuée de guerriers francs s'abattit sur ses adversaires et les repoussa au loin. Sigebert se retrouva seul, comme dans une clairière au cœur de la forêt. Le roi s'assit par terre, totalement hors d'haleine, et planta son épée dans le sol. Il voulut s'essuyer le visage, mais ses mains, ses bras étaient couverts de sang. Alors il leva le visage vers le ciel et laissa la pluie le laver.

Quand enfin il rouvrit les yeux, il croisa le regard effaré d'un cavalier hun agenouillé tout près de lui, sans arme, et, au-delà, celui de ses propres guerriers. La tuerie avait cessé brusquement, hormis quelques combats singuliers çà et là aux confins du charnier. On distinguait dans la plaine une myriade de fuyards, à pied ou à cheval, que des groupes de cavalerie franque massacraient sans pitié. Plus près, tous ceux qui n'avaient pas pu s'échapper s'étaient mis à genoux, la tête baissée en signe de reddition, devant les Francs ébahis. Sigebert se releva lentement en se tenant le flanc et dressa son épée vers le ciel, déclenchant par ce geste les cris de victoire de ses soldats, d'un bout à l'autre du champ de bataille. La pluie formait sur son visage des rigoles sanglantes et collait sur sa nuque sa longue chevelure. Vêtu d'une chemise et de braies qui luisaient sous la pluie, il n'était guère différent du reste de ses hommes, et pourtant, jamais encore il n'avait à ce point incarné son propre nom, *Sigh-berkht*, « Brillant de victoire ».

D'instinct, les Francs se rapprochèrent du roi et firent cercle autour de lui, en hurlant de plus belle. Au même moment, comme un signe de Dieu, l'averse cessa et le ciel commença à se dégager. S'il y avait eu un prêtre parmi eux, nul doute qu'en cet instant il aurait rendu grâce au Très-Haut pour cette victoire.

Sigebert avisa parmi ses hommes le visage familier de Sigulf, et près de lui celui de Gothiko, marqué par la souffrance. Le sang qui lui maculait la chemise devait être en partie le sien.

— Alors, lança-t-il en les rejoignant, qu'en dis-tu ?

— Je dis que tu as encore beaucoup à apprendre, murmura Gothiko. Mais pour un début, ce n'est pas mal.

Sigebert secoua la tête en riant et, tandis qu'il se détournait, avisa le Hun toujours agenouillé, inerte, les yeux perdus.

— Relevez-le.

L'ordre ne s'adressait à personne en particulier, mais la garde rapprochée du jeune roi s'était reformée autour de lui, et deux de ses tueurs empoignèrent le cavalier pour le hisser sur ses pieds.

— Est-ce que tu comprends ce que je dis ?

L'homme ne répondit pas. C'est à peine s'il osait regarder le roi. Il était vêtu d'une casaque croisée de tissu épais descendant jusqu'aux genoux, de bottes à bout recourbé et d'un bonnet de fourrure à deux pans. L'ensemble était sans nul doute à la mode mongole, mais son visage n'était pas celui d'un Asiate. Si ses cheveux étaient noirs et son teint mat, ses yeux plutôt ronds et sa barbe n'étaient pas ceux d'un Hun. Sigebert s'éloigna d'un pas pour examiner les visages de quelques cadavres ennemis, puis revint vers le prisonnier.

— Faites-le parler, dit-il. Je veux savoir contre qui on s'est vraiment battus.

Au soir, les Francs quittèrent le champ de bataille. Ils laissaient derrière eux une plaine jonchée de cadavres dont les têtes, comme une haie sinistre, avaient été plantées sur des pieux, face à l'est. Si une nouvelle horde venait à pénétrer sur les terres thuringiennes, au moins serait-elle avertie.

Quand les guerriers de l'arrière-garde se retournèrent une dernière fois sur le charnier, ils distinguèrent des nuées de corbeaux surgies de nulle part, planant déjà au-dessus des corps, ainsi que les silhouettes courbées d'autres charognards, humains ceux-là, dépouillant les morts de leurs vêtements. Il ne restait à vrai dire plus grand-chose à glaner. Toutes les armes avaient été ramassées, y compris les flèches, la plupart des chevaux rattrapés et mis à la longe. Et tous les prisonniers, environ quatre cents, avaient été décapités. Sigebert n'en avait épargné qu'une dizaine, ceux qui portaient les vêtements les plus riches et qu'il présumait être des chefs. Aucun de ces hommes n'avait pu se faire comprendre, qu'il soit de type européen ou asiatique. Mais leur nom, répété plusieurs fois par nombre d'entre eux, semblait être « Ahouar ». Sigebert n'avait pas insisté, estimant qu'il devait s'agir d'un nom de clan hunnique. Sans doute se trouverait-il à Reims ou à Metz quelque clerc suffisamment instruit pour déchiffrer les grognements inintelligibles de ses captifs.

Deux jours plus tard, ils étaient à Worms, salués par une population en délire et fêtés comme des dieux. C'est là que les retrouva un chevaucheur venu de Reims à bride abattue. L'homme ne voulut parler qu'à Sigebert et le roi, dédaignant l'avis de ses leudes qui répugnaient de le voir ainsi approché par un inconnu, se porta en personne à sa rencontre. Quand il se fit connaître, le cavalier mit un genou en terre et délivra son message.

Le roi Chilpéric s'était emparé de Reims.

***

Le banquet ressemblait à celui de Paris. Les mêmes guerriers avinés s'apostrophant d'un bout à l'autre de la tablée en s'empiffrant comme s'ils n'avaient pas mangé depuis des jours, les mêmes bourgeois silencieux et raides observant ce tapage avec effarement, les mêmes religieux compassés s'efforçant de ménager leur nouveau maître tout en lui tenant tête au nom de Dieu. L'exercice était périlleux, mais l'évêque de Reims, Egidius, se plaisait à ces jeux politiques, au contraire de celui de Paris, l'intransigeant Germain. La seule vraie différence, aux yeux de Frédégonde, était la place qu'elle occupait à ce festin de victoire. Ce soir, elle siégeait à la droite de Chilpéric, comme une reine, non plus vêtue d'une robe terne, mais couverte de bijoux et de voiles, les cheveux tressés de rubans d'or, les joues fardées, les lèvres peintes.

Lorsqu'elle était apparue, suivie d'Oiba et de ses servantes, les conversations s'étaient tues. Chacun de ceux dont elle croisait le regard baissait les yeux et inclinait la tête, hormis quelques-uns des leudes de Chilpéric, Desiderius, Beroulf ou Ansowald, qui l'avaient accompagné dans cette nouvelle expédition guerrière et qui, la connaissant de longue date, se permettaient un sourire amical. Chilpéric lui-même, sa couronne de roi de Neustrie sur la tête et vêtu d'étoffes luxueuses, l'avait saluée avec déférence et installée auprès de lui en lui portant autant d'égards que si elle avait été son épouse véritable.

Ce devait être un instant de triomphe pour Frédégonde. D'où venait alors ce nœud dans sa gorge, cette oppression, cette envie d'éclater en sanglots ? Était-ce parce qu'elle ne faisait qu'usurper la place d'Audowère, restée à Soissons avec ses enfants, et dont elle avait le sentiment de n'être que la réplique ? Était-ce parce que ce banquet lui rappelait trop celui de Paris pour laisser augurer d'un avenir heureux, ou parce qu'elle avait déjà la certitude de l'issue funeste de cette expédition contre Reims et qu'elle s'en voulait de n'avoir rien dit ?

Tout était allé très vite. La nouvelle du départ de Sigebert et de son armée pour ses terres affiliées de Thuringe leur était parvenue à la villa de Braine, où Audowère avait pris ses quartiers de printemps, suivie presque aussitôt de celle de la proclamation de l'*hariban* par Chilpéric[1]. Le lendemain, alors que des hommes d'armes s'apprêtaient à quitter Braine pour rejoindre la capitale à l'appel du roi, Frédégonde avait été demandée dans les appartements d'Audowère.

La reine était à sa fenêtre, surveillant les préparatifs de la troupe dans la grande cour carrée.

— Vous m'avez demandée, Majesté ?

— Va le voir ! s'était écriée Audowère en se retournant d'un bond. Toi, il t'écoutera !

Frédégonde avait réprimé un sourire. Cette expression égarée, ces mains qui se tordaient nerveusement, cette voix pressante, presque criarde... Elle retrouvait son ancienne maîtresse telle qu'elle l'avait connue.

— Qui dois-je voir ? avait-elle demandé innocemment.

— Le roi, bien sûr ! Ton amant ! Mon mari ! Tu sais ce qu'il prépare ?

La jeune femme avait involontairement reculé devant l'air subitement furieux de sa rivale.

— Évidemment non, poursuivit Audowère. Tu ne sais rien ! Il projette d'attaquer Reims et de prendre la ville à Sigebert pendant qu'il bataille contre les Huns.

La nouvelle lui avait serré le cœur, mais ne l'avait pas surprise. Sans en savoir davantage, elle avait cependant tout de suite eu

1. *Hari* signifie « armée ». L'*hariban* est la levée des troupes. Le terme sera déformé ultérieurement dans l'expression « convoquer le ban et l'arrière-ban ».

l'intuition que c'était une folie. Pour autant, tant par fidélité envers Chilpéric que pour contrer Audowère, elle avait tenté de se persuader du contraire.

— C'est peut-être le bon moment. La guerre contre les Huns peut durer longtemps et coûter beaucoup d'hommes. Sigebert peut même être tué ou fait prisonnier...

— Et leurs frères, hein ? Tu crois que Caribert et Gontran vont laisser faire ? Ils détestent Chilpéric ! Sans Sigebert, ils l'auraient tué depuis longtemps, et voilà qu'il attaque son seul soutien !

Audowère avait fermé les yeux et pris une profonde inspiration pour retrouver un peu de son calme. Durant un instant, les deux femmes s'étaient mesurées du regard, puis la reine avait saisi les mains de son ancienne servante, dans un geste de conciliation.

— Écoute, je sais que tu aimes Chilpéric et qu'il t'aime lui aussi, sans doute plus qu'il ne m'a jamais aimée... Si tu veux qu'il vive, convainc-le de se porter au secours de son frère plutôt que d'attaquer Reims. Tout ce qu'il obtiendra, c'est d'être tué ou de tout perdre !

À cet instant, Frédégonde partageait entièrement les vues de la reine. Et pourtant, elle n'avait rien dit en arrivant à Soissons. Elle n'avait pas émis la moindre réserve quand Chilpéric avait évoqué devant elle cette expédition insensée. Mieux, elle l'avait accompagné, chevauchant à son côté, dormant contre lui. Elle s'était peu à peu aveuglée du sentiment de puissance de cette armée en marche, de la confiance de Chilpéric, du renouveau même de leur amour. Les premiers combats, aux abords de Reims, l'avaient plongée dans une sorte d'exaltation, renforcée par le spectacle de l'assaut de ses troupes, de la tuerie des remparts, du massacre des chefs de la garnison. De cette exaltation, elle n'émergea qu'en cet instant, à cette table, parmi cette assemblée braillarde croyant fêter une victoire et qui ne célébrait en réalité que sa fin prochaine.

— Quelque chose ne va pas ?

Frédégonde dévisagea un moment celui qui venait de parler puis se ressaisit et, reconnaissant l'évêque Egidius, lui sourit avec modestie, ainsi qu'il convenait.

— Pardonnez-moi, monseigneur, j'étais ailleurs...

— Non, c'est moi qui devrais m'excuser, susurra Egidius. Les dernières journées ont dû être fatigantes pour une jeune femme comme vous, et je vous embête avec mes bavardages.

La jeune femme sourit brièvement puis, tandis que le prélat se servait largement de vin biturige[1], elle l'étudia à la dérobée. Ce n'était certes pas un ivrogne comme Cautinus, l'évêque de Soissons, mais pas davantage un saint homme. Il ressemblait à un chef de guerre déguisé, prêt à troquer sa crosse contre une massue, ou plutôt un poignard, pour frapper dans l'ombre. Il n'était pas pensable de lui faire confiance, et pourtant lui seul pourrait conduire une ambassade auprès de Gontran et de Caribert avant qu'il ne soit trop tard, et tenter d'obtenir leur neutralité. De cela au moins, elle pourrait convaincre Chilpéric...

***

Presque un mois, déjà. Sous un soleil radieux, Reims avait pansé ses blessures et s'était remise à vivre normalement. L'ancien forum romain grouillait de citadins, d'artisans et de paysans réunis pour le marché, depuis les entrepôts souterrains du cryptoportique, où étaient conservés le vin et les produits frais, jusqu'au vacarme des enclos à bestiaux et des boucheries en plein air. Frédégonde s'était recouvert la tête d'un voile, mais nul ne semblait faire attention à elle, ni à sa maigre escorte. Les cloches de la cathédrale sonnaient la fin de la messe. De ses portes grandes ouvertes se déversait un flot de fidèles, aussitôt absorbés par la foule insouciante et bruyante. C'était là, quelque soixante ans plus tôt, que le grand roi Clovis avait été baptisé par l'évêque Remi. L'édifice n'avait pour autant rien de

1. C'est ainsi qu'on nommait le bordeaux, déjà fameux.

majestueux[1], surtout lors de ces jours de marché, quand la place empestait de l'odeur des abattoirs et du fumier des étables.

Egidius daigna enfin la rejoindre, entouré d'une cohorte de prêtres et de fidèles, mais aussi de solides gaillards portant ostensiblement des poignards, et de quelques jouvencelles qui n'avaient rien de moniales. Il la salua avec déférence, signifia d'un geste à sa suite de l'attendre, avant de se rapprocher suffisamment d'elle pour pouvoir parler à voix basse.

— J'ai vu Son Excellence le roi de Paris, dit-il. Caribert me semble tout à fait désireux de ne pas s'immiscer dans les affaires de ses frères... D'autant que ce ne sera sans doute pas nécessaire.

Le sourire de Frédégonde ne dura que le temps de comprendre l'allusion d'Egidius.

— Que voulez-vous dire, monseigneur ?

— Oh, vous ne savez pas ? Il me semblait, pourtant... Comme je n'ai pas vu Sa Majesté à la messe, je pensais...

— Au fait, je vous prie.

Egidius répliqua au ton cassant de Frédégonde par un rictus hautain, presque méprisant, qu'elle s'efforça d'ignorer.

— Sigebert est de retour, dit-il. Son armée a écrasé les Huns en Thuringe. Il devrait être là d'un jour à l'autre. Comment se fait-il que vous ne le sachiez pas ?

L'évêque prit un air désolé, secoua la tête et fit demi-tour, abandonnant la jeune femme sur le parvis de la cathédrale pour rejoindre sa propre cour.

— Je suis, bien sûr, du côté du roi ! lança-t-il en guise d'adieu.

Frédégonde le regarda s'éloigner en réprimant une envie de cracher sur ses pas.

— Du roi, oui, murmura-t-elle, mais de quel roi ?

Au même moment, Oiba s'approcha de sa maîtresse, suivie comme son ombre par deux gaillards, eux aussi armés de poignards, que Chilpéric avait mis à son service.

1. La cathédrale actuelle a été commencée en 1211.

— Qu'a-t-il dit ?

— Est-ce que tu sais où est Chilpéric ? dit-elle en lui saisissant vivement le bras.

Oiba haussa les sourcils et se dégagea.

— Tu devrais le savoir, fit-elle d'une voix calme. Ce n'est pas moi qui couche avec lui. Il est dans le Nord. On dit que l'armée a pris Rethel et qu'ils ont continué sur la voie romaine jusqu'à Mosomagos[1]. Il semble qu'il y ait un peu de résistance…

— Qui commande en son absence ?

— Le seigneur Beroulf, je pense…

— Fais-le venir. Il faut que je lui parle. Dépêche-toi.

Le soir même, la ville était prête à se défendre, dans la mesure de ses moyens. Tout ce que Reims et ses environs comptait d'hommes en armes fidèles à Chilpéric était aux murs, et chacun pouvait voir qu'ils n'étaient pas assez nombreux pour défendre tous les accès. Des cavaliers avaient été dépêchés vers Soissons pour quérir des renforts, d'autres vers l'armée du roi, d'autres enfin vers Braine et Catalaunum[2], où étaient maintenues des garnisons.

Beroulf avait accepté que Frédégonde l'accompagne sur les remparts, sans lui avouer qu'il ne l'avait fait que parce qu'il ne lui restait plus assez d'hommes pour assurer sa sécurité au palais. La ville tout entière était plongée dans le silence, les rues étaient désertes, les échoppes fermées. Nul n'avait fui, comme de coutume quand une armée approche. Nul n'avait fui parce que ce n'était pas un assaillant qui marchait sur Reims, mais un libérateur.

— C'est ma faute, souffla Frédégonde.

Beroulf la regarda en silence, sans paraître s'étonner de cet aveu.

1. « La marche de la Meuse », aujourd'hui Mouzon, dans les Ardennes.
2. Aujourd'hui Châlons-en-Champagne.

— Ce n'est pas pour toi qu'il a conquis cette ville, fit-il simplement. C'est pour lui, pour son armée et pour nous, ses leudes. Il faut des terres pour entretenir une truste. Il faut pouvoir donner, et il n'avait pas assez à donner en Neustrie.

— Je savais que ça finirait ainsi, et je n'ai rien dit.

— Tout le monde le savait, et lui aussi… Tu ne comprends donc pas ? Gagner ou perdre, ça n'a pas d'importance. Ce qui est honteux, c'est de se résigner.

Frédégonde hocha la tête en méditant les paroles de Beroulf, avec le sentiment d'avoir appris là quelque chose d'essentiel. Elle allait parler lorsqu'il tendit le doigt vers l'horizon.

— Les voilà.

Ce n'était pour l'instant qu'un nuage doré, à ras de terre dans le soleil couchant. Les autres aussi l'avaient vu, et la fièvre s'empara des remparts à la vitesse d'un feu de paille. Elle s'éteignit aussi vite, pourtant, car tout ce qui pouvait être fait l'avait déjà été : des pierres étaient empilées contre la palissade, ainsi que des fagots de flèches, des javelots… L'armée de Sigebert ne parviendrait aux abords de la ville qu'à la nuit tombée, et personne ne se battait la nuit. N'ayant rien à faire d'autre qu'attendre, les plus aguerris s'assirent sur le chemin de ronde et commencèrent à manger, bientôt imités par le reste de la troupe.

— Ils nous envoient des émissaires, murmura Beroulf du même ton tranquille.

Quelques hommes autour de lui se relevèrent avec une indifférence affectée pour s'accouder aux rondins. Frédégonde avait envie de hurler, de casser quelque chose, de battre du pied, mais elle adopta le même détachement serein que ses compagnons. Beroulf, le premier, changea d'attitude. Puis les autres, sans qu'un mot ne soit échangé. Frédégonde fut plus lente à réagir, parce qu'elle ne connaissait pas les bannières. Mais la silhouette du cavalier galopant en tête ne lui laissa aucun doute. C'était Chilpéric.

L'air était vif au petit matin, si pur qu'on apercevait au loin, vers l'ouest, les fumées de Soissons. Pour un peu, on aurait senti l'odeur des fours à pain et de la paille chaude des étables. À l'écart de sa garde personnelle, Sigebert s'était juché sur un rocher dominant la Vesle et contemplait le défilement calme du cours d'eau miroitant dans le soleil levant et le frémissement des roseaux agités par la brise. Vers l'est, il suffisait de longer les tourbières bordant la rivière pour arriver à Reims. Vers l'ouest, elle se jetait dans l'Aisne, à quelques lieues de Soissons. Et là, sous ses pieds, presque à portée de flèche, elle passait devant la villa royale de Braine.

Ce matin-là, la rage froide qui l'animait depuis des semaines avait disparu. En apprenant le coup de main infamant de Chilpéric contre une ville à peine défendue, avec tout ce que cette trahison impliquait de bassesse, de rancœur et de bêtise, il avait tout d'abord ordonné des marches forcées, pour que son armée fonde sur celles de son frère comme l'aigle sur le corbeau. Et puis, au fil des jours, la progression s'était ralentie, et un plan avait mûri dans l'esprit du jeune roi de Reims. Puisque Chilpéric s'était emparé de sa capitale, il allait, lui, s'emparer de la sienne. Aussitôt, des éclaireurs étaient partis pour Soissons, d'autres pour l'Austrasie afin de connaître l'état des forces adverses. Des chevaucheurs avaient été dépêchés vers les principales villes de son royaume, porteurs de l'annonce de sa victoire contre les Huns et de son retour. Sigulf, enfin, à la tête d'une petite escorte, avait reçu la charge plus délicate de prendre langue avec Gontran et Caribert afin de connaître leurs intentions.

Durant près de dix jours, l'armée austrasienne avait dû marquer le pas sur la rive est du Rhin, puis les éclaireurs et messagers étaient revenus les uns après les autres, tous porteurs de bonnes nouvelles. Chilpéric avait jeté toutes ses forces dans son offensive, s'usant à batailler devant chaque place forte. Soissons, quant à elle, restait presque sans défense.

Les hommes s'éveillaient peu à peu, mais en silence, comme à mi-voix. Les chevaux renâclant tandis qu'on les sellait, le cliquetis des armes, le bourdonnement sourd des conversations, tout cela ne faisait qu'un bruit de fond insuffisant à l'arracher à sa rêverie. Après tant de jours de marche, depuis l'Est lointain jusqu'aux abords de Braine, l'armée tout entière semblait plongée dans la même apathie. Austrasiens, Saxons, Thuringiens, tous étaient prêts à se mettre en route, mais nul ne bougeait et nul ne donnait le moindre commandement. Une heure passa ainsi, jusqu'à ce que le soleil soit haut et jusqu'à ce que Gothiko, le seul peut-être que cette inertie indolente exaspérait, ose s'approcher du roi.

— L'armée attend tes ordres, dit-il d'une voix rude dès qu'il fut assez près.

— Tu vois ce domaine, là-bas ? dit Sigebert sans se retourner. C'est la villa de Braine. C'est là que mon père Clotaire est mort. Je ne pensais pas y revenir un jour.

— Eh bien on n'a qu'à passer outre. Apparemment, il n'y a pas grand-monde. C'est Soissons que tu voulais, non ?

Sigebert se retourna, dévisagea le guerrier et hocha la tête lentement.

— C'est vrai, tu n'es pas d'ici, toi.

Comme il se détournait sans faire mine de se lever, Gothiko haussa le ton.

— À la male heure, qu'est-ce que vous avez, tous ?

— Prends cent hommes, dit Sigebert. Des Saxons ou des Thuringiens. Emparez-vous de la villa. S'ils n'ouvrent pas les portes, tues-en le moins possible. Dis à Gondowald de venir avec toi et de me rendre compte.

Gothiko se balança un moment d'un pied sur l'autre puis, comprenant que le roi n'en dirait pas plus, il s'éloigna, en commençant aussitôt à brailler ses consignes.

Quelques instants plus tard, le pas lourd du détachement partant à l'assaut fit trembler le sol. Sigebert suivit des yeux leur progression puis s'anima brusquement.

— Déployez-vous ! cria-t-il à l'intention de ses chefs de guerre. Qu'on encercle la villa de toutes parts, d'assez près pour qu'ils voient notre nombre !

Lui-même se hâta vers son cheval, se hissa en selle et piqua aussitôt des deux, suivi de sa garde patibulaire. Le temps de franchir la rivière à gué et de galoper jusqu'aux abords du domaine, l'armée avait entamé son mouvement. Même le plus novice des soldats de Braine pouvait voir, à la poussière soulevée, qu'une troupe considérable se déployait autour de la villa. Sigebert arrêta sa monture à quelque distance de la porte principale, devant laquelle Gothiko et Gondowald parlementaient avec les défenseurs. Ce ne fut pas long. Les battants s'ouvrirent et un homme fut jeté au-dehors, à leurs pieds. Il y eut un moment de palabres, puis Gondowald sauta à terre, dégaina sa longue épée et la plongea dans le dos courbé devant lui. L'homme s'effondra à terre sans un cri. Du moins Sigebert, de là où il était, n'entendit rien. Puis, tandis que Gondowald remontait à cheval, le bataillon de Gothiko se mit en mouvement et investit la villa.

C'était terminé. Braine s'était rendue en livrant ce qui devait être leur chef. Sigebert mit pied à terre, demanda à boire et alla s'installer à l'ombre d'un bouleau. Il s'était plongé de nouveau dans une rêverie songeuse lorsque Gondowald vint faire son rapport.

— Votre Gloire, il faudrait que vous veniez, dit-il d'une voix essoufflée.

Le guerrier s'était placé devant le soleil. En se levant, Sigebert découvrit le visage cramoisi, luisant de sueur de son leude, ainsi qu'une estafilade sanguinolente marquant sa main droite, jusqu'au large bracelet de cuivre enserrant son poignet que la lame de son adversaire avait entaillée.

— Qu'est-ce qui se passe ? Ils résistent ?

— C'est fini, dit Gondowald avec un sourire. On est tombé sur une dizaine de teigneux dans les étages. Ils protégeaient les appartements royaux.

— Et alors ?

— Je ne sais pas trop… Il vaut mieux que vous veniez voir.

Sigebert lui retourna son sourire, sauta en selle et attendit que son leude se hisse sur sa monture, ce qu'il fit avec davantage de difficulté à cause de sa main blessée.

— Va voir les mires, qu'ils te soignent.

— Oh non, fit Gondowald. Je ne voudrais pas rater ça...

Sigebert le dévisagea d'un air perplexe puis, dans un même élan, les deux hommes mirent leurs montures au trot. Quelques instants plus tard, ils passèrent devant le corps de l'homme que les défenseurs de la villa avaient jeté dehors, et ils franchirent ses grandes portes.

— Qui était-ce ? demanda Sigebert en mettant pied à terre.

— Le nouvel intendant. Chilpéric a tué celui qui régissait le domaine depuis toujours. Celui-là, ils ne l'aimaient pas.

Guidé par son leude, le roi pénétra dans la salle commune, puis grimpa vers les étages. Ce n'était pas un effort considérable, mais Sigebert était en sueur, le souffle court, le cœur battant. Il s'efforçait de ne regarder que le dos de Gondowald, mais des visages connus et des décors familiers ne cessaient de s'inscrire dans son champ de vision. Ce qu'il ne vit pas, tant sa présence en armes dans la villa royale l'emplissait d'un sentiment confus de honte ou de crainte, c'est que ces gens lui souriaient. Enfin, ils croisèrent quelques hommes en train de descendre les corps des défenseurs par l'escalier, et ils débouchèrent dans une antichambre bondée de ses mercenaires thurigiens et saxons. Quelques-uns étaient blessés. Une demi-douzaine de cadavres jonchaient encore le sol.

— Alors ? dit-il lorsque Gondowald se tourna vers lui.

— C'est là, dit Gothiko en s'avançant vers le jeune roi.

— Bien...

Il n'eut qu'à jeter un coup d'œil vers les guerriers pour que ses leudes comprennent.

— *Kummen oll erab !* cria Gondowald. *Hoolen de doodenen bidd*[1] *!*

Gothiko alla vers une porte basse que Sigebert ne connaissait que trop bien. C'était là que Clotaire était mort. La chambre du roi. Le leude ouvrit, l'épée à la main, et se pencha pour pénétrer le premier dans la pièce. Sigebert le suivit, s'arrêta sur

1. « Tous en bas ! Emmenez les morts ! »

le seuil pour habituer ses yeux à la pénombre et découvrit le groupe rassemblé sur le lit.

Il lui fallut encore quelques instants pour dominer sa surprise et paraître maître de lui.

— Rengaine ton épée, fit-il avec un signe de tête apaisant à l'intention de son leude. Il ne convient pas de brandir une arme en présence d'une reine.

Puis il s'avança vers le lit où s'était réfugiée Audowère. Entourée de ses deux fils, elle portait le plus jeune, Clovis, dans ses bras.

— Venez m'embrasser, ma sœur, dit-il en ouvrant les bras. Vous n'avez rien à craindre de moi.

Pour ton père, ce fut sans nul doute une année épouvantable. Non pas parce qu'il avait été vaincu, en cela il n'y a nulle honte si le combat est honorable. Mais parce qu'on lui laissa la vie sauve et qu'on lui infligea les pires humiliations, sous les yeux de sa femme et de ses fils.

Quelque chose se brisa en lui cette année-là. Il avait agi jusqu'alors comme un chien fou, avec une inconscience magnifique puisqu'il pensait n'avoir rien à perdre. Après la perte de Paris et le mallberg *que lui imposèrent ses frères, il se replia sur ses terres et pansa ses plaies, profondément atteint par cette série de malheurs. Grâce à Dieu, je n'étais pas présente lors de son jugement, sinon sans doute m'aurait-il évitée comme il le fit avec tous ceux qui assistèrent à sa déchéance. En y repensant aujourd'hui, sans doute avait-il décidé dès ce moment-là de répudier Audowère.*

Il n'avait pas été long à me revenir, d'abord parce qu'il me désirait plus que toutes ses autres concubines, mais aussi parce qu'Oiba veilla à ce qu'il ne puisse plus se passer de moi.

Je ne devrais pas écrire ça. Tu vas penser que ta mère était une sorcière, comme l'ont dit les mauvaises gens, et que j'ai lié ton père par des philtres plutôt que par l'amour. L'amour existait bel et bien entre nous, tu le sais, mais les potions d'Oiba avaient le pouvoir de captiver son âme et de décupler son plaisir.

Je ne regrette pas d'en avoir usé. J'avais été abandonnée, repoussée, j'avais été au bord du gouffre, trahie et plus malheureuse que je le fus jamais. Je ne voulais plus vivre de tels moments. Bien sûr, tout cela donna à Oiba un pouvoir excessif, et j'eus parfois l'impression d'être redevenue son élève, son jouet. Plus tard, je dus y remédier.

Il n'empêche que ce fut un été merveilleux. Quand les épreuves furent surmontées, nous vécûmes des moments de vrai bonheur et de paix. Nous n'étions ni aussi riches ni aussi puissants que Chilpéric l'aurait voulu, mais nous étions en vie, et tout semblait de nouveau possible.

10

La reine de Rouen

Été 562

Sigebert était déjà là, assis au côté du trône de Caribert et d'un évêque inconnu. Probablement l'émissaire de Gontran.

Le palais du roi de Paris avait changé depuis l'hiver précédent, ou peut-être n'était-ce dû qu'à la douceur de l'été. Les murs étaient désormais recouverts de chaux, peints d'ocre ou de rouge, ornés de tapisseries et percés de fenêtres à meneaux par lesquelles le jour éclaboussait la salle de sa lumière. Au fond, derrière le trône, une large bannière à fleurs de lys pendait du plafond aux poutres peintes de rouge et d'or. L'immense royaume de Caribert avait fait de lui un homme riche, et il tenait à le faire savoir.

Chilpéric se sentit lamentable dans ses vêtements de route couverts de poussière, sans autre bijou que sa couronne d'or, sans autre arme qu'un poignard de parade, sans un seul antrustion pour l'accompagner. Et comme si ce luxe éclatant ne suffisait pas à sa honte, la pièce était pleine à craquer. De part et d'autre de l'allée centrale, on eût dit que Caribert avait rassemblé toute sa truste et toute la cour de ses affidés : des femmes aux parures vives, des guerriers exhibant leurs armes damasquinées de fils d'or, leurs manteaux pourpres et leurs bracelets sertis de pierres précieuses, toutes sortes de moines et de clercs, des enfants, même. Et autour du roi, là-bas, sa maison au grand complet : maire et comtes du palais, référendaires, chambellans, sénéchaux, connétables, chapelains et huissiers, tous portant fièrement les marques de leur charge.

Les portes se refermèrent derrière lui dans un grincement sinistre. Il avança en s'efforçant de ne regarder personne sur son trajet, ni cette foule arrogante, ni ses frères assis au bout de la salle devant lesquels, pourtant, il devrait dans un instant s'agenouiller pour implorer leur pardon.

Il ne lui restait plus que cela. Sigebert avait pris sa capitale, capturé sa femme – ce qui n'avait aucune importance – mais surtout ses fils, les héritiers de son sang. Son troupeau de barbares saxons, couverts de fourrures comme des bêtes fauves, avait taillé en pièces l'armée que Chilpéric avait envoyée contre lui. Puis Sigebert lui-même, à la tête d'une troupe plus nombreuse encore, avait déferlé sur Reims, balayant au passage ses dernières forces et mettant en fuite les plus valeureux de ses leudes. Chilpéric n'avait échappé à l'infamie d'une capture qu'en déguerpissant de nuit, à cheval, avec Frédégonde et à peine une poignée d'hommes, en laissant derrière lui ses ors, ses bijoux, ses meubles et ses manuscrits, tout ce qu'il avait conquis dans ce raid insensé. Tout cela l'avait mis en fureur, mais rien ne l'avait étonné. Soissons, il le savait depuis toujours, était peuplé de traîtres qui s'étaient empressés de se soumettre à son frère. Quant à sa propre armée, que pouvait-elle faire face à ce déferlement de barbares ? Sans alliance, il était désormais impossible de vaincre Sigebert. Au moins fallait-il espérer que ses autres frères l'aient compris.

Tandis qu'il s'avançait, il songea à dégainer son scramasaxe et à se le plonger dans le cœur, là, devant eux, devant lui, Sigebert. Ou plutôt à le tuer, c'est cela, dégainer au dernier moment et se ruer jusqu'au trône, l'égorger avant que les gardes réagissent, et alors seulement se donner la mort. Le vaincre, enfin. Voir dans ses yeux la peur. Effacer cet air de détachement compassé que son aîné affectait en toutes circonstances.

Lorsqu'il ne fut plus qu'à quelques pas, Chilpéric tressaillit et manqua de reculer sous l'effet de la surprise. Masqués jusqu'alors par l'assistance, Audowère et ses fils étaient là, alignés à la gauche de l'estrade, baissant les yeux, comme tenus en laisse par Sigebert. Celui-ci soutint son regard, et, durant un instant, les deux frères se toisèrent avec autant de rage froide que de haine dans les yeux. Puis un héraut s'avança et frappa le sol avec son bâton ferré.

— Que tous voient et entendent ! Chilpéric, roi de Soissons, paraît devant le mall assemblé, face à son Excellence messire Caribert, roi de Paris, à sa Gloire messire Sigebert, roi de Reims et d'Austrasie et face à monseigneur Nicetius, évêque de Lyon, représentant le royaume de Bourgogne du seigneur Gontran sous l'œil de notre seigneur Jésus-Christ.

— Qu'il comparaisse devant nous, répondit Caribert.

D'un même mouvement, selon l'ordonnance d'un cérémonial ancien, les deux rois et l'évêque se levèrent, tandis que Chilpéric, tremblant de honte et de fureur comme un loup enchaîné, mit un genou en terre et ploya la nuque.

— Très nobles frères, monseigneur, ayez pitié d'un pêcheur qui implore votre pardon devant Dieu.

D'un geste brusque, il dégaina son poignard et le posa à terre. La lame, jetée trop vivement sur les dalles, tinta dans le silence.

— Me voilà sans arme, à votre merci. Au nom des liens du sang, je demande grâce de mes crimes à mon frère Sigebert. Accordez-moi le mainbour[1] et vous n'aurez de meilleur ami que moi, désormais. Ou, s'il vous plaît, donnez-moi la mort, mais veillez sur mes fils qui ne sont pour rien dans ces malheurs.

Ayant dit, il fixa Sigebert, le visage fermé et les yeux marqués par une expression confinant au défi. Cette fois, ce fut ce dernier qui détourna le regard, sans parvenir à masquer son exaspération, ou sans le chercher. Les bras croisés comme

1. *Mundeburd*, la « protection de la main ».

pour mieux se contenir, il accepta d'un signe de tête le repentir forcé de son frère. Le roi de Paris se pencha pour la forme vers l'évêque Nicetins. Ce dernier s'étant empressé d'acquiescer à son tour, Caribert s'approcha alors de l'accusé avec un air patelin, puis lui donna la main et le releva.

— Chilpéric, grâce à Dieu, venu ici dans notre palais avec son arme, a juré dans notre main foi et fidélité, clama-t-il en ouvrant les bras dans une posture biblique pour prendre l'assistance à témoin. En conséquence, Sa Seigneurie Sigebert, roi d'Austrasie, injustement attaqué en sa bonne ville de Reims et autres lieux, pardonne à son frère. Notre jugement est que tous ses biens et honneurs lui soient rendus, ainsi que son épouse, la très noble dame Audowère, et ses fils.

Le brouhaha des courtisans commentant l'arrêt royal couvrit le reste des déclamations. L'essentiel avait été dit. Chilpéric lui-même se détendit un peu et jeta un coup d'œil vers ses fils. Mais à cet instant Caribert revint auprès de lui et le saisit par le bras.

— Suis-nous, dit-il d'un ton brusque, tranchant du tout au tout avec son emphase précédente.

Sigebert avait quitté l'estrade et s'était esquivé, sans un regard pour Audowère et ses enfants. Les deux autres frères, suivis par l'émissaire de Gontran, le rejoignirent dans une pièce attenante à la grande salle. De l'eau, du vin et des fruits avaient été disposés à leur intention, et Sigebert s'était déjà servi. Dès qu'ils eurent refermé la porte derrière eux, ce dernier posa son gobelet, croisa de nouveau les bras et considéra son frère cadet avec autant de mépris que s'il s'était agi de quelque charogne rapportée par un chien.

— Tu peux rendre grâce à Dieu et à Caribert d'avoir la vie sauve ! jappa-t-il. Ne crois pas pour autant t'en tirer aussi bien. J'ai pris Soissons, je la garde, ainsi que la villa de Braine et toutes les terres fiscales jusqu'à Reims, en dédommagement de tous les maux que ta stupidité a fait subir à mes terres et à mon peuple.

Chilpéric frémit, mais un coup d'œil de Caribert l'incita à subir la sentence sans broncher. « Que tous ses biens lui soient rendus », avait-il dit. La réalité était tout autre. La part de son royaume qu'annexait Sigebert réduisait son domaine à une peau de chagrin.

— Ton fils aîné, Théoudebert, restera avec moi en gage de ta bonne foi, poursuivit ce dernier d'un ton haché. Et si jamais tu oses encore...

— Chilpéric n'osera plus, intervint leur aîné. Cette affaire est terminée. Monseigneur, voulez-vous goûter à ce vin ?

L'évêque Nicetius s'inclina avec un sourire gourmand. Durant quelques instants, ils burent tous en silence, en évitant de se regarder. Le premier, Chilpéric reposa son gobelet.

— Puisque Soissons n'est plus à moi, où sera ma capitale ?

— Pourquoi pas Beauvais ? fit Caribert d'un ton conciliant. Ce n'est pas loin.

— C'est trop près, dit Sigebert. Ce sera Rouen.

Le roi de Paris, visiblement amusé, fit la moue puis leva les sourcils vers Chilpéric.

— Rouen, dit celui-ci, pour tout acquiescement.

— Allons, c'est entendu. Je lève donc mon verre à votre réconciliation. Et au roi de Rouen !

Saisissant une cruche, il remplit le gobelet que son frère avait laissé sur la table et le lui tendit. Chilpéric, conscient de l'ironie de l'apostrophe, le saisit sans mot dire. Privé de sa capitale et de tout le Soissonnais, il perdait ses meilleures terres fiscales, celles de Bonneuil, de Nogent et de Compiègne, et donc une part considérable de ses revenus. Son royaume n'était plus rien, à peine plus qu'un comté. De nouveau, le regard appuyé de Caribert le dissuada de réagir. C'était à lui, cette fois, et sans doute à Gontran, qu'il devait probablement de ne pas tout perdre. Ses frères aînés ne tenaient sans doute pas à ce que Sigebert prenne trop d'importance. Lentement, il porta le gobelet d'étain à ses lèvres et le vida d'un trait, avec l'exacte impression de boire le calice jusqu'à la lie. Caribert approuva d'un hochement de tête réjoui.

— Rouen, oui, dit-il en prenant à témoin l'évêque. C'est une belle ville, non ? On dit que l'air y est bon… quand il ne pleut pas.

***

Il pleuvait.

Un crachin venant de la mer, luisant comme de l'huile et qui donnait aux pierres l'aspect d'un vernis. Il pleuvait et tout se confondait dans les mêmes teintes mornes : le ciel hivernal, la campagne, les bois, les méandres de la Seine coulant au bas du château, les îles sur la rivière.

Le visage rougi par le froid, Frédégonde glissa un bras nu hors de sa cape de fourrure pour saisir un bol de lait fumant, et commença à boire à petites gorgées, aussi indifférente au caquetage étouffé de ses chambrières houspillées par Oiba qu'à la langueur de cette morne matinée. Rien ne pouvait l'atteindre ce matin, ni voiler le sentiment de plénitude qu'elle éprouvait.

Ce serait une autre journée d'hiver froide et pluvieuse, mais pas pour elle. Frédégonde reposa son bol et serra un peu plus contre son cou les pans de son épais manteau de martre, puis caressa du bout des doigts l'une des deux fibules rondes qui le retenaient. De véritables chefs-d'œuvre d'orfèvrerie cloisonnée, garnis de rubis d'un rouge profond et de topazes jaune pâle qu'assortissaient des boucles d'oreilles longues et une ceinture de même provenance qu'elle mettrait un peu plus tard, après qu'on l'aurait coiffée et qu'elle se serait vêtue.

Qu'importaient la pluie et l'hiver puisque tout était beau désormais autour d'elle. Et qu'importait que Rouen ne soit qu'une bourgade encaissée entre les murs de l'enceinte carrée levée autrefois par les Romains. Hors des jours de marché, il semblait parfois que toute vie abandonnait la cité, en dehors du groupe épiscopal avec son abbaye, sa basilique et ses propres vergers. Le palais lui-même faisait triste figure. Loin des splendeurs de Paris ou de Soissons, ce n'était qu'une motte fortifiée, une tour carrée de pierre cernée par un rempart de terre levée coiffé de palissades, dominant l'alignement rectiligne des maisons en torchis. Il n'y avait pas de vitrage aux fenêtres, tout juste des rideaux de cuir et des volets de bois. Il n'y avait ni tapisserie sur les murs, ni jonchées de fleurs sur le sol. On n'y voyait guère de jongalons ou de montreurs d'ours. Peu de rires, peu de cris d'enfants. Seule la salle de garde, juste sous les appartements royaux, résonnait des braillements de la troupe, au point qu'Audowère s'était exilée à Cambrai, loin de ce fortin indigne, disait-elle, d'une reine franque. Grand bien lui fasse. Chilpéric était resté.

Le grincement de la porte attira l'attention de Frédégonde. Elle n'eut que le temps d'apercevoir Oiba, plus ronde que jamais dans sa robe de bonne laine, s'efforçant de refermer derrière elle avec autant de discrétion que possible. La Mère croisa le regard de Frédégonde et lui adressa un sourire entendu. Elle savait, bien sûr. Oiba savait toujours tout. Le roi était rentré au cœur de la nuit d'une longue partie de chasse et il dormait encore, ou prétendait dormir, enfoui dans le lit de son amante. D'un mouvement de menton, Oiba désigna la table sur laquelle étaient posés une cruche de lait bouillant, du pain, des fruits et un second bol. Puis elle s'éclipsa.

Qu'importaient le mauvais temps et l'exiguïté de ce palais provincial, puisque Frédégonde y régnait seule, sans rivale désormais, et que le roi la traitait comme une concubine ? La déroute de Reims était déjà loin, oubliée avec les premières feuilles de l'automne et les pluies glacées de l'hiver. Sans doute n'étaient-ils plus aussi riches ni aussi puissants, mais, peut-être par orgueil autant que par amour, Chilpéric la couvrait de bijoux et d'attentions. Oiba dirigeait autour d'elle une maisonnée entière de serviteurs, avec une étable, des chevaux et même une barque à voile carrée amarrée à son bon vouloir près de la porte du Quai. Rien ne manquait, pas même une chapelle, où la jeune femme se rendait chaque jour pour continuer à s'y instruire du catéchisme en compagnie du prieur de l'abbaye et de ses novices. Enfin, près de cinquante hommes et archers veillaient sur elle, aux ordres du dux[1] Beppolène, et il y en avait dix fois autant aux abords de Rouen.

L'hiver touchait à sa fin. Bientôt reviendrait le printemps, et la ville endormie retrouverait son agitation. L'argent des terres fiscales rentrerait à flots, avait dit Chilpéric, de quoi aménager le palais et retrouver une vie digne de leur rang. *Leur* rang… Quel était le rang d'une concubine ? s'était demandé Frédégonde ce jour-là. Ce fortin qu'Audowère avait jugé indigne d'elle était garni de cheminées et de planchers en bois. Il n'y avait peut-être pas de verre aux fenêtres, mais on y dormait au sec derrière des murs de pierre brute larges d'une coudée. C'était bien plus qu'elle n'avait jamais eu dans son enfance, ou même dans les quartiers réservés aux serviteurs du palais de Soissons. Le rang d'une concubine était celui d'une reine, tant que le roi la traitait comme telle.

Mue soudain par une bouffée amoureuse, elle courut vers le lit massif et sauta en riant sur la forme immobile enfouie sous les couvertures. Chilpéric émergea des draps, le visage fripé, les cheveux en bataille. D'un coup d'œil il vit qu'ils étaient seuls. D'un autre, qu'elle ne portait rien sous sa cape de fourrure. Il tendit la main pour saisir son corps nu et tiède, mais Frédégonde le repoussa, riant toujours, et l'enjamba en lui immobilisant les deux bras sous ses genoux. Le roi ne lutta pas. Elle pencha la tête, et ses longs cheveux bruns formèrent autour d'eux un rideau qui les isolait de tout le reste. Elle ne souriait plus, mais ses yeux brillaient comme un éclat d'émeraude. Ses seins affleuraient la bouche de son amant mais se refusaient sans cesse. Puis elle se releva et bascula la tête en arrière. Elle voulait qu'il la regarde, qu'il s'emplisse de son odeur, que rien n'existe plus qu'elle. Son ventre, barré par la ceinture de serpent qu'elle ne quittait jamais, n'était qu'à quelques pouces du visage de Chilpéric et se balançait len-

1. *Dux bellorum* : chef de guerre. Le terme qui évoluera en « duc » n'était alors qu'un titre militaire.

tement contre son torse, avançant un peu plus à chaque oscillation, jusqu'à ce que, enfin, sa langue s'enfouisse en elle, tout d'abord à peine, puis un peu plus au gré de ses mouvements, encore et encore, jusqu'à ce qu'il se relève et la renverse sur les draps emmêlés.

Oiba, assise sur une banquette à la porte de leur chambre, sursauta en l'entendant crier. La phrase qu'elle marmonnait depuis qu'elle les avait laissés se répétait sans cesse dans son esprit, comme sur sa lancée. *Uiro nasei es menio, olluncue medenti...* Puis il y eut d'autres cris, des gémissements rauques, des murmures, des gloussements. La Mère sourit, se leva et s'éloigna lentement.

Le lait avait refroidi dans le pot en laissant une peau crémeuse. Chilpéric le vida d'un trait, essuya sa barbe d'un revers de son bras nu puis choisit une pomme ronde et rouge qu'il croqua à belles dents.

— Je ne pensais pas que tu reviendrais si vite, lança Frédégonde depuis le lit. Rien de grave ?

Le roi de Rouen lui sourit tout en mastiquant le fruit, pas mécontent de ne pas devoir répondre de suite. Elle s'était assise en tailleur sur le lit en bataille, les mains posées sur ses cuisses, et d'une beauté telle qu'il en avait la gorge nouée. Chaque mois, chaque semaine, chaque jour la rendait un peu plus femme, et, par une magie qui lui aurait presque fait croire en Dieu, gonflait ses seins et ses hanches tout en affinant son visage et creusant sa taille. Malgré la nuit et la matinée qu'ils venaient de passer, il sentit le sang affluer en lui à la seule vue de ce corps si aimable que ne pas le désirer eût été un péché. Puis, en croisant ses yeux verts, il se souvint qu'elle venait de lui poser une question et il s'empressa de prendre une nouvelle bouchée.

Rien de grave, sans doute, si ce n'est qu'Audowère venait de mettre au monde une fille. Cette fois, Chilpéric se sentait fautif. Aucun de ses autres enfants n'avait réellement été le fruit de l'amour, puisqu'il ignorait ce mot avant de connaître Frédégonde. Il les avait eus par devoir, pour lui-même, par convenance. Alors que ses frères n'avaient pas la moindre descendance, ou peut-être des bâtards nés de jouvencelles de rencontre, lui s'enorgueillissait de posséder trois fils. Deux d'entre eux au moins étaient assez grands pour être sortis de cet âge incertain où les enfants mouraient d'un rien. Son devoir, dès lors, était accompli et sa lignée assurée. Cet autre enfant ne servait à rien, d'autant moins que c'était une fille. Il avait l'impression d'avoir trahi son amante en couchant avec Audowère, et dans le même instant l'inanité d'une telle pensée le frappa et blessa son orgueil.

— Je suis allé à Cambrai, dit-il avec plus de brusquerie et de défi qu'il ne l'aurait souhaité. La reine…

Frédégonde n'avait pas bougé, son visage n'avait pas eu la moindre expression, et pourtant il lui sembla que ses yeux s'étaient vidés de l'éclat de tendresse qui les illuminait jusqu'à présent.

— La reine vient de donner le jour à un enfant, acheva-t-il. Une petite fille. Basina. Elle viendra ici après l'hiver avec mes fils pour la faire baptiser…

— Je serai heureuse de les revoir.

— Oui. Ils m'ont parlé de toi. Et Théoudebert m'a écrit un message. J'ai eu du mal à le lire, parce qu'il ne trace pas encore très bien ses lettres et que son latin ne ressemble pas à grand-chose, mais enfin il va bien. Sigebert le fait garder dans sa villa de Pontico[1] et lui a donné des maîtres pour l'instruire. J'ai promis à mon frère que je lèverais des troupes au champ de mars[2] pour marcher avec lui contre les Frisons, dans le Nord. En échange, il s'est engagé à me rendre mon fils.

— C'est bien.

Chilpéric hocha la tête puis, ne sachant plus que dire, partit à la recherche de sa longue chemise pour s'en revêtir. Quand il fut couvert, il vit que Frédégonde restait nue, le dos droit,

1. Ponthion, près de Vitry-le-François.

2. L'*hariban* – la levée des troupes sur convocation du roi – se passait au mois de mars sous le contrôle des comtes et des chefs de guerre (dux), les Francs ne se battant pas l'hiver.

impudique et distante. D'où venait que parfois il se sentait devant elle aussi faible qu'un enfant ?

— Ah, j'oubliais ! s'exclama-t-il. Un évêque a enfin été nommé pour remplacer ce cher vieux Filleul, Dieu ait son âme. Le diocèse de Rouen va retrouver son éclat.

— Que de bonnes nouvelles ! persifla Frédégonde.

— Il sera là demain ou dans quelques jours, poursuivit Chilpéric. C'est pour ça que je suis revenu. Il va falloir l'accueillir comme il convient.

— Comment s'appelle-t-il ?

— Prestus... Ou Pretestus, quelque chose comme ça... Il était abbé du côté de Laon. Un jeune. Au moins il nous fera de l'usage. Prétaxtus...

La gorge de Frédégonde s'était nouée. En un geste dérisoire de protection, elle couvrit sa poitrine d'un drap qu'elle serra contre elle.

— Prétextat ?

— Oui ! Oui, Pretextatus, c'est ça ! Tu le connais ?

Elle ne put que répondre d'un hochement de tête et d'un pauvre sourire, les larmes aux yeux. Chilpéric ne vit que le sourire et partit sur les descriptions des réjouissances merveilleuses qu'il organiserait pour l'arrivée du nouvel évêque. Frédégonde n'écoutait pas. Le souvenir de Prétextat la submergeait à l'étouffer. Elle le revit nu devant elle, dans la chaude lueur d'un feu de cheminée. Lourd et ahanant, l'écrasant sur sa couche de tout son poids. Puis les yeux fuyants, sous son bonnet de laine, quand il l'avait envoyée à Soissons pour y devenir servante. Quel était ce Dieu qui, entre tous, choisissait cet homme pour venir la tourmenter jusque dans sa retraite rouennaise ? Comment ne pas y voir un signe, la preuve terrifiante d'une malédiction divine ?

Chilpéric, heureusement, parlait toujours sans attendre de réponse, car l'horreur de ce qui l'attendait nouait la gorge de son amante et la mettait au bord de la nausée. Déjà, elle imaginait la stupeur du saint homme en la reconnaissant, puis le mépris, les moqueries, le scandale, Chilpéric obligé de se détourner d'elle, Audowère triomphante... Le monde qu'elle s'efforçait de bâtir s'effondrant en un seul instant. Seul l'engourdissement né de ce brutal revirement l'empêchait de se répandre en larmes, une apathie qui la privait de la moindre réaction et qu'elle ne cherchait pas à dissiper. C'était trop injuste, trop infamant pour qu'elle parvienne à y réfléchir. Et pourtant, sans même qu'elle s'en aperçoive, du plus profond de l'abîme qui s'était ouvert sous ses pieds, une infime lueur se fit jour. La honte insigne de ce souvenir qui la ramenait brutalement au rang d'une fille sans nom, d'une prostituée païenne offrant son corps à même la terre, d'une esclave qu'on pouvait tuer ou violer à loisir, ce souvenir s'effaça avec la conscience de ce qu'elle était devenue, malgré ou grâce à Prétextat, et grâce à ce qu'il lui avait fait. Le jeune abbé était devenu saint en recevant la mitre et la crosse, mais il avait été cet homme nu à genoux devant elle, cet amant maladroit et brutal forçant son passage entre ses cuisses. Elle se souvint de la douleur et de ses cris, du sang sur les draps, de l'effroi dans son regard lorsqu'il avait compris.

Le petit abbé avait violé une vierge. Passe encore s'il s'était agi d'une esclave, mais qui oserait prétendre que la concubine royale n'était pas une femme libre, ou qu'elle ne l'avait pas toujours été ? Le viol d'une jeune fille de condition libre était passible, selon la loi salique, d'une amende de deux mille cinq cents deniers et frappait d'infamie son auteur. Voilà ce que Prétextat devrait comprendre en la voyant, mais cela dès le premier regard, afin qu'il ne les ruine pas l'un et l'autre par une réaction irréfléchie. Oiba... Sans doute se souviendrait-il d'elle également, puisqu'il l'avait condamnée. Oiba saurait le convaincre, de gré ou de force.

Le nouvel évêque de Rouen allait devoir apprendre à obéir.

***

Les premiers jours du printemps avaient fait éclore les bourgeons à tous les arbres et verdir l'herbe des talus. L'air embaumait, incitant à la nonchalance d'une promenade plutôt qu'à la fièvre d'une chevauchée, à la rêverie plutôt qu'aux discours, à la solitude plutôt qu'au partage. Cheminant en avant de leur petite escorte entourant un chariot lourdement chargé, le guerrier et l'enfant allaient donc au pas et en silence, côte à côte, mais sans se regarder, affichant sans le savoir des mines si différentes que quiconque les aurait croisés n'aurait manqué de s'amuser de ce tableau.

L'enfant était Théoudebert, le fils aîné de Chilpéric, et s'il souriait, c'était parce que son oncle Sigebert venait de lui rendre sa liberté, mais encore plus parce qu'il avait le sentiment, du haut de ses sept ans, d'avoir bien servi sa famille en se comportant avec honneur tout le temps qu'on l'avait retenu en otage. Certes, sa détention n'avait duré qu'un hiver et sans doute ne lui avait-on fait subir rien de plus rigoureux que les cours du magister chargé de parfaire sa connaissance dans les trois arts, grammaire, rhétorique et dialectique, ainsi que le comput[1], l'astronomie et la musique. Mais il n'en avait pas moins été prisonnier, éloigné de sa mère et de ses frères, seul en terre étrangère. Depuis les premiers instants, il avait tenu son rang, sans pleurer ni se plaindre, et de cela, Sigebert lui-même lui avait fait compliment en le renvoyant à son père chargé de présents. S'il souriait, enfin, c'était parce qu'il montait en ce moment même son cadeau le plus précieux, une pouliche d'un blanc éclatant qui lui donnait vraiment l'allure d'un prince royal.

À son côté, le guerrier était Gothiko, et s'il faisait grise mine, c'était parce que l'armée de Sigebert s'éloignait à l'opposé de leur route, à la rencontre des Frisons qu'elle taillerait joyeusement en pièces tandis que lui, tout leude qu'il soit devenu et membre honoré de la truste du roi de Reims, se voyait chargé de ramener ce gamin prétentieux à sa famille. Ce ne serait heureusement que l'affaire de quelques jours, depuis la villa de Pontico jusqu'à Rouen. Alors seulement, une fois débarrassé de

1. Les mathématiques.

cette corvée indigne d'un chef de guerre, sa véritable mission pourrait commencer. Une mission que Sigebert avait voulue discrète et que ce voyage permettait de dissimuler.

À présent qu'il était affermi sur son trône, auréolé de sa victoire contre les Huns et du camouflet qu'il avait infligé à son frère, Sigebert avait enfin prêté oreille aux conseillers qui le pressaient de prendre épouse et de fonder une famille pour asseoir sa succession. Les jeunes femmes d'Austrasie qui partageaient d'ordinaire sa couche s'étaient prises à rêver, mais le roi avait une autre vue de l'union qu'il désirait contracter.

À Paris, son frère aîné Caribert avait fait scandale en s'affichant ouvertement aux bras d'une servante de sa femme Ingoberge, puis en courtisant la propre sœur de cette servante qui, de surcroît, était entrée dans les ordres. Gontran, quant à lui, avait jeté son dévolu sur l'épouse de l'un de ses leudes, brisant ainsi le serment de fidélité qui liait tout autant le guerrier à son roi que ce dernier à ses hommes. Avec elle, on disait qu'il avait eu un bâtard nommé Gondebaud, et qu'il l'avait aussitôt répudiée pour épouser une Franque, Mercatrude, également enceinte de ses œuvres. Ce n'était pas le genre de mère que Sigebert souhaitait pour ses enfants. À un grand roi, il fallait une épouse de sang royal, et non l'une de ces catins qu'affectionnaient ses frères. Le choix était restreint. Il y avait toujours, à Constantinople, quelque princesse d'ascendance plus ou moins noble, tout comme dans les royaumes angles ou saxons du Kent ou de Northumbrie, mais son choix s'était porté sur les territoires wisigoths d'Espagne, où le roi Athanagilde avait deux filles en âge de se marier. En outre, ses terres de Septimanie et de Gotalonia[1] étaient voisines de ses propres possessions en Provence, et une telle alliance pouvait renforcer son influence dans la région. Restait à convaincre Athanagilde d'accorder la main de l'une de ses filles à un Franc, de surcroît descendant direct du roi Clovis qui, soixante ans plus tôt, les

1. La Septimanie représente plus ou moins l'actuel Languedoc-Roussillon. Le nom de Catalogne vient de Gotalonia, le pays des Goths.

avait repoussés hors de Poitiers. Restait aussi, comme l'avait fait remarquer l'évêque Egidius, à convaincre la fiancée d'abjurer l'arianisme en usage chez les Wisigoths, et de recevoir un baptême catholique.

Ce n'était pas une ambassade facile, Gothiko en était conscient. Les cadeaux somptueux, armes, bijoux, vases et fourrures rares dont le chariot regorgeait – tous n'étaient pas destinés à Théoudebert, loin de là – suffiraient à lui accorder une audience, mais certes pas à engager les fiançailles. Et que ferait-il, même si de cela Sigebert n'avait pas parlé, si les princesses étaient laides ? Si elles étaient repoussantes, ou trop jeunes, ou trop vieilles ? Comment pourrait-il être certain, d'ailleurs, qu'Athanagilde lui présenterait réellement ses filles alors que nul ne les avait jamais vues ?

— Seigneur Gothiko ?

Le Franc poussa un long soupir et se tourna vers son jeune compagnon de route.

— Oui, monseigneur ?

— Les chevaux sont-ils suffisamment reposés maintenant ?

— Oui, sans doute.

Il lui sourit, regarda les hommes de l'escorte et leur fit signe.

— On vous retrouve à une lieue d'ici ! cria-t-il.

— Cette fois, ne me laissez pas d'avance, dit Théoudebert. On part ensemble, d'accord ?

— D'accord. Hé !

L'enfant avait déjà lancé sa monture et filait droit devant lui au grand galop. Gothiko secoua la tête, piqua des deux et partit à sa poursuite. La pouliche allait bien, mais Théoudebert tirait trop sur son mors et sa course en était gênée. En le rejoignant, le guerrier vit en outre que l'enfant ne parvenait pas à enserrer suffisamment l'animal de ses cuisses. Une ruade, et il verserait à terre. Il ne manquerait plus qu'il se rompe le cou…

— Vous avez gagné ! cria-t-il en se portant à sa hauteur.

Puis, avant que le jeune prince ne puisse réagir :

— Bel animal que vous avez là, monseigneur. Il faudra en prendre soin.

Comme pour flatter l'encolure de la pouliche, il avait saisi les rênes et ramené la monture au trot.

— Il faut les attendre, maintenant. Ces chemins ne sont pas sûrs.

— Pourquoi ? fit Théoudebert. Nous sommes encore dans les terres de mon oncle ?

Gothiko rit de bon cœur, mais en voyant l'expression perplexe qu'affichait l'enfant, il se demanda si sa saillie était intentionnelle. Descendant de sa monture, il saisit les rênes des deux chevaux et poursuivit à pied.

— Eh bien justement non, lança-t-il par-dessus son épaule. Nous venons de passer Compendium[1], et nous voici dans celles de votre père !

— Alors qu'avons-nous à craindre ?

— Rien, puisque nous sommes alliés, à présent… Et vous plus qu'aucun autre, monseigneur !

Théoudebert avait lui aussi sauté à terre. Il s'apprêtait à prendre les rênes de sa pouliche pour marcher au côté de Gothiko lorsqu'il suspendit son geste et fronça les sourcils.

— Vous êtes tout le temps en train de parler comme ça, dit-il en le dévisageant avec une acuité qu'on n'attendait guère d'un enfant de sept ans.

— Comment ça ?

— À faire des phrases qu'on ne comprend pas, comme si vous vouliez dire quelque chose sans le dire vraiment.

— On me reproche pourtant souvent le contraire.

— Eh bien, parlez ! Pourquoi serais-je plus votre allié qu'un autre ?

Le Franc s'arrêta et considéra le jeune prince avec gravité. Il y avait de la force, à n'en pas douter, chez l'héritier de Chilpéric, et plus encore de l'orgueil. Peut-être un jour régnerait-il, à moins que la peste l'emporte ou que quelqu'un le tue. Les enfants des rois avaient tendance à mourir plus facilement que les autres.

1. « Le Raccourci ». Aujourd'hui Compiègne.

— Tu as prêté serment, petit, dit-il d'une voix ferme. Sur la bible, tu as juré de ne jamais porter les armes contre ton oncle Sigebert ou contre ses intérêts. Tu l'as déjà oublié ?

Théoudebert ne répondit pas. Le visage empourpré, un vague sourire aux lèvres, il roulait des yeux comme s'il cherchait une réponse digne ou subtile.

— Réponds ! cria Gothiko, et son cri soudain fit s'envoler une volée de moineaux d'un buisson bordant le chemin.

— Qu'est-ce qui vous prend ? Je croyais que nous étions amis !... Non, je n'ai pas oublié, bien sûr que non ! Vous êtes content ?

En cet instant, le prince avait l'air de ce qu'il était véritablement : un enfant livré aux mains d'ennemis effrayants, sans même un compagnon auquel se raccrocher. Gothiko eut honte de l'avoir houspillé.

— Ça vaut mieux, grommela-t-il. Je suis flatté que vous me considériez comme un ami, monseigneur. Mais je suis avant tout un leude du roi Sigebert, ce qui signifie que je lui ai prêté serment de fidélité. Et parce que je suis votre ami, je vous mets en garde, mon prince...

Il s'arrêta, le temps que Théoudebert se tourne vers lui et le regarde bien en face.

— Si un jour vous deviez trahir votre parole, c'est moi qui vous en demanderais compte.

Je ne sais ce que sera ta vie, mon pauvre petit. Nos ennemis sont si nombreux, si puissants, si triomphants alors que tu n'as plus rien, hormis le nom que tu portes et l'espoir de ta lignée. Je prie pour que ma mort leur suffise et qu'ils te laissent vivre, même pauvre, même asservi. Tu ne le seras jamais autant que je le fus, quand je n'avais même pas de nom. Tant que tu vis, tout reste possible. Ça ne dépend que de toi. Tu peux échouer, bien sûr, tu peux être tué ou, pis encore, être tondu et jeté dans un couvent. Mais tu peux aussi réussir et forger toi-même ton destin.

C'est ce que je fis. On me le reprocha assez, mais à voix basse, loin de ma vue, car on me craignait. J'aurais pu rester toute ma vie durant la suivante d'Audowère et l'amante du roi, mais je ne le voulais pas. J'aurais pu subir l'humiliation du triomphe de Prétextat devenu évêque, trônant en chaire à prêcher la bonne parole en osant me regarder sans rougir de honte, mais je ne le voulais pas. Ton père avait besoin d'une reine, pas d'une bécasse apeurée empâtée par ses grossesses, blanche et molle, sans autre ambition que de veiller au coin du feu parmi sa marmaille. Alors oui, je le dis, j'ai fait ce qu'il fallait pour donner à ton père la femme qu'il méritait, la seule qu'il ait jamais aimée, et pour l'affranchir du même coup de l'autorité de l'Église. Je l'ai fait et je ne le regrette pas.

11

La répudiation

Printemps 564

Depuis les berges de la Seine jusqu'à la deuxième enceinte, la ville était parée de fleurs, débordante d'échoppes et de tavernes en plein air, ruisselante d'une foule chamarrée, bruyante, réunie pour le baptême de la petite Basina. Pour autant, la cérémonie n'avait pour la plupart des Rouennais guère plus d'intérêt que les proclamations triomphales des victoires emportées contre les Frisons par le roi Chilpéric et son frère, mais les largesses du palais mettaient le peuple en joie. Depuis deux jours, des charrettes remplies de pain, de viande fumée et de fruits parcouraient les ruelles en tout sens, distribuant les vivres avec une telle largesse qu'on en voyait traîner sur les margelles des fontaines. Ce matin, disait-on, des tonneaux de bière et d'hydromel avaient été mis en perce au poste de garde où l'on régalait quiconque venait s'y présenter. Rouen tout entière était saoule, repue et exaltée, bruissante de rumeurs, grouillante d'activité, pareille à une fourmilière piétinée.

L'air était encore frais en ce début de printemps, et le soleil timide. Frédégonde, pourtant, sentait une rigole de sueur couler dans son dos, sous sa robe lacée trop étroitement et qui lui comprimait le ventre. En pénétrant sur le glacis qui s'étendait entre le fortin royal et son enceinte, elle reçut comme un choc la foule de notables qui s'était amassée là en procession, en vue du baptême. Résolue à ne regarder personne, elle s'avança la tête haute et les yeux baissés entre deux haies de courtisans et de commères, suivie d'Oiba et de Poupa, dérisoire escorte dans une telle presse. Les trois femmes, allant du même pas, remontèrent rapidement les rangs du cortège qui se formait. Comme si elles n'avaient pas vu que celui-ci n'était composé que d'hommes et de moines, elles prirent place à sa tête, devant les bannières du roi et de l'évêque. Il y eut bien sûr quelques protestations étouffées, car c'était tout de même une procession religieuse et il ne convenait pas que les femmes s'en mêlent, mais le coup d'œil qu'Oiba adressa à l'huissier qui avait osé la tirer par le bras suffit à décourager celui-ci et les autres. D'ailleurs, le dux Beppolène, qui était posté devant l'angarde avec un groupe de gens d'armes chargés d'ouvrir la marche, s'inclina devant la concubine royale avec une déférence obséquieuse. Ce geste d'allégeance envers celle qui, en l'absence du roi, était la véritable maîtresse de la ville n'échappa à personne. Tout comme n'avaient guère échappé, malgré les efforts de Frédégonde, les rondeurs nouvelles de son ventre et de ses seins.

Les regards, à présent, se tournaient vers la grand-porte, où la reine Audowère devait paraître d'un instant à l'autre, afin que l'on puisse enfin se mettre en route vers l'enclos épiscopal. Il y eut quelques minutes de silence respectueux, puis l'assistance recommença à murmurer. La reine était en retard. Au bout d'une poignée de minutes encore, on vit l'un des moines s'approcher du sénéchal, gouverneur du palais et maître de sa domesticité, et lui parler à l'oreille avec autorité. Puis ce dernier envoya l'un de ses huissiers quérir des nouvelles.

L'homme revint quelque temps plus tard, la mine basse, et fit son rapport avec un geste d'impuissance des bras assez explicite pour que, parmi la procession et dans la masse de ceux qui attendaient sur le glacis, les chuchotements se muent en un brouhaha indigné.

Frédégonde n'avait pas bougé. Les yeux dans le vague, elle jouait machinalement avec la fibule de pierreries qui fermait le mantel à capuche de simple laine dont elle s'était recouvert les épaules et la tête, tant pour s'isoler de la foule que pour masquer son angoisse. Le sang ne battait plus à ses tempes, son cœur s'était remis à battre à un rythme normal, mais la partie qui se jouait en ce moment lui semblait au-dessus de ses forces, surtout dans son état. Derrière le masque impassible qu'elle s'efforçait d'afficher, son esprit ne cessait d'échafauder mille incidents capables d'effondrer le fragile édifice de la machination engagée ce matin. L'absence de Chilpéric l'affaiblissait dangereusement, et seule la volonté de fer d'Oiba en cet instant l'empêchait de quitter la place et de se réfugier dans sa chambre.

Un soudain tiraillement lui arracha une plainte étouffée et un frémissement de tout le corps. Elle réfréna de justesse le geste de soutenir son ventre, ferma les yeux et expira longuement. Ce matin même, Oiba l'avait enduite d'une pommade composée de cendres de hérisson afin de protéger son enfant. Elle lui avait fait boire, comme chaque jour, du lait de chienne, qu'on disait souverain pour la croissance du fœtus. Mais rien n'avait calmé la douleur…

Lorsqu'elle rouvrit les yeux, Frédégonde perçut un mouvement à la périphérie de son champ de vision. Un groupe de dignitaires et de religieux s'était rapproché de Beppolène et tenait conciliabule, jetant des regards dérobés dans sa direction, avec des gestes d'une nervosité mal contenue. Puis le dux s'avança vers elle, et elle se détourna aussitôt.

En s'immobilisant à quelques pieds d'elle, Beppolène s'éclaircit la gorge.

— Ma damoiselle…

Frédégonde tressaillit mais fut incapable de bouger, tant elle était pétrifiée d'appréhension. Dans la seconde, elle fut bousculée rudement par Oiba, qui passa devant elle et fit face au soldat.

— Messire Beppolène…

— Je dois parler à Damoiselle Frédégonde.

— Elle vous écoute.

Le dux fronça les sourcils, mécontent du ton qu'osait employer une servante pour s'adresser à lui. Mais on racontait toutes sortes de choses sur cette Oiba, des choses de sorcellerie, et Beppolène était une âme simple, que ce genre de rumeur effrayait.

— C'est la reine, grommela-t-il en regardant alternativement les deux femmes, sans savoir réellement à qui s'adresser. Le sénéchal dit que la marraine qu'elle a choisie est pas là, et les prêtres disent qu'il ne faut pas faire attendre Mgr l'Évêque. Comme ça, tout le monde pense que ça serait temps que Damoiselle Frédégonde aille lui parler…

— C'est bien. Elle va y aller.

Lui tournant le dos, Oiba s'approcha de sa protégée, assez près pour que nul n'entende ce qu'elle lui marmonnait à l'oreille. Frédégonde parut émerger de sa léthargie. Suivie de la Mère et de Poupa qui trottinait en arrière avec son habituel air affolé et gauche, elle fendit la foule d'un pas si rapide que tous s'écartèrent devant l'expression résolue de son visage. Les trois femmes cheminèrent ainsi jusqu'aux appartements d'Audowère. Les couloirs et son antichambre étaient encombrés de toute une valetaille qu'Oiba dispersa de quelques jappements brefs. Dans l'instant, il ne resta plus devant la porte de la reine que deux gardes – des mercenaires saxons, à en juger par leur mise – et les fils de Chilpéric. Frédégonde eut un mouvement de recul, mais Théoudebert s'était déjà levé du banc sur lequel ils attendaient et il se précipita dans ses bras. Elle se pencha pour lui baiser la joue, lui sourit et tendit la main vers les deux autres. Le petit Clovis accourut pour l'embrasser. Le dernier à réagir fut sans surprise Mérovée, qui resta à distance et se contenta de la saluer d'un vague hochement de la tête. Inconsciemment ou non, il eut même un geste du bras pour se tenir le flanc, avant de baisser les yeux d'un air lamentable. La brûlure du brasero ne s'était pas cicatrisée entre eux.

— Dame Mogiane n'est pas venue ! chuchota Théoudebert d'un ton pressant en la tirant par la manche. Ma mère la reine dit qu'elle ne veut voir personne, et je crois qu'elle a pleuré.

— Je la verrai, moi…

Elle caressa la joue de l'enfant et se détacha pour l'observer. Les mois passés aux mains de Sigebert lui avaient profité. Théoudebert avait grandi, forci, et n'en ressemblait que davantage à son père, qu'il copiait désormais en tout. Peut-être même était-ce pour ça qu'il lui faisait tant de bontés. Du haut de ses sept ans, le prince régnait déjà sur son petit monde, avec une brusquerie qui, plus d'une fois, aurait suscité des remontrances s'il n'avait été l'héritier du royaume de Neustrie.

Elle releva les yeux, regarda les deux autres, glissa sur les gardes et jeta un bref coup d'œil vers Oiba, qui lui fit un signe d'encouragement discret de la tête.

— Préparez-vous, dit-elle aux enfants avec un sourire forcé. Mes servantes (et elle insista malgré elle sur ce mot qui remettait la Mère à sa place) vont vous aider à vous habiller.

Puis elle se dirigea vers la porte de la reine, frappa et entra sans attendre qu'on l'y invite. Audowère était assise sur son lit, somptueusement vêtue et couverte de bijoux, comme à son habitude, une main posée sur le berceau dans lequel reposait Basina. Une jeune servante coiffait ses longs cheveux retenus par le mince bandeau d'or ouvragé dont elle avait fait sa couronne. C'est à peine si la reine réagit en voyant sa rivale. S'apercevant cependant que Frédégonde attendait en silence, elle leva tout de même la main avec un sourire las à l'intention de sa chambrière.

— C'est bon, laisse-nous.

Une fois qu'elle eut quitté la pièce, Frédégonde eut un mouvement pour aller s'asseoir sur une huche. Son ventre et son dos devenaient douloureux, et la journée était loin d'être finie.

— Majesté, il faut descendre, dit-elle en se reprenant. On ne peut pas faire attendre Mgr l'Évêque plus longtemps…

— Dame Mogiane est là ?

— Non. Mais c'est arrangé.

Audowère la dévisagea tout d'abord avec espoir, puis son sourire se figea rapidement. Ses yeux balayèrent la silhouette de sa rivale de bas en haut, puis se détournèrent, tandis qu'elle affichait un rictus de défiance et de mépris.

— Je comprends, murmura-t-elle. C'est toi… Tu profites de l'absence du roi pour tenter de m'abuser, c'est cela, hein ? C'est par tes manigances de sorcière que Mogiane n'est pas là, avoue !

La gorge nouée et le cœur battant, Frédégonde ne put répondre. Tout ce qu'il lui restait de volonté permettait tout juste qu'elle ne s'effondre pas aux pieds de la reine.

— Tu as arrangé tout cela pour que je te choisisse comme marraine à sa place ! siffla Audowère en se rapprochant d'elle, pointant le doigt : Eh bien c'est raté ! Comment as-tu pu penser que je…

— Non.

Frédégonde abaissa sa garde le temps de tourner la tête, d'essuyer ses yeux brillants de larmes et de prendre une profonde inspiration. Malgré elle, elle soutint son ventre douloureux et réprima un gémissement. Une autre qu'Audowère aurait poussé son avantage pour la mettre en pièces, mais la reine, tout à son exaltation soudaine, eut l'orgueil de croire que le trouble de sa rivale n'était dû qu'à la justesse de ses déductions.

— Non, reprit cette dernière d'une voix plus assurée, je n'imaginais pas une telle chose. Je ne suis pas…

Il lui fallut encore souffler pour desserrer un peu l'étau d'angoisse et de colère qui l'oppressait. Le visage triomphant de la reine était une insulte, mais en même temps la preuve de sa crédulité et de l'aveuglement de son jugement, obscurci par le mépris qu'elle éprouvait pour son ancienne servante. À ses yeux, le complot le plus audacieux qu'aurait pu fomenter Frédégonde ne pouvait avoir d'autre but que de la forcer à faire d'elle la marraine de sa fille Basina. Comme s'il s'agissait de quelque gloire suprême ! Pauvre sotte…

— Je n'aurais jamais eu le front de briguer un tel honneur, poursuivit-elle en baissant les yeux pour ne pas se trahir. En fait, nulle dame de Rouen n'a assez de rang ou de fortune pour pouvoir prétendre entrer dans votre famille… Nulle que vous, ma dame, est assez noble pour remplacer Dame Mogiane.

— Que dis-tu ?

— Mgr Pretextatus y consent. Soyez la marraine de Basina, et tenez-la vous-même sur les fonts baptismaux. Sinon, il vous faudra renoncer à la cérémonie, renvoyer tout ce monde et souffrir le courroux de l'Église. Et quand le roi, mon seigneur, reviendra victorieux, pourra-t-il voir sa fille avec plaisir, si elle n'est pas baptisée ?

Ayant dit, Frédégonde se sentit malgré elle submergée par l'émotion fébrile de ce moment et ne put réprimer un sanglot douloureux. De nouveau, Audowère se méprit. Les larmes d'appréhension de sa rivale lui parurent celles d'une jeune femme sincèrement meurtrie. Peut-être même celles d'une future mère qui comprenait, en cet instant de liesse populaire, que le bâtard qu'elle portait ne connaîtrait jamais un semblable honneur. Elle s'en voulut de lui avoir parlé si durement.

— Pardonne-moi, dit-elle d'un ton radouci. Si c'est l'évêque qui a proposé cet arrangement, c'est bien. Ne le faisons pas plus attendre.

Audowère lui sourit, se dirigea vers le berceau puis, se ravisant tout à coup, se tourna de nouveau vers Frédégonde.

— J'ai été injuste avec toi. Après tout, je suppose qu'il est normal qu'un roi ait plusieurs femmes. On ne peut rien y faire, n'est-ce pas ?

— Non, il n'y en a qu'une. Vous êtes la seule reine.

— C'est vrai.

De nouveau elle lui sourit, et désigna le berceau d'un geste gauche.

— Je ne sais si j'aurai la force de porter Basina jusqu'à l'évêché. Peux-tu la prendre ? Nous marcherons ensemble.

C'est ainsi qu'elles sortirent de la chambre royale et qu'elles menèrent la procession jusqu'aux fonts baptismaux, si bien que tous, à Rouen, purent voir la maîtresse du roi, enceinte de ses œuvres, cheminer au côté de la reine et devant ses fils en tenant dans ses bras sa dernière-née. C'était un spectacle étrange, mais rares étaient ceux qui n'avaient pas assez bu pour être capables de s'en offusquer. À l'instant même où elles franchirent les portes d'enceinte de l'enclos épiscopal, Frédégonde déposa la petite dans les bras de sa mère, avant de s'incliner humblement sur leur passage et de rejoindre une place plus discrète dans le baptistère.

Prétextat les y attendait depuis plus d'une heure, et sa nervosité fut mise sur le compte du retard de la reine. Quant aux regards en biais qu'il dardait sur l'assistance, comme s'il y cherchait quelqu'un, nul ne s'en inquiéta outre mesure. Le seul visage qu'il aperçut fut celui d'Oiba, qui s'était avancée au premier rang et qui ne le quittait pas des yeux.

***

Deux mois jour pour jour après le champ de mars, l'armée du roi était de retour. Le poste de guet installé à l'est, au sommet de la colline surplombant Rouen, aperçut ses feux de camp à plus de dix lieues de là, sur la route de Beauvais. Des cavaliers furent dépêchés aux nouvelles afin de savoir s'il convenait toujours de célébrer des victoires. Ils revinrent le lendemain au matin, accompagnés du dux Beroulf en personne, chargé d'annoncer à la reine les succès de son époux ainsi que de veiller à ce que la ville accueille dignement son glorieux souverain. Puis Beroulf s'isola plus discrètement dans les appartements de la concubine royale. Nul ne sait ce qu'ils se dirent.

Au matin du deuxième jour, la ville était pavoisée. La population tout entière, fermiers, pêcheurs ou artisans, avait reçu l'ordre de cesser le travail pour se masser sur les remparts, à la porte est. En avant de l'armée, sous la garde d'un faible détachement de cavaliers, Chilpéric s'était fait devancer par une longue cohorte de chariots débordants d'or, d'armes et de fourrures, derrière lesquels, attachés à des longes comme des chevaux sauvages, titubaient des chefs frisons hirsutes et dépenaillés. Certains étaient morts en chemin de leurs blessures, et leurs corps traînaient dans la poussière, maculés de sang séché, hideusement déchiquetés par la rocaille. Puis venaient les antrustions du roi, une centaine de guerriers ayant prêté serment de le défendre jusqu'à la mort et qui, en retour, recevraient double part du butin. Enfin le roi lui-même et ses leudes, tous à cheval, portant le casque et le bouclier, suivis en retrait par le gros de la troupe. Tout ce monde, hormis la piétaille qui s'arrêta en dehors de l'enceinte, franchit la porte sous les acclamations des Rouennais, et continua jusqu'au groupe épiscopal.

Un attroupement formidable s'était formé sur le parvis de l'abbaye, l'un des rares endroits à vrai dire où l'on pouvait s'attrouper, tant les ruelles de la ville étaient étroites. Il y avait tant de monde poussant des cris et jetant des fleurs sur le passage du roi que l'évêque et les moines n'avaient pu s'avancer au-delà des portes de l'église. Aveuglé et assourdi par la foule en liesse, Prétextat avait dépêché quelques novices dans le clocher afin qu'ils le renseignent sur la progression des cavaliers, mais le vacarme était tel que les moinillons s'égosillaient en pure perte.

La troupe royale s'était arrêtée à quelques perches de là, devant un groupe de jeunes femmes venues du palais. À pareille distance, les novices n'auraient pu reconnaître Frédégonde parmi elles, quand bien même l'un d'entre eux aurait été capable de l'identifier. Ils ne pouvaient certes pas entendre ce que la concubine, respectueusement agenouillée devant la monture de Chilpéric, lui annonçait. Ce qu'ils virent, en revanche, c'est que le roi se détourna de l'église et piqua des deux et se fraya sans ménagement un chemin parmi l'assistance, droit vers le palais royal. Ils n'eurent pas besoin de pousser beaucoup la voix pour en avertir Prétextat, tant la brusque volte de Chilpéric avait stupéfié les Rouennais agglutinés sur le parvis. En un instant, les vivats et les rires avaient laissé place à un bourdonnement de murmures. Contrairement à tous les usages, le roi avait soudainement renoncé à la bénédiction de l'évêque. Le roi avait l'air furieux. Le roi avait poussé de terribles jurons. Il était parti si vite que seuls quelques membres de son escorte rapprochée avaient pu le suivre. Damoiselle Frédégonde lui avait parlé, mais nul n'avait entendu ses paroles...

Prétextat resta un long moment sans bouger, raide sous sa mitre et son étole, la main crispée sur la hampe de sa crosse. De la sueur perlait sur son front et ses tempes, mais son corps tout entier lui semblait pris dans un étau de glace tandis qu'autour de lui, jusque parmi ses ouailles, couraient les rumeurs, et avec elles les regards en coin, presque déjà les médisances. À son côté, son archidiacre s'offusquait de la grossièreté impie de Chilpéric, s'échauffait tout seul et l'enjoignait de réagir.

— Qu'on fasse préparer ma carriole, ordonna Prétextat d'une voix tout juste perceptible.

Puis il fit brusquement volte-face et disparut derrière les portes de l'abbaye. L'attelage fut bientôt prêt, ainsi qu'une escorte armée, mais l'évêque ne sortit de ses quartiers que plusieurs heures plus tard, à la tombée du jour, alors que la fièvre était retombée et que la foule s'était depuis longtemps dispersée. Il ne lui fallut que quelques minutes pour remonter l'artère principale qui traversait la ville en droite ligne depuis le pont jeté sur la Seine jusqu'aux quartiers royaux, mais infiniment plus de temps pour parvenir jusqu'au roi, à travers une forteresse qui semblait déborder d'hommes d'armes.

En dépit d'une taille modeste, Prétextat était solidement bâti. Il s'était exercé au maniement de l'arc et de l'épée avant d'avoir prononcé ses vœux, et continuait à s'entraîner, à l'occasion. Contrairement à la plupart des clercs romains[1], la fréquentation des soudards francs ne lui inspirait ni frayeur ni mépris. Malgré tout cela, le jeune prélat sentait sa résolution s'effilocher comme un tissu usé, tant l'atmosphère du palais lui paraissait hostile. À chaque poste de garde, à chaque porte, même, on le faisait attendre en le toisant sans le moindre respect, jusqu'à ce qu'un gradé tolère son passage d'un vague

1. Les Francs qualifiaient de « romains » les Gaulois romanisés et tout clerc parlant latin.

grommellement. Il parvint ainsi, privé de toute escorte en dehors d'un moinillon blême de peur qui semblait sur le point de défaillir ou de s'enfuir à toutes jambes, jusqu'à l'antichambre des appartements royaux.

La pièce n'était pas grande et le mobilier était rare. Quelques bancs le long des murs, une table cernée de simples tabourets, tous occupés par des hommes de guerre portant encore leurs armes et leurs hauberts d'écailles de fer. Le seul qu'il reconnut parmi cette rude assemblée fut le dux Beppolène, commandant la place de Rouen, et, à en juger par son attitude effacée, les autres devaient être de rang encore supérieur. Prétextat les examina tour à tour. Aucun n'avait dépassé la trentaine. Certains même semblaient tout juste avoir l'âge de leur première barbe[1]. Une truste d'hommes jeunes, assurément dévoués corps et âme à leur roi, mais dont l'arrogance avait l'air bien supérieure à la valeur militaire...

Tandis qu'il les observait – debout puisque aucun d'eux n'avait fait mine de lui céder un siège –, des éclats de voix se firent entendre depuis la chambre contiguë, bientôt suivis de ce qui lui parut être des pleurs féminins. Quelques instants plus tard, la porte s'ouvrit brusquement et une femme traversa vivement la pièce, serrant contre elle un nouveau-né. Cela fut bref, si bien que l'évêque ne réalisa qu'après-coup, alors qu'elle était déjà sortie, que la pitoyable silhouette éplorée qui venait de passer devant lui était sans doute la reine Audowère.

— Vous tombez bien, vous !

Prétextat sursauta malgré lui, toute contenance perdue. Chilpéric se tenait dans le chambranle de la porte, le visage encore empourpré de colère.

— Arrivez !

Le roi tourna les talons et disparut dans ses appartements avant que l'évêque ait pu réagir. Il ne lui restait plus qu'à obéir,

1. La *barbatoria*, la coupe de la première barbe, marquait chez les Francs le passage à l'âge adulte, et le droit de servir dans l'armée, aux alentours de quinze ans.

en essayant d'éviter de s'attarder aux mines goguenardes des antrustions du roi. S'efforçant au calme, il referma la porte derrière lui, au nez du petit moine qui l'accompagnait, puis fit face à Chilpéric. Celui-ci s'était assis d'une jambe sur une table et se servait du vin.

— Regarde-toi, dit-il après avoir bu. On croirait voir un évêque.

— Votre Grâce, je ne comprends pas ce que…

— C'est bien le problème ! jappa Chilpéric en reposant brutalement son gobelet d'étain. Tu ne comprends pas ! Tu ne sais rien ! Tu as la crosse, la mitre, les beaux atours, mais qu'est-ce que tu sais des Écritures, hein ? Rien !

— Comment osez-vous ?

— Et toi ? Comment oses-tu te présenter à moi, sacrilège, après ce que tu as fait ?

Prétextat recula devant l'expression de rage pure qui déformait les traits du roi.

— Je… Je ne comprends pas, bredouilla-t-il de nouveau.

— Qui t'a nommé évêque ? Tu as acheté ta charge ? Ta famille est riche, c'est ça ? Depuis tout ce temps, tu n'aurais pas pu apprendre un peu de ton catéchisme au lieu de… de parader comme un paon ridicule dans tes vêtements de pape ?

Prétextat se raidit, posa sa crosse contre un coffre puis retira posément sa mitre et son lourd mantelet brodé d'or. Vêtu seulement d'un rochet de lin blanc aux manches étroites et s'arrêtant au-dessus du genou, il fit face au souverain, le visage blême, mais avec dans les yeux une détermination nouvelle qui n'échappa guère à Chilpéric, pas plus que le tremblement de ses mains.

— Me voilà dépouillé de mes vêtements de pape, comme vous dites. Ainsi, vous ne risquerez plus davantage la damnation éternelle à insulter un primat de l'Église. Et puisqu'il vous paraît que je suis indigne de cette charge, Votre Grâce, ôtez-la-moi…

Le roi dévisagea Prétextat durant quelques secondes, puis émit un ricanement dédaigneux.

— Non… Non, tu continues à penser que je ne connais rien à l'Église et tu te trompes. J'en sais bien plus que tu crois. Bien plus que toi, apparemment, puisque tu ne comprends même pas ce que tu as fait. Je sais en tout cas que ce n'est pas à moi de punir ta faute. Il me suffira d'en référer au métropolitain Eufrone de Tours ou, s'il le faut, au patriarche Priscus[1], et eux se chargeront de toi.

La gorge nouée, l'évêque de Rouen fut incapable de répondre. Il regrettait son geste. Sans sa mitre et son mantelet, il se sentait vulnérable, presque nu face à la colère du roi.

— Pauvre petit évêque qui me parle de damnation éternelle, à moi, alors qu'il offense Dieu en transgressant la loi divine au sein même de son Église !

Chilpéric le dévisagea en secouant la tête d'un air égaré.

— Tu ne comprends toujours pas. Ignores-tu vraiment qu'en acceptant qu'Audowère serve de marraine à notre fille tu faisais d'elle ma sœur ? Ignores-tu que désormais je ne pourrais la toucher sans commettre d'inceste ? Et ignores-tu enfin qu'en acceptant ce baptême absurde tu lui as fait commettre un sacrilège ? Un sacrilège, oui ! Et qu'elle passera désormais sa vie à expier dans un couvent ! Voilà ce qu'il arrive par ta faute, Pretextatus !

— Non, ce n'était... J'ai cru qu'elle ne faisait… Non, on m'a dit qu'elle ne faisait que représenter la marraine ! On me l'a dit !

— Vraiment ? Qui ça ?

Prétextat se sentit vaciller sur ses jambes. Le souvenir des minutes précédant le baptême de Basina venait de lui revenir brutalement en mémoire, et il comprit le piège qui lui avait été tendu. Il revit son agacement croissant tandis qu'ils attendaient le bon vouloir de la reine, sa colère même alors qu'il s'estimait offensé par son retard. Il revit Oiba, cette sorcière, venant humblement l'informer enfin de l'arrivée d'Audowère et

1. L'évêque métropolitain est l'équivalent d'un archevêque, et celui de Lyon est le primat des Gaules.

murmurant à son oreille des explications embrouillées, mêlées d'excuses et de flagorneries, qui n'avaient fait que l'agacer davantage. Quand la reine s'était enfin présentée, l'absence de la marraine était passée inaperçue, tant la cérémonie avait été expédiée. Puis il se souvint des murmures de la foule quelques heures plus tôt. C'était Frédégonde qui avait informé le roi de ce prétendu sacrilège… Frédégonde, sans nul doute, qui parachevait ainsi son œuvre. Du même coup, elle se débarrassait de la reine en rejetant la faute sur lui-même, Prétextat sachant bien qu'il ne pouvait se permettre de l'accuser.

— Eh bien ? tonna Chilpéric. Je t'ai posé une question !

L'évêque hocha la tête en silence. Les traits tirés et les yeux vides, il ramassa les insignes de sa dignité et s'en revêtit lentement, avec des gestes fatigués. Puis il dévisagea le roi. Sa colère n'était pas feinte, mais c'était un homme habitué aux emportements. Se pouvait-il qu'une Frédégonde ait imaginé cela toute seule ? La putain païenne avait-elle pu s'instruire à ce point de la foi et des rites de l'Église, élaborer une machination aussi tortueuse, ou Chilpéric était-il en réalité l'âme de ce misérable complot ?

— Je n'ai pas à vous répondre et j'ai suffisamment été insulté, déclara-t-il enfin en lui faisant face. La reine Audowère n'a pas servi de marraine à votre fille, elle n'a fait que la représenter. De cela, je suis prêt à me défendre devant mes pairs. À vous je n'ai rien d'autre à dire. Que Dieu ait pitié de vous, mon fils.

Sur ces mots, il quitta la pièce et retraversa la forteresse royale au prix d'un effort considérable pour ne pas tomber en pièces. Le lendemain, à son réveil, son camérier l'informait de la répudiation d'Audowère. Sur ordre du roi, elle avait pris le voile et partait rejoindre un couvent de moniales au Mans, avec sa petite fille.

Deux ans de paix… C'est peu de chose, et encore cette paix fut-elle toute relative, entrecoupée de chevauchées contre les Saxons, la Thuringe ou quelque comte récalcitrant à payer l'impôt. Au moins n'y eut-il pas, durant ces années-là, de guerre entre Chilpéric et Sigebert. Ils s'étaient réconciliés avec une aisance qui me semblait inconcevable et qui pourtant n'était pas feinte. Un jour prêts à se tuer l'un l'autre, le lendemain frères de sang et de beuveries… C'était ainsi.

Notre royaume de Rouen était petit, ridicule même en regard des possessions de ses frères, mais il était le berceau de leur race. Chilpéric m'emmena jusqu'à Therouanne, l'ancienne cité des Francs Saliens à partir de laquelle son grand-père Clovis le Grand, ton arrière-grand-père, partit à la conquête de la Gaule romaine. Ce n'était qu'une bourgade insalubre et terne, mais il en était fier et persistait à voir dans le fait d'en être le maître un signe. Celui qui possédait Therouanne ne pouvait avoir qu'un destin glorieux. C'était ce qu'il croyait.

Nous ne nous quittions pas, même quand il livrait bataille. Je voulais tout voir de ce modeste royaume, tout savoir de sa vie, éprouver comme lui l'exaltation et l'horreur des combats, ne céder à aucune autre l'intimité de sa couche, et apprendre tout ce que j'ignorais encore de son passé.

C'est au cours de l'une de nos longues errances de ville en ville que je vis enfin la mer pour la première fois. C'était en hiver. Je me souviens d'une plage immense de sable pâle, parsemé d'un lacis d'algues, ainsi que des vagues grises qui s'y brisaient avec un tumulte formidable. Malgré la pluie et le froid, nous sommes restés là de longues heures à contempler l'immensité infinie d'un horizon où se confondaient la mer et les nuages. Ce fut la première fois, la dernière aussi, et pourtant Rouen n'est guère éloignée des rivages.

Au fil des semaines, le trésor du roi commençait à reprendre forme. L'argent des terres fiscales rentrait régulièrement, et les guerres contre les Saxons, au nord, permettaient de saisir quelque butin et bétail, mais surtout nombre d'hommes et de femmes. Nos chefs de guerre les vendaient comme esclaves aux royaumes de Gontran et de Caribert, qui semblaient en avoir un usage sans limites, et le roi touchait sa part. C'était même devenu l'une de nos principales sources de revenus.

À cette époque, j'étais enceinte, mais je perdis l'enfant. Chilpéric en fut mortifié. Je crois qu'il m'aurait épousée si je lui avais donné un fils. Il m'aurait épousée et rien ne serait arrivé. Ni la guerre, ni sa mort, ni la mienne aujourd'hui.

Mais, avant que je puisse de nouveau enfanter, son frère Sigebert épousa Brunehilde, et tout fut différent.

12

La princesse gothe

Printemps 566

Malgré l'épaisseur des murs et l'étroitesse des fenêtres, le vacarme de la rue parvenait jusqu'à Sigebert tandis qu'il achevait de se vêtir. Et dire que le soleil venait à peine de se lever... C'était ainsi depuis des jours, dès l'aube et jusque tard dans la nuit. Des chants, des cris, le battement des tambours rythmant les danses des filles, des rires et des braillements d'ivrogne, sans arrêt, des heures durant.

Ses conseillers avaient pensé qu'il serait de bonne politique d'inviter à l'occasion de son mariage, outre les grands du royaume, les chefs ou rois de toutes les tribus affiliées. Tous avaient répondu en envoyant des ambassades, jusqu'aux plus barbares, jusqu'aux plus éloignés, et il fallait à présent nourrir, loger et contenir cet afflux. Metz et ses environs grouillaient d'une foule guerrière aussi bruyante qu'orgueilleuse, et que l'inaction rendait chaque jour plus incontrôlable. Les ennemis d'hier, Saxons, Thuringiens ou Alamans, se côtoyaient dans chaque taverne, chaque ruelle, parfois jusque dans les couloirs du palais, alors qu'il pouvait suffire d'un regard, d'une moue de mépris, d'une bousculade pour que jaillissent les lames et que le sang soit versé. Lorsqu'ils ne se battaient pas, c'était à la lutte qu'ils se mesuraient, ou au pichet d'hydromel, avec des beuglements qui ne cessaient qu'aux premières lueurs du jour.

Mais les barbares n'étaient pas l'unique souci de la maison du roi. Les évêques du royaume d'Austrasie, entourés de leurs clercs et de leur garde personnelle, croisaient des Souabes à demi nus, adorateurs de Wotan, tout droit sortis de la grande forêt et guère plus civilisés que les bêtes dont ils portaient les peaux. Des cavaliers asiates pareils à des Huns faisaient rôtir des carcasses de mouton sous les fenêtres des aristocrates francs ou romains. Les nobles dames et damoiselles des royaumes de Paris, de Neustrie ou de Bourgogne, couvertes d'or et de bijoux précieux, devaient parfois céder le passage à d'obscures princesses au teint mat et aux cheveux nattés de perles. Il y avait là tant de richesses étalées et tant de morgue que la cité ressemblait au creuset d'un orfèvre abandonné sur le feu, prêt à éclater. Toute cette foule d'hommes de guerre et d'aristocrates, couverts d'or et de fer, était venue pour s'éblouir. Mais elle était tout aussi prompte à prendre offense, à décrier son hôte ou à se hérisser d'un rien, d'une attente, d'une brusquerie, d'un manquement. Qu'il n'y ait plus à boire, que le roi ne puisse pas recevoir un chef de tribu dans l'instant, qu'un autre clan soit mieux logé, et c'étaient des heures de palabres pour ramener un semblant de calme.

Ainsi en était-il depuis quatre jours.

Les seuls que ce jeu dangereux semblait laisser indifférents étaient les clercs de l'évêque Egidius, métropolitain de Reims, qui, depuis des jours, retenaient la future reine dans l'enceinte fortifiée de Scarpone, sur la Moselle, à quatre ponts de Metz. Il ne convenait pas, avaient-ils décidé, qu'une princesse wisigothe de confession arienne épouse un roi chrétien. Cette différence de culte, que Gothiko avait simplement évoquée au cours de son ambassade, s'était muée en priorité. La conversion immédiate de Brunehilde était devenue une condition indispensable, impérieuse, hors laquelle il ne pourrait y avoir de mariage. Que la princesse soit instruite de la vraie foi, qu'elle abjure l'hérésie d'Arius et qu'elle proclame enfin que Jésus-Christ est « vrai dieu de vrai dieu, engendré et non pas créé, de même substance que le Père et l'Esprit saint » et non subordonné et postérieur au Père, comme le soutenait l'Église d'Espagne. Alors seulement, on pourrait la marier.

Quatre jours, après tant d'attente, pour marteler à une jeune princesse de dix-neuf ans des arguties théologiques auxquelles Sigebert n'entendait rien et que l'évêque de Metz Vilicus lui-même peinait à lui expliquer. Quatre jours aux mains de clercs suffisants et pédants qui devaient la traiter comme une hérétique, dans ce poste de Scarpone qui n'était qu'un fortin ouvert aux quatre vents, une simple maison de bois bâtie en haut d'une motte et cernée d'une palissade.

Le traitement ainsi réservé à sa fiancée emplissait Sigebert de honte. Peu leur importait le rang de la princesse, fille de l'un des souverains les plus puissants d'Occident et dont le royaume s'étendait des deux côtés des Pyrénées. Brunehilde avait quitté Tolède à la fin de l'hiver, passé les Pyrénées par le col du Perthus encore enneigé et traversé les terres wisigothes de Septimanie jusqu'à Narbona, où elle avait attendu auprès de son oncle le dux Liouva, gouverneur des provinces gothes de Gaule, l'arrivée de l'escorte qui devait la conduire jusqu'en Austrasie. Peu leur importait la fatigue d'un voyage de plusieurs semaines, depuis que Gothiko, chargé de nouveaux présents et accompagné d'une petite armée, l'avait prise en charge. Peu leur importait la désillusion que pouvait éprouver la jeune femme d'être ainsi traitée après l'accueil triomphal qu'elle avait rencontré dans chacune des villes traversées du sud au nord à travers le royaume de Gontran, puis le long du Rhône jusqu'aux marches du Rhin, et à cette forteresse sinistre de Scarpone.

Sigebert passa au-dessus de sa tunique de soie blanche liserée d'or une cape pourpre qu'il agrafa à son épaule, et poussa un soupir en apercevant dans un coin de sa chambre le tas informe de ses vêtements ordinaires. La veille au soir, il avait dîné avec Chilpéric, le seul de ses frères qui soit venu en personne assister à son mariage. Leur campagne commune contre les Frisons les avait rapprochés. Le vin aidant, les deux frères s'étaient peu à peu laissés aller aux confidences, comme lorsqu'ils étaient plus jeunes, et au plaisir de brocarder leurs aînés.

— As-tu su que Caribert avait fini par épouser sa nonne ? s'était exclamé Chilpéric dans un éclat de rire. Il semble que cette fois il soit allé trop loin. Bigame et sacrilège, ça fait beaucoup pour un roi chrétien.

— C'est surtout être roi et chrétien qui fait beaucoup, avait grommelé sombrement Sigebert.

— En tout cas, chrétien, il ne le sera plus longtemps. L'évêque Euphronius de Tours a convoqué un concile et on dit qu'ils vont l'excommunier.

Chilpéric riait encore, mais ses paroles avaient éveillé un doute chez son frère.

— Ta femme, Audowère. C'est bien à cause d'un évêque que tu as dû la répudier ?

Chilpéric avait changé brutalement d'expression puis l'avait longuement dévisagé en silence, comme s'il se demandait si son frère se moquait de lui. Voyant que ce n'était pas le cas, il avait haussé les épaules.

— Cet imbécile ne connaissait même pas sa propre religion.

— Crois-tu que c'était un complot ?

Cette fois, Chilpéric s'était brusquement levé de table et s'était éloigné, dissimulant mal sa colère et son embarras.

— Qu'est-ce que tu essayes de me dire ?

— C'est une pensée qui m'est venue à l'instant, avait murmuré Sigebert. Caribert a épousé une nonne et risque d'être excommunié. Ça aurait pu t'arriver à toi aussi. Après tout, tu n'as échappé au sacrilège que parce que tu connaissais la théologie, sinon que se serait-il passé, hein ? Et quant à moi…

Il avait laissé sa phrase en suspens, mais Chilpéric, rasséréné, avait enfin compris ce qui tenaillait son aîné.

— Tu crois que les évêques se sont ligués contre nous, c'est ça ?

— Je ne sais pas… Ma promise est retenue depuis des jours par ce fat d'Egidius, à quelques lieues d'ici, sous prétexte qu'il faut la convertir de toute urgence ! Comme si les Wisigoths n'étaient pas chrétiens !

La conversation avait alors tourné sur l'arianisme dont Chilpéric, tout instruit qu'il crût être de la parole de Dieu, n'était pas loin de partager les thèses. L'idée qu'un fils soit inférieur au père lui semblait naturelle, évidente, sinon pourquoi lui donner le nom de fils ? Le fils ne naît-il pas du père, et n'est-il donc pas postérieur à lui ? N'obéit-il pas à ses commandements ? Et quand bien même le Père et le Fils ne formeraient qu'un seul être avec le Saint-Esprit, cela valait-il tant de discussions ? L'un et l'autre en avaient conclu que ce n'était là qu'une argutie vide de sens et qu'Egidius ne cherchait, en réalité, comme Euphronius ou Prétextat avant lui, qu'à affirmer la puissance de l'Église en humiliant intentionnellement la future reine.

À l'instant même où ils s'étaient suffisamment échauffés pour en être arrivés à décider d'aller eux-mêmes la chercher à Scarpone, convertie ou pas, un chevaucheur du Métropolitain avait fait irruption dans la salle, venant annoncer le baptême de la princesse et son arrivée à Metz pour le lendemain. À croire que Dieu était plus diplomate que ses ministres.

***

À présent que cette attente interminable prenait fin, Sigebert se sentait épuisé, le ventre noué, les jambes lourdes. D'un geste las, il agrafa sur son torse le symbole de sa royauté, une tête de taureau en or incrustée de grenats, puis se coiffa d'un bandeau parsemé de perles. L'image que lui renvoyait son miroir de métal poli lui déplut. Vêtu de la sorte, avec pour toute arme une dague d'apparat fixée à une ceinture brodée de fils d'or, on aurait dit un empereur byzantin et non un chef de guerre franc. Que penseraient ses hommes et ses alliés en le découvrant ainsi paré ? Et la princesse, que verrait-elle de lui à leur premier regard ?

Sur la table où avaient été disposés ses bijoux, il ramassa les quelques papyrus où avait été consigné tout ce qu'il savait de sa future épouse. À côté du rapport de Gothiko, un retable de bois contenant un portrait maladroit qui ne révélait rien de ses traits ou de son allure, sinon qu'elle était blonde, la description complaisante d'un clerc davantage soucieux d'énumérer toutes les qualités d'une épouse parfaite que d'en dresser un portrait fidèle... Il la relut pourtant une fois encore : « C'est une jeune fille élégante de manières, jolie d'aspect, honnête et distinguée de mœurs, sage dans sa conduite et agréable dans sa conversation[1]... » Gothiko en parlait avec bien plus de flamme, mais son enthousiasme excessif pouvait être dicté par d'autres raisons que la simple objectivité.

Contrairement à ce qui était prévu, ce n'était pas de la fille aînée du roi des Wisigoths qu'il avait obtenu la main, mais de sa cadette, Brunehilde. Un esprit chagrin aurait pu en déduire qu'Athanagilde réservait son aînée à une alliance plus prestigieuse, mais Gothiko affirmait que le Goth n'y était pour rien et que le choix de la cadette n'était dû qu'à sa propre initiative. Sigebert, avait-il dit, comprendrait en la voyant. Non parce que l'aînée, Galswinthe, était repoussante, mais surtout parce que la plus jeune était d'une beauté saisissante. « Saisissante », tel était le mot qu'il avait employé. Gothiko n'était pas un cœur tendre prompt à s'émouvoir, ni un courtisan débordant de phrases, mais un homme de bon sens, sans malice, jamais plus heureux que lorsqu'il labourait son champ ou qu'il chassait dans les bois. Un homme en lequel Sigebert avait placé sa confiance. S'il le disait, c'est que Brunehilde devait être vraiment belle...

À nouveau, Sigebert jaugea son reflet dans le miroir. Il avait trente et un ans, elle dix-neuf. Il était plutôt grand et bien bâti, avec un visage aux traits réguliers, encadré par de longs cheveux d'un brun sombre. Était-ce suffisant pour lui plaire ? Ses concubines et ses courtisanes le trouvaient beau, sans doute,

1. Grégoire de Tours.

mais sans doute parce qu'elles voyaient d'abord le roi en lui. Brunehilde était fille de roi. Elle verrait l'homme, un homme de dix ans plus vieux qu'elle, engoncé dans ses vêtements de soie trop étroits…

Pourquoi s'était-il prêté à ce jeu ? Pourquoi s'était-il infligé l'épreuve d'épouser cette inconnue parée de toutes les qualités, au risque de n'éveiller chez elle que l'indifférence, la peur, le dégoût ? Peut-être même n'éprouverait-elle pour lui que du mépris, tant la cour du roi Athanagilde dépassait celles des royaumes francs par son raffinement et le rayonnement de sa culture. Pourquoi ne pas avoir simplement épousé l'une de ses concubines ? Chilpéric, durant toute la soirée, n'avait cessé de vanter les qualités de cette Frédégonde qu'il avait engrossée. Au moins l'avait-il choisie librement !

D'un geste brusque, il rejeta les papyrus qu'il tenait toujours à la main. C'était ridicule. Lui aussi avait choisi librement de ne pas épouser la première venue, pour le charme d'un sourire ou d'une croupe bien faite. Tout à l'heure, il épouserait Brunehilde, et ce nom sonnerait aux oreilles de tous les peuples germaniques assemblés dans la ville comme une promesse de gloire. Bruniakhildis, « La Cuirasse de Khildis », déesse des batailles victorieuses… C'était un nom de reine, un nom de guerre faisant étrangement écho au sien, Sigh'Berkht, « Brillant de victoire ». Beau roi, en vérité, qui se sentait tremblant comme une pucelle, le cœur au bord des lèvres et les jambes vacillantes à la simple idée de cette confrontation !

Après un dernier coup d'œil dans le miroir, il se débarrassa du bandeau de perles qui lui ceignait le front et sortit.

***

Brunehilde s'efforçait de ne regarder personne, cramponnée à la rambarde de la tour dressée sur son char de cérémonie. Surtout, ne rien laisser voir de son appréhension. À deux perches du sol, du haut de ce beffroi bringuebalant recouvert de plaques d'argent, la jeune femme ressemblait à la déesse cuirassée dont elle portait le nom, hiératique et inaccessible dans sa longue cape pourpre. Ses longs cheveux blonds, agités doucement par le souffle du vent, étaient retenus par un diadème incrusté d'aigues-marines et d'émeraudes. À son cou brillait un collier de sardoines aux reflets pourprés, et un large bracelet de calcédoines mêlées de jaspes enserrait son poignet. Sous la cape impériale, elle était drapée dans une cyclade[1] brodée de fils d'or et de joyaux, retenue par une ceinture rehaussée de topazes. L'ensemble était non seulement d'une richesse jamais vue en pays franc, mais aussi d'une finesse presque émouvante de perfection. Pour autant, dans la solitude de cette posture altière, Brunehilde n'éprouvait au fond d'elle-même qu'une oppression croissante qui lui nouait la gorge et faisait briller ses yeux.

Devant elle, la rue pavée menait tout droit vers une large bâtisse de briques qui semblait, de loin, tout entière décorée de bannières bleues. Le long du cortège, la foule des Messins, retenue par un cordon de gardes, y était plus dense encore que dans le reste de la ville. Devant la grande porte se tenait un groupe indistinct. À trois cents pas de distance, elle ne voyait rien d'eux que l'éclat chamarré de leurs capes et de leurs tuniques, mais Sigebert devait être parmi eux. Sigebert, dont elle ne savait rien, qu'elle ne reconnaîtrait qu'à sa longue chevelure et qui serait son mari ce soir. Sans bouger la tête, elle leva les yeux au ciel et expira lentement à plusieurs reprises pour desserrer un peu l'étau de son angoisse. Trois cents pas, et une vie nouvelle commencerait, loin du soleil de l'Espagne, dans ce royaume de boue, de bière et de sang, au côté d'un homme ayant presque le double de son âge…

Brunehilde ferma les yeux un court instant. Les cahots lui donnaient la nausée. Aux premiers temps du long voyage qui l'avait conduite jusqu'à Metz, les processions du haut de ce beffroi d'argent lui donnaient un sentiment d'exaltation, quand

1. Une robe formée d'un large tissu serré par une ceinture, portée pour les mariages.

montaient jusqu'à elle les vivats de la populace. À Avenio[1], elle avait subrepticement échangé sa place avec celle de Bathilde, sa suivante, pour le seul plaisir de contempler le spectacle, et elle-même en avait été éblouie. Bathilde se tenait aussi droite et raide qu'elle, enveloppée dans son manteau de pourpre comme une impératrice romaine, tout en haut de cette tour miroitante qu'on ne pouvait admirer qu'en clignant des yeux. Au pied de l'édifice, des jeunes filles vêtues de blanc, assises sur les draps de velours recouvrant le chariot, jetaient des fleurs ou des piécettes. Une garde de soldats wisigoths triés sur le volet les entouraient, étincelants eux aussi dans leurs broignes d'écailles métalliques. Un seul homme, à chacune des processions, avait le droit de prendre place sur le char. C'était un Goth d'une force peu commune, aussi noir de poil et mat de peau que sa maîtresse était blonde et pâle. Son nom était Sighila, et son rang élevé à la cour de Tolède. La main sur la poignée de sa longue épée, il ne la quittait pas des yeux. Ici, dans la capitale du royaume d'Auster envahie d'une foule disparate et bigarrée, le Goth veillait plus encore que dans toute autre ville.

Le chariot s'arrêta soudainement, leurs regards se croisèrent un bref instant, puis Brunehilde releva les yeux et découvrit qu'ils n'étaient plus qu'à quelques pas du palais. Devant la grande porte, parmi le groupe d'hommes et de femmes richement parés qu'elle avait aperçus de loin, elle reconnut tout d'abord le métropolitain Egidius, dans sa soutane violette, puis Gothiko, qui lui souriait. Le rouge aux joues et le souffle court, consciente tout à coup de s'être laissé surprendre dans sa rêverie, elle parcourut rapidement du regard le reste de l'assemblée. Malgré elle, la princesse wisigothe eut un mouvement de recul. Il y avait là, au premier rang, deux hommes tout aussi richement parés l'un que l'autre et portant également des cheveux longs.

Au même instant, un appel discret attira son attention. Sighila s'était faufilé dans le beffroi et l'attendait au pied de l'échelle intérieure pour l'aider à descendre.

1. Avignon.

— Lequel est-ce ? souffla-t-elle quand elle l'eut rejoint.

— Le plus grand. L'autre est son frère, Chilpéric.

Le Goth était déjà sorti de l'étroit passage. Il lui tendait la main pour lui permettre de se glisser hors de la tour, mais Brunehilde resta un moment encore à l'abri.

— De quoi ai-je l'air ?

Sighila hocha la tête avec une moue peu flatteuse.

— Ça ira…

Elle secoua la tête en souriant et accepta la main tendue. Il s'écartait et descendait déjà les degrés du marchepied qu'on avait disposé à leur intention, quand elle le retint d'une pression des doigts.

— Tolède, murmura-t-elle.

Sighila jeta un coup d'œil circulaire sur les maisons de torchis, la rue de terre battue et le ciel voilé de nuages qu'un soleil pâle ne parvenait guère à percer.

— Il vaut mieux l'oublier, dit-il. Fais honneur à ton père…

Quand elle sortit à l'air libre, Brunehilde avait retrouvé un visage de marbre. Elle jeta un bref coup d'œil vers les deux rois, glissa sur le plus petit et se fixa un instant sur le plus grand… Les jeunes filles aux robes blanches l'attendaient au bas du char et se formèrent en deux rangées à sa suite, tandis que Bathilde, derrière elle, tenait le surtout de lin pourpre qui lui servait de cape. Les gardes s'étaient rangés tour autour, l'épée à la main, et Sighila se plaça à leur tête.

— Allez…

Ils se mirent en marche d'un seul bloc. Autour d'eux, le silence se faisait dans la foule. La princesse gardait les yeux baissés. Elle resta ainsi tandis que Sighila saluait au nom du roi Athanagilde le futur époux de sa fille. Puis il s'écarta d'un pas et Brunehilde releva les yeux. Sigebert était devant elle. Il n'eut pas un geste, et elle non plus, comme pétrifiés l'un et l'autre par cet instant. Puis, alors que ce silence s'éternisait, la modulation aiguë d'une lyre se fit entendre, suivie d'une voix mielleuse prononçant une strophe latine.

— *De domno Sigibertctho rege et Brunichilde regina !*

La princesse sursauta et découvrit au côté de Sigebert un homme d'une quarantaine d'années à l'allure méridionale, vêtu et coiffé à la romaine. Il lui sourit, s'inclina brièvement et, tandis que derrière lui un musicien faisait résonner un nouvel accord, commença sa tirade :

— « Ô vierge que j'admire et qu'adorera ton époux,

Il n'est point de Néréide nageant dans la mer d'Ibérie, aux sources de l'océan, qui puisse t'être comparée.

Point de Napée plus belle.

Devant toi s'inclinent les nymphes des fleuves.

Tu as un teint de lait que relève la couleur de l'incarnat.

Le lys mêlé à la rose et l'or à la pourpre, luttant à qui se surpasserait en beauté,

Ne parviendraient même pas à t'égaler.

Le saphir, le diamant, le cristal, l'émeraude, le jaspe,

Tout est vaincu : l'Espagne a mis au monde une perle nouvelle[1]. »

Ayant dit, l'homme s'inclina avec un sourire modeste mais d'une prétention absolue. Durant le bref moment où il resta courbé, les regards des deux fiancés se croisèrent, l'un et l'autre réprimant une même envie de rire. Comme si cette connivence fugace avait brisé la glace entre eux, Sigebert s'approcha de Brunehilde et lui prit la main.

— Noble princesse, puis-je vous présenter le plus grand de nos poètes ? Voici Venance Fortunat, qui arrive d'Italie pour chanter notre mariage… et votre beauté.

— Ma beauté ne mérite sans doute pas tant d'éloges, dit Brunehilde en s'inclinant à son tour, mais ce sont les vers les plus beaux qu'il m'ait été donné d'entendre… depuis mon arrivée en Gaule.

Le sourire qui illuminait déjà la face ronde de Fortunat se figea, comme s'il percevait quelque réserve dans le compliment de la princesse wisigothe. Ne disait-on pas que les poètes de la cour de Tolède étaient les plus talentueux de tout l'Occident ?

1. Fortunat, *Carmina* VI, 1, traduction rapportée par R.-X. Lanteri.

— Ce n'est que le début, dit-il avec un peu moins d'assurance. Peut-être aurai-je l'honneur de déclamer tout à l'heure le reste de mon épithalame.

— J'y compte bien, fit Sigebert en lui administrant sur l'épaule une claque plus digne d'un guerrier que d'un poète, et qui le fit vaciller.

Puis il tourna les talons et, offrant son bras à Brunehilde, entreprit de la présenter tour à tour aux dizaines de guerriers, de notables ou d'ecclésiastiques alignés devant les portes du palais, et qui s'émerveillèrent de la grâce avec laquelle la jeune femme reçut l'hommage parfois abrupt de certains, mais aussi de l'aisance avec laquelle elle maniait le latin lorsqu'elle conversa avec Egidius, de sa modestie quand elle fut présentée aux grands palatins du royaume ou au roi Chilpéric.

Plus tard, alors que les chambrières mises au service de la future épouse du roi la conduisaient dans ses appartements pour qu'elle s'y repose avant la bénédiction nuptiale et les agapes de la soirée, Gothiko se rapprocha de son roi avec un air satisfait.

— Alors ? Ai-je eu tort ?

Sigebert le dévisagea en secouant la tête, la face éclairée de béatitude.

— Elle est plus que belle, dit-il d'une voix nouée. Si sa sœur n'a que le quart de sa grâce, ce doit être une femme merveilleuse.

Gothiko avait déjà la bouche ouverte pour répondre lorsque Chilpéric s'interposa.

— Tu dis qu'elle a une sœur ?

***

Trop de noms à retenir, trop de vin, trop de bruit, trop de cérémonies dont elle n'avait pas toujours saisi le sens… Brunehilde commençait à perdre pied dans le pandémonium barbare qui faisait résonner les épais murs de brique du palais. La chaleur, au sein de la salle d'apparat, était étouffante, non tant du fait des lits de braises aménagés au milieu des gigantesques tablées et au-dessus desquels étaient suspendus des chaudrons fumants que de l'amoncellement des corps et du débordement des énergies. Deux cents convives, peut-être plus, s'étaient entassés là tant bien que mal, auxquels venaient s'ajouter des myriades de serviteurs, des joueurs de lyre ou de harpe, des jongleurs, des danseuses, et même un ours dressé que l'agitation avait, semble-t-il, plongé dans la panique, et que la garde avait évacué après qu'il eut profondément lacéré d'un coup de griffes le bras de son montreur.

Le spectacle qu'offrait l'assistance l'avait tout d'abord fascinée, tant il était différent de tout ce qu'elle avait pu voir à Tolède. Ici, nul ne se taisait lorsque le roi parlait. La vaisselle de terre cuite qui garnissait sa table était la même que celle du plus modeste des convives, les plats qu'on lui servait également, et les serviteurs ne s'empressaient pas davantage autour du roi ou de ses hôtes de marque que du reste de l'assemblée. La jeune reine avait eu d'entrée l'impression d'une veillée guerrière plutôt que d'un repas de noces, et elle venait, plusieurs heures après le début des agapes, d'en comprendre l'une des raisons : en dehors d'elle-même et des rares danseuses qui s'aventuraient entre les tables, aucune femme n'était présente. Et il n'y avait là en outre que des hommes dans la force de l'âge, ni enfants ni vieillards, hormis l'évêque de Metz Vilicus. Presque tous étaient des gens de guerre, presque tous étaient des rois, des dux ou des comtes. Si elle ne se souvenait pas plus de leurs noms que des territoires qu'ils représentaient, Brunehilde avait compris que ces centaines de guerriers en commandaient chacun d'autres centaines, parfois des milliers, et que ce banquet faisait également étalage d'une puissance militaire destinée à frapper les esprits. Restait à comprendre à qui Sigebert avait adressé cette démonstration. Ses voisins de table, en tout cas, ne semblaient pas s'en affecter, comme si rien n'était plus usuel que cette cohue effroyable de chefs barbares agglutinés à la même table, braillant à tue-tête et s'empiffrant comme des morts de faim. À sa droite, l'évêque métropolitain Egidius conversait à voix basse avec l'un des palatins du royaume, le comte Raouching. À sa gauche, Chilpéric, son beau-frère désormais, bâillait ostensiblement.

Quand il vit que la jeune reine le regardait, il se frotta les yeux et se redressa sur son siège.

— Pardonnez-moi, dit-il. Je crois que j'ai trop bu, ou trop veillé hier soir.

— J'espère ne pas avoir été la cause de cette veille.

Chilpéric sourit et sembla retrouver un peu de vie. Il se pencha sur la table, jeta un coup d'œil amusé vers Egidius et fit signe à sa voisine de se rapprocher de lui.

— Justement si, dit-il à voix basse. Si ces diables d'évêques ne vous avaient pas relâchée, nous étions prêts à aller vous délivrer nous-mêmes.

— Vous... et le roi ?

— Ouais, le roi. Moi aussi, je suis roi... On est tous rois, dans la famille, c'est comme ça. Même notre sœur, Clodosinde, elle était reine des Lombards, avant de crever. Et ça, ça les agace...

Brunehilde se retint de tourner la tête vers son voisin de droite. Chilpéric parlait trop fort, avec les intonations marquées d'un ivrogne. Il lui sembla qu'Egidius s'était tu, à son côté.

— L'Église ! s'exclama Chilpéric avec un grognement dédaigneux. Moi je dis que Dieu règne sur le royaume des cieux et qu'il nous laisse régner ici-bas comme on l'entend. Vous savez quoi ?

Il lui posa la main sur le bras et s'approcha encore, si près qu'elle reçut son haleine avinée.

— Dieu n'a que faire des hommes. C'est Jésus qui s'occupe de nous...

La reine chercha des yeux Sigebert, mais celui-ci était en grande conversation avec l'un de ses leudes. Il était manifeste à présent qu'Egidius écoutait, tout en affectant de s'intéresser à son assiette.

— Dieu et Jésus ne sont qu'une seule personne, murmura-t-elle.

— Ha !

Chilpéric s'était rejeté en arrière. Un instant, elle eut peur que sa chaise se renverse, mais il retrouva l'équilibre et se tourna de nouveau vers elle, les yeux brillants et le doigt pointé.

— Ça, c'est ce que nous dit l'Église ! Mais qui a créé l'Église, Dieu ou Jésus ?

Il avait parlé trop fort pour que le métropolitain puisse feindre encore de ne pas l'avoir entendu. Brunehilde lui adressa un sourire gêné, puis baissa les yeux, essayant seulement de ne pas rougir.

— Il me semble qu'on parle théologie, dit Egidius en s'inclinant. Pardonnez-moi, je vous ai interrompu. Vous évoquiez la Sainte Trinité ?

— Non, répondit Chilpéric, un ton plus haut. On parlait de l'Église. Rien à voir…

Le sens de ce qu'il venait de dire lui apparut un instant plus tard et il partit d'un formidable éclat de rire, que le métropolitain préféra ignorer.

— Voilà, petite sœur, murmura le roi de Rouen à l'oreille de Brunehilde. Quoi qu'ils en disent, l'Église n'est pas Dieu. Seuls les rois sont de la lignée de Dieu, et ça, ils le savent bien. Les rois de Francie… Alors ils se taisent. Ne l'oublie pas.

Tandis que Chilpéric semblait attendre une réponse, elle le dévisagea. Il n'avait pas l'air saoul, ou du moins n'en avait plus l'air. Son œil malicieux et son sourire satisfait donnaient plutôt l'impression qu'il venait de se livrer à une farce. Heureusement pour elle, un héraut intervint avant qu'elle ne doive prendre la parole.

— Au nom de Sa Sublimité notre bien-aimé roi Sigebert, faites silence ! cria-t-il en frappant le sol. Mon seigneur a voulu qu'en l'honneur de Sa Grâce la reine Brunehilde le très estimé Venantius Honorius Clementiamus Fortunatus nous donne de nouveau lecture de l'une de ses œuvres !

— Oh, non, grommela Chilpéric à côté d'elle.

Le Romain s'avança entre les tables et déroula un long parchemin, tandis que ses joueurs de lyre prenaient place derrière lui. Dès qu'il commença à déclamer, Sigebert saisit doucement la main de la reine, lui sourit et se pencha à son oreille. Elle gloussa presque aussitôt, si bien que Chilpéric, à sa gauche, se demanda s'il avait parlé ou s'il l'avait embrassée. Elle rougissait, à présent, s'efforçant de rester digne alors que le poète s'enflammait de ses propres vers, des vers en latin qu'il était probablement l'un des seuls dans la salle à comprendre, et certainement le seul à apprécier. Chilpéric se resservit à boire et se laissa aller au fond de son fauteuil en les observant tous deux pensivement.

Brunehilde était d'une trempe peu commune. Une reine, assurément. Et Brunehilde avait une sœur…

Enfin, j'eus un fils. Chilpéric l'avait baptisé d'un nom royal, Clodobert, et l'avait lui-même présenté à ses leudes. L'enfantement m'avait épuisée, mais je ne doutais pas qu'après mes relevailles le roi ferait de moi sa femme. J'étais comblée, au-delà de mes souhaits les plus chers. Il semblait que notre vie commençait enfin et que rien, désormais, ne pourrait se mettre en travers de notre chemin.

Je me trompais. Ce n'était pas un commencement, si ce n'est celui d'un drame qui noua nos vies et finit par nous détruire, tous. Nous aurions pu être heureux, nous aurions dû l'être. Mais, dès son retour de Metz, Chilpéric avait changé. Je mis longtemps à m'en rendre compte, tant cette période me semblait heureuse. Quand je compris enfin, je me sentis humiliée au plus profond de mon être, et en même temps animée d'une rage meurtrière. Non pas contre lui, ou en tout cas brièvement et seulement envers son orgueil imbécile qui gâchait ce bonheur enfin à notre portée.

Ma rage portait un nom de femme.

13

L'été des Huns

Quelque chose avait changé. Depuis plusieurs jours, la vie du palais s'altérait insidieusement, sans le moindre heurt, sans une parole déplacée et sans que Frédégonde puisse trouver la cause de cette lente déliquescence. À des riens, des regards, des murmures, des absences, il lui semblait pourtant que son univers quotidien coulait comme du sable entre ses doigts. Chilpéric était allé inspecter les rivages près de Cadunum[1], avec la promesse de revenir vite et au terme d'une nuit d'adieux frénétiques. Quand elle s'était éveillée dans la douceur du petit matin, il était déjà parti. Elle ne s'en était pas inquiétée.

Depuis, rien n'avait été exactement pareil. Quelques jours après le départ du roi, elle s'était décidée à prendre ses quartiers d'été dans l'une des villas du domaine royal, sur les berges de la Seine, et avait fait appeler Beppolène pour qu'il prépare une embarcation. C'est ainsi qu'elle avait découvert que le dux avait disparu, lui aussi, sans que personne ne l'ait avertie et que nul ne sache – ou ne veuille lui dire – où il était passé. Son antichambre, qui d'habitude grouillait de courtisans, restait toujours aussi fréquentée, mais les quémandeurs qu'elle y rencontrait étaient de ceux qui ne parvenaient pas d'habitude à franchir sa porte. Oiba elle-même ne donnait plus signe de vie, même si ce genre d'absence subite lui était coutumière.

1. Caen.

Frédégonde avait donc organisé seule son départ, avec le sentiment vague qu'elle ferait mieux de rester. Durant quelques jours encore, elle avait guetté des nouvelles de Chilpéric, puis espéré l'arrivée d'un messager. C'est la puanteur dégagée par la ville aux premières chaleurs qui l'avait décidée à partir.

Ce soir, Frédégonde dînait seule et contemplait le lent défilement du fleuve, à un jet de pierre du portique sous lequel on avait dressé sa table. Il faisait bon, le vin était doux, la lune apaisante. Elle percevait les échos assourdis d'une conversation entre deux gardes dont elle devinait les silhouettes sombres chaque fois que leur ronde les ramenait aux abords de la villa. De loin en loin, une saute de vent agitait les longues branches tombantes d'un saule, un hibou jetait son hululement, un rire résonnait dans les cuisines. En tendant l'oreille, lorsque le silence se faisait, elle pouvait distinguer le grincement régulier du berceau et les marmottements de Poupa, sa servante, qui passait ses nuits entières au chevet de son fils Clodobert.

Clodobert… Ce nom, « Illustre de gloire », la remplissait de fierté. Chilpéric ne l'avait pas épousée, pas encore, mais le fait qu'il accepte de baptiser leur fils d'un nom réservé à la famille royale valait toutes les épousailles. Un jour, peut-être, Clodobert régnerait… Si toutefois ses demi-frères lui en laissaient l'occasion. Il n'était pour l'heure qu'un bâtard et sa voie était loin d'être tracée, mais rien n'était impossible, jamais. N'était-elle pas devenue la concubine du roi ? N'était-elle pas presque reine ? Quoi qu'il arrive désormais, elle avait déjà vécu cent fois plus que toutes ses semblables, glaneuses, fileuses de laine, gardiennes de troupeaux, servantes, catins, cent fois plus que la vie qu'elle aurait eue dans son bourg La Selve auprès d'Oiba et de la Grande.

Dans la quiétude parfaite de cette soirée d'été, les craintes qu'elle avait éprouvées à Rouen lui semblaient dénuées de sens. Chilpéric l'aimait, elle était riche au-delà de ce qu'elle aurait pu imaginer durant son enfance misérable, le royaume était en paix, son unique rivale croupissait dans un couvent. Pourtant, dès l'instant où une barque accosta devant la villa et qu'elle vit

Oiba en descendre, elle eut le sentiment que cette existence dorée venait de prendre fin. Elle ferma les yeux, but lentement une gorgée de vin de Bourgogne et, quand elle les rouvrit, la Mère était devant elle, le souffle court et la face empourprée.

— Il faut que je vous parle, ma dame.

Frédégonde fronça les sourcils, puis réalisa que deux hommes d'armes et un serviteur dont elle avait oublié la présence attendaient dans l'ombre.

— Laissez-nous, dit-elle avec un mouvement de la main à leur attention. Tu as soif ?

Sans répondre, Oiba resta à une distance respectueuse le temps que les autres s'éloignent, puis, lorsqu'elles furent seules, vint s'asseoir à la table de Frédégonde et se servit elle-même.

— Alors ? dit la Mère en reposant son gobelet.

— Comment ça, « alors » ? Je croyais que tu venais m'apporter des nouvelles !

— Et moi je croyais que tu étais un peu mieux informée !

Frédégonde eut un mouvement de recul. La Mère avait parlé d'une voix sourde mais rageuse, avec un regard dur et brillant de colère. D'un seul coup, elle lui renvoyait le visage des mauvais jours, au pays, quand le travail avait été mal fait.

— Chilpéric est à Cadunum, bredouilla-t-elle. En inspection…

— Non. Il est à Paris, chez son frère Caribert d'où il vient d'envoyer une ambassade pour l'Espagne, conduite par les dux Beroulf et Beppolène.

— L'Espagne… murmura Frédégonde.

— Tolède. Tu commences à comprendre ?

Elle secoua la tête sans répondre, le visage blême. Oiba paraissait faire un effort considérable pour ne pas la gifler.

— Le roi, dit-elle enfin en détachant ses mots comme si elle parlait à une enfant, a été impressionné par le mariage de son frère et, semble-t-il, par sa noble fiancée. Il a donc décidé de demander la main de l'autre fille du roi goth.

Au même instant, le petit Clodobert se mit à brailler. Ce fut comme s'il versait des pleurs à la place de sa mère. Frédégonde avait reçu la nouvelle sans ciller, mais si son regard demeurait absent et son teint pâle, elle songeait déjà à se battre plutôt qu'à gémir.

Durant un long moment les deux femmes ne dirent mot, tandis que les vagissements du nouveau-né leur vrillaient les oreilles. Puis Frédégonde frappa brusquement la table du plat de la main.

— Poupa, par le sang, fais-le taire ! hurla-t-elle à pleine voix.

Le silence revint quelques instants plus tard, et lorsque Oiba reprit la parole, ce fut avec plus d'humilité.

— Que comptes-tu faire ? demanda-t-elle.

Frédégonde la dévisagea avec fureur, les lèvres blanches, les narines pincées, encore vibrante de son accès de rage.

— Je vais...

Un instant, elle s'était vue galopant vers Paris, surgissant dans la chambre du roi et... Et quoi ? Se plaindre, crier, pleurer ? Audowère aurait agi ainsi. Il fallait se battre, autant pour elle-même que pour son fils, mais sans avouer sa faiblesse.

— Je vais aller me coucher, dit-elle. Et demain, nous écrirons une lettre au roi pour lui souhaiter d'heureuses fiançailles. Qu'il sache que tout sera prêt pour son mariage quand il reviendra à Rouen.

***

Avec leurs tuniques grises de poussière, sans le moindre bijou d'or, montant de solides roncins et portant des épieux de chasse sans valeur, Chilpéric et ses leudes ressemblaient à un groupe de guerriers francs désœuvrés comme on en voyait tant autour de Paris, l'humeur querelleuse, toujours prompts à sortir leur scramasaxe et à menacer les bonnes gens. Ils s'étaient attablés à la tombée du jour dans la cour d'une auberge, sur les hauteurs du village de Montmartre d'où on avait vue sur la grande ville, sur ses ponts et le fleuve. Le roi de Rouen, coiffé d'un bonnet de cuir noué sous le menton afin que ses longs cheveux ne le trahissent pas, buvait en silence un vin clairet provenant des vignes du cru. Même ici, sur cette butte offerte aux vents et dominant la forêt, même à cette heure tardive et alors que le soleil déclinait, l'air de ce mois d'août était lourd. Moins cependant que celui du palais, devenu irrespirable au fil des jours.

Depuis qu'il avait fait sa demande au roi des Wisigoths, Chilpéric se sentait pris au piège, incapable par la force des choses de prendre une décision et contraint de subir les événements, ce dont il avait horreur. La lettre de Frédégonde disait assez quel accueil il recevrait à Rouen auprès de sa concubine, s'il décidait de rentrer. Pour autant, il ne pouvait rester indéfiniment à Paris, à attendre des semaines durant les allées et venues de ses chevaucheurs.

Il avait cru trouver un soutien, ou tout au moins une oreille attentive auprès de Caribert. Le roi de Paris s'était au début montré un hôte agréable, à la fois amusé par les déboires conjugaux de son jeune frère et plus secrètement favorable à ce qu'une seconde alliance avec les Goths d'Espagne minimise un peu l'influence grandissante de Sigebert. Avec lui, au moins, on pouvait parler. Sa vie amoureuse semblait ne pas connaître de limites et, plus que tout autre, il se jouait des remontrances de l'Église. L'une de ses femmes venant de mourir, il en avait épousé la sœur, Marcoviève. C'était une jeune fille d'une beauté peu commune, assurément, mais elle était nonne, et donc déjà mariée à Dieu. Les premiers temps, Caribert s'était gaussé des foudres de l'évêque Germain, pape de Paris. Mais peu de temps après l'arrivée de Chilpéric, la sanction de l'Église était tombée : Caribert et sa femme étaient excommuniés. Et comme si cela ne suffisait pas, le métropolitain de Tours, Euphronius, avait convoqué un concile pour confirmer l'anathème. La nouvelle avait terrifié les Parisiens, et un début d'exode avait vidé les faubourgs, comme si la foudre du ciel risquait de s'abattre d'un jour à l'autre sur la ville. Il n'y avait pas eu de foudre, ni d'orage, pas même une goutte de pluie depuis le début de l'été, mais la chaleur étouffante qui écrasait la Cité faisait assez bien office de châtiment divin.

Et puis il y avait eu le retour des émissaires de Chilpéric, contraints, gauches, incapables d'aligner deux mots, même Beroulf, au point qu'il avait dû les menacer de son épée pour obtenir enfin un rapport cohérent. Le vieil Athanagilde ne le refusait pas pour gendre, pas si fou. Il y mettait cependant des conditions. Avant de céder la main de Galswinthe, son aînée, il désirait connaître la dot que le roi lui accorderait, c'est-à-dire les terres qui reviendraient en propre à l'épousée. En outre, la condition préalable aux fiançailles était que Chilpéric se débarrasse de ses concubines et s'engage à n'avoir d'autre épouse qu'elle. Ce que Beppolène et Beroulf n'avaient pu avouer au roi, c'est que sa réputation était connue à la cour de Tolède, et que la princesse avait poussé des cris d'horreur à l'idée d'être fiancée à ce barbare dont le seul Dieu, disait-on, était son ventre.

Enfin, comme si cet été maudit ne devait apporter que du malheur, on apprit que Sigebert, quelques semaines seulement après son mariage, avait dû lever en hâte une armée pour faire de nouveau face aux Huns, revenus en Thuringe.

Chilpéric vida d'un trait son gobelet de vin et tendit le bras pour qu'on le serve à nouveau. L'un de ses hommes s'exécuta, qu'il ne gratifia pas même d'un regard. Ils étaient tous trop jeunes, ceux de sa garde, des Rouennais pour la plupart dont il savait à peine le nom. Ses leudes véritables lui manquaient. Desiderius le colosse, Ansowald avec son beau visage, Beroulf et les autres… Ils n'étaient plus qu'une poignée, et les quelques terres dont il les avait récompensés ne suffiraient pas longtemps à les attacher à lui. En comparaison, les innombrables chefs de guerre de Sigebert, Gontran ou Caribert ressemblaient à des princes.

Au troisième verre de vin, le roi de Rouen commença à s'émouvoir de son propre malheur et des injustices qui le frappaient. Son royaume était si petit qu'il ne pourrait offrir assez de villes à sa fiancée d'Espagne sans se démunir de ses derniers revenus. Aurait-il voulu secourir Sigebert contre les Huns et prendre sa part de butin et de gloire, il ne l'aurait pas pu, tant ses coffres ne parvenaient qu'à grand-peine à faire vivre sa maisonnée et à tenir son rang. Un indigent, voilà ce qu'il était devenu, moins riche qu'un comte des royaumes d'Auster ou de Bourgogne, et que ce vieux bouc d'Athanagilde réfusait pour gendre, avec un mépris à peine voilé !

Au quatrième verre, il était assez saoul pour avoir oublié la lettre que lui avait fait porter Frédégonde et pouvoir rêver de rentrer à Rouen auprès d'elle, afin d'oublier entre ses cuisses toutes les vilenies qu'on lui faisait. À trop penser à elle, à ses longues jambes, à ses seins, au buisson de son ventre, le désir lui vint. Il releva le nez de son gobelet, jeta un coup d'œil alentour et avisa l'une des servantes de l'auberge. Assez jeune, un visage grossier, une croupe rebondie. D'un geste du bout des doigts, il la désigna à l'un des antrustions attablés avec lui.

— Celle-la, grommela-t-il d'une voix pâteuse. Amène-la-moi.

L'homme acquiesça en souriant, se leva et alla parler à la jeune fille. Quoi qu'il lui ait dit, elle les rejoignit sans faire d'histoires. Ce n'est qu'en voyant leurs regards égrillards qu'elle commença à perdre pied. Elle n'eut que le temps de reculer d'un pas avant que deux des gardes du roi la renversent à plat sur la table dont l'angle, frappant son ventre, lui coupa le souffle. Les autres sortirent leurs poignards et firent face aux villageois alertés par ses cris. Certains, en voyant les scramasaxes, firent aussitôt demi-tour, mais pas tous… Chilpéric ne les vit pas. Il releva les jupes de la fille, tenue à chaque bras par l'un de ses hommes de l'autre côté de la table, et gloussa stupidement en découvrant ses fesses blanches et rebondies. Fourrageant dans ses chausses, il en extirpa son sexe et commença à le frotter contre elle. La fille s'était remise à crier et ses jambes grasses s'agitaient dans le vide lorsqu'ils virent dans la cour les hommes du village qui ramassaient fourches et fléaux. Les gardes du roi cessèrent de sourire. Le front en sueur, Chilpéric essayait de contenir ses ruades et tentait de se guider en elle. Il y parvint enfin et la pénétra d'une poussée brutale qui mua ses cris d'effroi en hurlement de douleur.

D'autres hommes sortaient de l'auberge. Deux d'entre eux portaient des couteaux.

— Monseigneur, faites vite...

Ils étaient dix, au moins, dans la cour, et les gardes du roi n'étaient que six. Les épieux et leurs arcs étaient restés sur leurs chevaux, et les marauds leur en interdisaient l'accès. La fille ne bougeait plus, à présent, si bien que l'un des hommes qui la tenait lâcha son bras pour dégainer son poignard et leur faire face. Chilpéric avait fermé les yeux. En martelant cette croupe épaisse, il songeait à Frédégonde, à l'étroitesse de ses hanches, à la douceur de sa peau. Le plaisir ne venait pas.

— Monseigneur !

Il en arrivait encore, des femmes, des enfants, qui ramassaient des pierres, le visage haineux, tandis que les gardes reculaient pas à pas en brandissant devant eux, comme un faisceau d'épines, leurs longs poignards tranchants. Une première pierre vola, rata sa cible, et dans l'instant il en plut toute une volée. L'une d'elles toucha à l'épaule l'homme qui tenait toujours la malheureuse. Celui-ci lui lâcha un bras pour se protéger et aussitôt elle se retourna pour frapper le roi au visage avec une vigueur insoupçonnée, si fort que Chilpéric fut arraché d'elle et tomba en arrière. Il se releva d'un bond, plus offusqué que furieux, obscène et ridicule avec son sexe encore dur jaillissant de ses chausses. D'un coup d'œil, comme soudainement dégrisé, il découvrit la scène. L'un de ses gardes était à terre, inanimé. Un autre s'était réfugié derrière la table, le visage en sang. La cour semblait pleine de gueux hurlants, brandissant des armes hétéroclites devant lesquelles ses gardes reculaient. Prestement, il se rhabilla et chercha son poignard à son côté d'une main tremblante. Devrait-il mourir ici, sous les faux et les bâtons ? Il jeta un coup d'œil vers la fille. Elle s'était redressée et, sur ses cuisses blanches, il vit un filet de sang. Quand il croisa son regard, il ne vit ni haine ni peur. La fille ouvrait des yeux ronds, l'air stupéfaite. Le tumulte cessa presque au même instant dans la cour. Les gueux reculaient, tout aussi ébahis qu'elle. Comprenant soudain ce qui avait ainsi brisé leur élan, Chilpéric porta la main à sa tête. Son bonnet de cuir s'était dénoué et sa longue chevelure ruisselait de nouveau sur ses épaules.

Nul autre qu'un roi pouvait arborer pareille coiffure, même des gueux de leur acabit ne l'ignoraient pas, et ils savaient aussi que porter la main sur une personne royale était un crime puni des plus atroces supplices.

Ceux qui étaient au fond commencèrent à s'enfuir. Les autres continuèrent de reculer, encore échauffés, en échangeant des regards indécis. Peut-être auraient-ils tous fui, en fin de compte. Ou peut-être auraient-ils essayé de le tuer, lui et tous ses hommes, puis de jeter leurs corps à la Seine pour que nul ne sache ce qui s'était passé. À cet instant, un groupe de chevaucheurs fit irruption dans la cour, portant la livrée du roi Caribert. Les cavaliers n'eurent pas même le temps de s'étonner de cet attroupement. En quelques secondes, la place fut désertée.

Chilpéric tremblait encore convulsivement lorsque l'un d'eux mit pied à terre et s'inclina devant lui.

— Votre Sublimité, Mgr Caribert, mon maître, vous fait mander au palais de toute urgence.

— Que se passe-t-il ?

— Un message vient d'arriver de Metz, Votre Grâce. Mgr Sigebert a été défait par les Huns. On ignore s'il est encore en vie.

***

Durant les quelques instants cotonneux précédant le réveil, Sigebert pouvait croire que rien n'était arrivé. Une fois parvenu à s'endormir, l'oubli efface tout, la couche n'importe plus et le sommeil est le même jusqu'à ce moment d'hébétude. Seuls les rêves changent, et la reviviscence. C'était d'abord les odeurs qu'il percevait, celle du cuir de sa tente, celles des chevaux et du crottin, puis des relents d'herbe coupée, de paille et de la terre sur laquelle il couchait. Il y avait ensuite le bruit sourd d'un martèlement continu qui faisait frémir le sol. Alors il ouvrait les yeux, se redressait et tout revenait en même temps : la douleur de ses côtes cassées d'un coup de lance, la solitude et l'humiliation de cet emprisonnement nomade. Le roi n'avait pas été maltraité. Il n'était pas lié, on le nourrissait correctement, on l'avait même soigné. Depuis qu'il avait repris connaissance, il n'avait vu personne, hormis des serviteurs venant lui apporter à boire et à manger, ou des êtres effrayants, vêtus de robes de soie aux couleurs vives et de manteaux longs ornés d'ossements, d'ailes d'oiseau ou de crinières de cheval, qui devaient être des sorciers. Avec le temps, dix jours, peut-être plus, l'emplâtre odorant dont ces mages lui avaient ceint le torse avait fait son effet. Il pouvait à présent respirer à peu près librement, sans s'évanouir de douleur au moindre faux mouvement. La veille, pour la première fois, il était même sorti de la tente ronde qu'on lui avait assignée, sous l'œil indifférent d'un groupe de cavaliers aux yeux bridés, vêtus de fourrures sales, montant de petits chevaux trapus et portant en travers de leur selle des lances presque deux fois plus hautes qu'eux. C'était cela, le plus humiliant. Cette indifférence…

À perte de vue, où que les yeux de Sigebert se soient portés, il n'avait vu que des tentes et des chevaux. Des dizaines de milliers de chevaux, qui pour la plupart, par hardes entières, semblaient galoper librement à travers cette ville de toile et de peaux. À chaque passage, il l'avait alors compris, c'était leur cavalcade qui faisait trembler la terre, et ce grondement assourdissant avait aussitôt éveillé en lui le souvenir des combats.

Alors que l'armée rangée en bataille avançait dans la plaine thuringienne, ils avaient perçu une rumeur sourde, d'abord pareille à un tonnerre lointain, puis de plus en plus forte, de plus en plus lourde, jusqu'à lever la terre sous les pieds, jusqu'à ce que les écailles de fer de leurs hauberts s'entrechoquent, jusqu'à ce que les ordres hurlés par leurs chefs de guerre deviennent inaudibles. Et puis, la horde était soudain apparue au sommet d'une colline, aussi large que l'horizon, vingt mille cavaliers galopant droit sur eux, debout sur leurs étriers, précédés d'une forêt de lances.

Vingt mille hommes... Ce n'était plus une armée, c'était un peuple en mouvement. Les Francs étaient dix fois moins, dont à peine une centaine de cavaliers. Leurs flèches, les pierres de leurs frondes et leurs haches de jet avaient été comme une ronce sur le chemin d'un sanglier, comme une averse sur le vol d'un aigle. Leurs traits s'étaient engloutis dans ce grouillement insane d'hommes et de chevaux bardés de fer sans même en freiner l'avance, et leurs lignes avaient été balayées dès la première charge.

Sigebert se souvenait du coup qui l'avait projeté à terre, pas de celui qui l'avait porté. Son haubert n'avait pas été transpercé, mais le choc, en lui brisant les côtes, lui avait fait perdre connaissance. Il ne se souvenait pas même de s'être servi de son épée.

En quittant sa tente pour la première fois, il avait croisé le regard de ces cavaliers vêtus de hardes et coiffés d'étranges bonnets coniques. La plupart portaient au côté un sabre à lame courbe, parfois un arc ou une pique. Certains étaient équipés, pour autant qu'il ait pu voir, de broignes de cuir clouté ou de hauberts de lamelles métalliques descendant jusqu'à la cuisse, et tous brandissaient ces longues lances ornées de banderoles qui avaient embroché les Francs avec une telle force qu'ils auraient dû en être désarçonnés. Sigebert n'en avait pas supporté davantage et avait tourné les talons pour se réfugier sous sa tente. Ce n'est que plus tard, après avoir retrouvé la maîtrise de ses nerfs, qu'il avait repensé aux étriers. Les cavaliers francs n'en utilisaient pas, même si l'usage en était connu. Au moment de l'impact, les Huns se dressaient sur l'encolure de leurs petits chevaux, le poids du corps en avant, et frappaient de toute la force de leur galopade.

Ce matin-là, Sigebert s'éveilla en sursaut, alerté par le silence. Pour la première fois peut-être la terre ne grondait pas du martèlement de la harde. Il entendit même le sifflement du vent au-dehors et le claquement sec d'une toile de tente. Lentement, avec la précaution qui lui était devenue habituelle depuis sa blessure, il se redressa sur son séant et chercha ses vêtements. Ceux-ci avaient disparu. Même les braies qu'il n'avait pas ôtées pour se coucher lui avaient été enlevées durant son sommeil. Alors qu'il s'apprêtait à se lever, le rideau de cuir qui fermait sa tente s'ouvrit largement et un guerrier en armes entra, suivi de toute une procession. Quatre hommes portaient sur leurs épaules, deux par deux, des madriers passés sous les anses d'un large chaudron fumant de forme allongée, qu'ils posèrent à terre auprès de lui. L'un d'eux installa contre la paroi une sorte d'escabeau, puis ils se retirèrent prestement. Sigebert déglutit péniblement. D'effroyables histoires de guerriers jetés vifs dans l'huile ou l'eau bouillante lui revenaient en mémoire, mais au même instant deux femmes entrèrent, vêtues de robes bariolées, le visage couvert d'un voile transparent, l'une portant un plateau chargé de pots de tailles diverses, l'autre de ce qui lui parut être une pile de linge. Sigebert croisa à cet instant le regard du guerrier. Il lui sembla qu'il eut une sorte de sourire avant de quitter à son tour la tente, en rabattant le rideau derrière lui.

Le cœur battant et les yeux écarquillés, le roi se laissa faire quand les deux femmes vinrent l'aider à se lever. Il eut un mouvement pour retenir contre lui la couverture de fourrure, mais elles semblèrent ne pas prêter attention au fait qu'il était nu. Le soutenant toujours, elles l'attirèrent vers l'escabeau et lui firent signe d'y grimper. Le chaudron était rempli d'eau à ras bord. Sigebert dégagea l'un de ses bras avec un hochement de tête et un sourire, puis y trempa la main : elle était chaude, pas brûlante. Les Huns ne voulaient pas l'ébouillanter vif, tout juste lui faire prendre un bain… Il enjamba la cuve et se laissa glisser au fond avec un grognement d'aise, les yeux fermés. Il ne les rouvrit pas quand il sentit des mains de femme étaler sur son torse et ses épaules un onguent délicieusement parfumé. En revanche, il ne put réprimer un sursaut quand il sentit un frôlement contre sa jambe. L'une des deux femmes, entièrement nue, venait de s'asseoir en face de lui dans la cuve. L'eau s'était troublée dès qu'il y était entré de toute la poussière et la crasse accumulées depuis la bataille. Il ne voyait de lui et d'elle que des formes blanchâtres sous la surface, mais ce qu'elle faisait de ses mains ne pouvait lui échapper.

La matinée était bien avancée lorsqu'il sortit enfin, vêtu de propre, avec une épaisse cape en fourrure de loup, les cheveux lavés et peignés, les joues assombries par une barbe naissante qu'il n'avait pas voulu raser. Le sourire satisfait qu'il arborait s'effaça quand il découvrit l'homme qui faisait les cent pas devant sa tente. Avant même qu'il se retourne et que Sigebert puisse distinguer ses traits, il le reconnut à sa tignasse rousse, aussi étincelante qu'une forêt en automne, ainsi qu'à son court manteau à deux pans, à la mode franque.

— Sigulf ?

Derrière le roi, les deux femmes sortirent à cet instant et s'éloignèrent à petits pas, avec des chuchotements amusés.

— Je vois, Votre Grâce, que vous avez été bien traité.

Le sourire de son leude se ternit dès que Sigebert s'approcha de lui. Le roi était blême, les yeux comme enfoncés, profondément cernés, les joues mangées de barbe. Il avançait courbé, d'une démarche presque hésitante. Sigulf s'en voulut d'avoir souri.

— Qu'est-ce que tu fais là ? murmura le roi en le dévisageant.

Sa mémoire était défaillante depuis le coup de lance qu'il avait reçu, et de nombreux aspects de ce qui avait précédé la bataille lui échappaient encore, malgré le temps passé à en ressasser chaque épisode. Mais il était certain que le dux Sigulf n'était pas dans l'armée ce jour maudit.

— C'est la reine qui m'envoie, répondit ce dernier. Dame Brunehilde a entamé les négociations avec Baïan dès qu'il nous a fait savoir votre capture. Elle m'a demandé de venir vous assister.

— Qui… Qui est Baïan ?

Sigulf ne manifesta sa surprise que par un bref froncement de sourcils.

— C'est le chef de ces Huns, dit-il avec un vague mouvement de menton pour désigner la ville de tentes qui les entourait. À ce qu'ils ont dit, ce ne sont pas des Huns, d'ailleurs, mais des Avars, quoique je ne voie pas bien la différence.

Sigebert hocha la tête, le visage douloureux et le souffle court. Le camp n'avait plus rien du désordre barbare qu'il avait découvert la veille. En lieu et place des chariots et des bivouacs dressés à la diable, on avait aménagé une longue allée s'étendant sur des dizaines de perches, jusqu'à un enclos fermé d'où émergeait le faîte d'une large tente jaune vif ainsi qu'une dizaine de mâts en haut desquels flottaient des crinières de cheval et des oriflammes. Tout le long de ce glacis, des bataillons de cavaliers rangés formaient des blocs compacts, comme pour une parade. Devant l'enclos, il devinait parmi un attroupement chamarré quelques chevaux équipés à la franque et des hommes portant le même sayon que Sigulf.

— Il vous attend, monseigneur.

Sigebert baissa les yeux pour dissimuler sa gêne. Durant son bain, toute cette troupe, sans parler de ses propres leudes et de ce Baïan, l'attendait tandis qu'il…

— Allons-y.

Le roi fit face à l'enclos et Sigulf le contourna pour se placer à son côté, légèrement en arrière, ainsi qu'il seyait.

— Combien de jours ?

Sigebert se tourna vers son leude avec une expression désespérée.

— Je suis là depuis combien de jours ? insista-t-il.

— Presque un mois, monseigneur.

— Un mois…

Sigebert hocha de nouveau la tête, puis se mit en mouvement d'un pas raide, sans parvenir tout à fait à masquer une légère claudication.

— Dépêche-toi, murmura-t-il. Apprends-moi tout ce que je dois savoir avant de rencontrer ce Baïan.

— Les hommes qui ont survécu à la bataille ont dit que les Huns avaient usé de magie, qu'ils avaient fait apparaître toutes sortes de fantômes pour vous emplir tous de terreur. D'autres affirment que les Thuringiens ont trahi. Ansowald a été blessé, mais il vit. C'est lui qui nous a appris votre capture, mais aussi que vous viviez encore tandis qu'ils vous emportaient. La reine a aussitôt ordonné qu'on lève l'*hariban*. En moins d'une semaine, il y avait cinq mille hommes en armes à Metz et autant à Reims. Quand Baïan a envoyé ses émissaires, dame Brunehilde a fait ranger l'armée devant les murailles.

— C'est bien agi...

— Ils lui ont fait savoir qu'ils vous retenaient prisonnier avec une centaine de vos hommes et qu'ils ne vous feraient pas de mal si nous leur accordions le passage vers les plaines du Danube. La reine a répondu qu'elle agirait comme le lui ordonnerait son roi, et que vous seul pouviez parler au nom de l'Auster. Voilà pourquoi nous sommes ici.

Sigebert attendit qu'il ait fini, puis il se tourna brièvement vers son compagnon.

— On dirait que j'ai bien choisi mon épouse, non ?

Sigulf hocha la tête en souriant et, durant un moment, ils marchèrent en silence entre les blocs compacts de la cavalerie avar. Lorsqu'ils ne furent plus qu'à quelques perches de l'enclos, des gardes vêtus et coiffés de fer en ouvrirent les portes de bois, et ils découvrirent la yourte royale de Baïan, aussi haute et large qu'un donjon franc. Ils perçurent les trilles d'une flûte et le battement sourd d'un tambour, sans distinguer les musiciens parmi la foule qui se pressait dans l'enceinte. Il y avait là surtout des femmes, leur sembla-t-il, et des vieillards aux longues barbes blanches. Un chien aboya furieusement contre eux jusqu'à ce que quelqu'un le chasse d'un coup de pied qui le fit glapir. De jeunes enfants nus comme des vers couraient entre les jambes d'une garde d'honneur richement parée, tenant des lances garnies à leur extrémité de crins teints en rouge flottant au vent. Depuis l'entrée jusqu'au seuil de la grande tente, le sol était couvert de tapis.

Le roi prit une profonde inspiration, claqua l'épaule de son compagnon et s'apprêta à y entrer seul, mais Sigulf le retint par le bras.

— Il y a encore quelque chose que vous devez savoir, sire…

— Quoi donc ?

— La reine est enceinte.

Durant un moment, Sigebert resta les yeux baissés.

— Merci.

Les deux hommes échangèrent un bref sourire, puis le roi poursuivit seul son chemin, lentement. Il ne disposait que d'une vingtaine de pas pour dompter les battements de son cœur et refouler au plus profond de lui l'image de Brunehilde. S'il voulait voir un jour l'enfant qu'elle lui donnerait, chacune de ses pensées devait à présent être concentrée sur ce que Baïan avait à dire. Malgré le vent et les nuages qui voilaient le soleil, il faisait chaud et la cape de loup pesait à ses épaules. Il sentait la sueur perler à son front et pria pour qu'elle ne se voie pas une fois sous la tente.

Lorsqu'il entra, il lui fallut quelques instants pour s'accommoder à la pénombre. Un jeune homme qu'il prit pour un chambellan s'avança à sa rencontre et le saisit familièrement par le bras. D'une voix haut perchée, il commença à lui claironner au visage une longue litanie à laquelle Sigebert n'entendit rien. Tandis qu'il parlait, le roi parcourut des yeux le palais de toile qu'éclairaient chichement des lanternes accrochées aux mats porteurs. Aucun meuble, pas même une table, mais partout des tapis et des coussins, et un nombre formidable de femmes et d'enfants assis un peu partout, qui le regardaient intensément. Au centre, dans le rai de lumière ménagé par l'ouverture, un groupe de dignitaires vêtus de soie et parés de bijoux était également accroupi sur des tapis, autour d'un étalage clairsemé de pains et de viandes disposés sur de la vaisselle d'or. Ils s'étaient formés en demi-cercle, laissant à leur point de rencontre un espace vide, garni de coussins. Sigebert les examina rapidement, en essayant de deviner lequel d'entre eux pouvait être ce Baïan. Au même instant, le jeune homme se tut et le regarda avec un sourire satisfait, comme s'il attendait une réponse. Heureusement, un interprète qui se tenait en arrière entreprit aussitôt de traduire son discours en langue franque.

— Mon père le Khagan Baïan vous souhaite la bienvenue sous sa tente et implore votre pardon pour les jours difficiles que votre glorieuse blessure vous a occasionnés. Mon père vous prie de venir s'asseoir à son côté et de vous restaurer tant qu'il vous plaira. Après quoi mon père serait honoré que vous acceptiez de vous entretenir avec lui.

Il fallut encore quelques instants à Sigebert pour réaliser que le père dont parlait l'interprète ne pouvait être que ce jeune homme qu'il avait pris pour un chambellan, et qu'il devait donc s'agir de Baïan lui-même. Sigebert détailla son visage juvénile, ses yeux noirs, sa peau brune, sa fine moustache. Il ne devait pas avoir plus de vingt ans, alors que le traducteur était un homme d'âge mûr. « Père » était sans doute son titre.

— Dites à votre… père que je le remercie pour son hospitalité et pour les soins qu'il m'a fait prodiguer par ses mages.

L'interprète fit son office et Baïan, tenant toujours le bras du roi, l'entraîna vers les coussins disposés au centre de l'assemblée. Dès qu'ils furent assis, une servante mit dans les mains du roi une galette de pain et un morceau de viande. Les autres le regardaient, attendant visiblement qu'il y goûte. Dès la première bouchée, Sigebert regretta d'être contraint à ménager son hôte. Le pain était fade et dur ; quant à la viande, ce devait être du chien. Il parvint cependant à déglutir, puis reposa discrètement le tout dès que le Khagan prit la parole.

— Nous sommes ici tout un peuple, traduisit l'interprète. Cent fois mille hommes, femmes, enfants et chevaux. Le nom de notre père est « puissant », et jamais il n'a connu la défaite. Mais nous ne voulons pas la guerre contre le noble peuple des Francs. Nous demandons simplement le passage…

À cet instant, Baïan déploya devant lui une vaste carte, d'origine manifestement romaine, et balaya d'un geste les monts et les forêts séparant le Rhin du Danube. Un obstacle, dit-il, que ses chariots ne pourraient franchir.

Sigebert opina avec un sourire conciliant, tout en continuant à examiner la carte. Baïan pointait du doigt leur destination : les plaines du Danube. Celles-ci étaient occupées par les Lombards. Sa sœur Clodosinde avait été l'épouse de leur roi, Alboïn… Peut-être pourrait-il ménager une alliance entre eux. Lorsqu'il releva la tête, il surprit fugacement dans le regard de Baïan et de ses conseillers une anxiété qu'il n'avait jusqu'alors pas suspectée. En outre, il y avait autre chose, qu'il ne comprit que lorsqu'il posa de nouveau les yeux sur le frugal banquet dressé en son honneur. De la viande de chien dans de la vaisselle d'or… C'était cela : les Avars avaient faim.

— Je souhaite pour ma part faire alliance avec ton peuple, dit-il en se penchant vers le jeune Khagan.

Il s'arrêta un instant pour laisser le temps de traduire, puis reprit :

— Je serais honoré de sceller cette alliance en enrôlant dans mon armée un bataillon de tes cavaliers, avec le serment de ne plus jamais entrer en guerre l'un contre l'autre, tant que nos règnes et ceux de nos fils dureront. En échange, ton peuple pourra librement traverser nos terres et recevra cent charrettes de fruits, de légumes, de farine, ainsi que mille têtes de bétail et autant de moutons.

Sigebert n'eut pas besoin d'interprète pour comprendre l'accueil que reçut sa proposition. Parmi les rires et les exclamations de joie de ses conseillers, Baïan se leva et le serra fraternellement dans ses bras.

Dix jours plus tard, dès l'arrivée des premiers convois de vivres, les captifs Francs étaient prêts à repartir. Le camp avait retrouvé son désordre habituel et perdu son caractère martial. Pour la première fois, on apercevait des femmes, des enfants et des vieillards parmi la foule des guerriers. Où que porte le regard, on voyait des moutons ou des bœufs entiers mis à la broche, dans une cohue joyeuse. Sigulf et ses hommes entouraient un étalon d'une blancheur immaculée et paré d'une selle somptueuse dotée d'étriers que le Khagan avait offert à son nouvel allié, ainsi qu'un chariot empli de tapis, de vases précieux et de soieries. Au moment des adieux, le jeune souverain accompagna Sigebert jusqu'à son escorte, suivi de toute sa cour. Il le serra de nouveau contre son cœur puis recula d'un pas et, tout en l'apostrophant de sa voix haut perchée, désigna d'un geste ample son dernier cadeau. Les deux femmes qui l'avaient baigné.

Sigebert eut un certain mal à expliquer qu'il était déjà marié.

Je n'aurais pu croire qu'on puisse éprouver autant d'amour à être mère. Ce temps-là me semble bien loin, aujourd'hui, mais je sais que j'étais heureuse. Pour la première fois depuis longtemps, peut-être la première de toute ma vie, je n'éprouvais ni peur, ni haine, ni chagrin. Sans le savoir, Chilpéric m'avait comblée en m'abandonnant avec mon enfant pour cette illusion de noblesse qui avait nom Galswinthe. J'avais quitté Rouen, où la dernière des servantes riait dans mon dos de ma disgrâce, et je m'étais installée dans une villa au bord de la Sequana, la rivière sacrée, sous la garde d'Oiba et de quelques fidèles. Il n'était plus question de guerre, de traités, de complots. Je n'avais plus à me soucier d'être belle et de plaire pour le reste de mes jours. Nous ne vivions toutes que pour ton frère, à nous pâmer comme des sottes du moindre de ses babillements, et je jure que je me serais bien satisfaite de cette vie pour le reste de mes jours. Nous partions en forêt chercher des simples ou ramasser des champignons, nous chassions parfois, comme des hommes, avec des arcs. Je dois dire que nous ne rapportions pas grand-chose. Un jour, même, Oiba tira un sanglier, un ragot de deux ans au cuir aussi dur qu'un haubert de guerre, sur lequel sa flèche se brisa. Nous ne dûmes notre salut qu'à une fuite éperdue à travers les fourrés, toutes jupes relevées, et ce fut, je crois bien, l'une des plus grandes peurs et l'un des plus grands fous rires de ces belles années.

Mais tout a une fin. Un peu avant l'hiver, Chilpéric est revenu de Paris.

14

Le partage de Chalon

Printemps 567

L'hiver avait été long, froid, terne, solitaire.

Ne pouvant plus longtemps subir l'humiliation d'attendre une réponse qui ne venait pas, Chilpéric était rentré à Rouen dès les premières pluies. Les jours gris s'y étaient écoulés lentement, sous un ciel bas qui pesait sur les âmes et dans l'indigence d'une cour à peu près désertée, faute de moyens pour traiter ainsi qu'il l'aurait fallu les grands du royaume de Neustrie.

Depuis son retour, rien n'était comme avant. Ni les plaisirs de la chasse, ni ceux de la table, ni ceux du lit. Chevaucher sous la pluie dans des sous-bois boueux ôtait tout plaisir à la courre, et dîner en piètre compagnie lui ôtait même le goût du vin. Les murs du palais étaient nus, le sol jonché de paille sentait le moisi. Chacun vivait sur ses terres, le roi comme ses leudes, dans un ennui pesant. Quant au réconfort de la chair… Sur le chemin du retour, entre Paris et Rouen, Chilpéric s'était mille fois représenté ce qu'avait dû ressentir Frédégonde en apprenant ses fiançailles, et ce que pourraient être leurs retrouvailles. Il s'était attendu à des cris, à des pleurs, ou même à ce qu'elle lui interdise la porte de sa chambre, mais il n'en avait rien été. Durant un court et inespéré moment d'illusion, il crut même que sa concubine avait compris ses raisons, sans qu'il ait eu besoin de les lui expliquer. Nulle réticence, nul reproche.

Elle l'avait accueilli avec tout le faste dont pouvait être capable son maigre royaume et, compte tenu de la réserve imposée par les circonstances, avec des regards appuyés, presque lascifs. Pour sa part, il l'avait trouvée plus belle et plus désirable que jamais, si belle en vérité qu'il ne pouvait comprendre la folie qui l'avait poussé à chercher femme ailleurs. Tout au long du banquet arrangé en son honneur, il ne l'avait pas quittée des yeux. Sans doute avait-elle autant de grâce que Brunehilde, avec en outre ce don si particulier de mettre dans chacun de ses gestes un charme envoûtant, comme s'ils n'avaient d'autre finalité que d'attiser son désir. Sa naissance mise à part, n'était-elle pas digne de devenir reine ?

Le soir même, pourtant, il avait déchanté. Frédégonde ne se refusait pas, mais elle se contentait de se prêter au désir du roi. Sans être tout à fait froide ou distante, elle restait passive, sans un soupir, sans un gémissement. Et quoi qu'il fasse, cette nuit-là et les suivantes, son propre plaisir survenait avant qu'il parvienne à faire tomber les barrières de son amante. S'il lui advenait de s'en plaindre, elle le regardait de ses yeux d'innocence, l'air si peinée qu'il finissait invariablement par s'en sentir coupable.

Le jeu avait ainsi duré tout au long des mois d'hiver, jusqu'au dégel, puis jusqu'au printemps.

C'était l'un des premiers matins de soleil. Ils se trouvaient tous les deux dans la chambre de Frédégonde, vêtus de leur seule chemise, sur le lit défait. Les rideaux grands ouverts baignaient la pièce de lumière. Leur fils Clodobert babillait dans son berceau, d'une voix aiguë qui semblait répondre au chant des oiseaux. Alors qu'ils savouraient cet instant de paix, ils avaient perçu le bruit d'une cavalcade dans la cour du palais. Un moment plus tard, on frappait à leur porte.

C'était Beppolène, plus rouge et essoufflé que jamais.

— Monseigneur, un messager de Paris…

Sitôt entré, le dux avait battu en retraite de quelques pas et se tenait sur le seuil, l'air parfaitement imbécile.

— Eh bien ! lança Chilpéric depuis le lit. Que se passe-t-il ?

— Sire, le roi Caribert vient de mourir.

Chilpéric sembla tout d'abord sans réaction, mais son visage crispé en un rictus douloureux s'était vidé de son sang.

— Est-ce… Est-ce qu'on l'a assassiné ? murmura-t-il.

— Ce n'est pas ce qu'on dit.

— Eh bien ! tonna Frédégonde en jaillissant du lit. Dis ce que tu sais et va-t'en !

Le récit avait empli Chilpéric de terreur. Au moment où il l'avait quitté pour reprendre la route de Rouen, son frère semblait avoir retrouvé tout à la fois sa morgue et son allant. L'anathème des évêques ne l'avait pas dissuadé de partager sa couche avec sa jeune nonne, et il lui avait même confié son intention de se rendre en personne à Tours pour forcer le métropolitain Euphrone à annuler les arrêts du concile qui avait osé le condamner. Au printemps, Caribert se mit en route, mais il ne parvint jamais jusqu'en Touraine. Le plus effroyable, selon les mots de Beppolène, était qu'Euphrone avait refusé de se porter à la rencontre de Caribert, comme le lui demandaient pressamment les notables de la cité. « Allons au-devant du roi, avait-il finalement concédé. Mais vous ne verrez pas sa face. » Quand le convoi fut prêt et qu'on vint le chercher, l'évêque avait de nouveau décliné l'offre : « Ne me forcez pas à aller au-devant du roi. Vous pouvez dételer les chevaux. Il est mort. » La prophétie d'Euphrone se vérifia quelques jours plus tard et fit aussitôt le tour de la ville, de la province, du royaume. Caribert était mort soudainement sur la route. Comment douter encore d'un châtiment divin ?

Bien plus tard, dans la solitude de la chapelle où il s'était réfugié, Chilpéric songea longuement aux propos échangés avec Sigebert, la veille de son mariage. La prédiction de l'évêque ne prouvait-elle pas que Dieu et l'Église appelaient de ses vœux la chute de leur dynastie ? Mais si vraiment, comme l'avait dit leur père sur son lit de mort, leur lignée portait le sang du Christ, se pouvait-il que Dieu le Père s'acharne à leur perte ? Les derniers mots de Clotaire étaient encore dans sa mémoire : « Quel est donc ce souverain céleste qui fait mourir de si grands rois ? » À l'instant de son dernier souffle, avait-il nommé son ennemi ? Cela ne pouvait être.

Il n'y avait rien, dans cette chapelle, hormis une grande croix de bois surplombant l'autel. Chilpéric s'en approcha, tout d'abord avec réticence, puis en osant relever les yeux et la toiser, d'égal à égal. Il était à la fois terrifiant et grandiose de se sentir ainsi dans la main de Dieu. Le Père châtiait ceux de Ses fils qu'il jugeait indignes de Lui, quelles que soient leur puissance ou leur richesse. Mais la mort de Caribert n'avait pour lui-même rien d'un châtiment, bien au contraire. Son gigantesque royaume allait être partagé entre Sigebert, Gontran et lui, selon la coutume. Quel que soit le lot qui lui reviendrait, cela signifiait plus de terres, plus de revenus, plus de puissance…

Quand Chilpéric sortit de l'oratoire, à la nuit tombée, l'épouvante qui l'avait saisi s'était dissipée, ainsi que l'exaltation fébrile qui lui avait succédé. Il se sentait apaisé, le cœur empli d'une bienveillance magnanime vis-à-vis du médiocre entourage qui avait accompagné ses heures sombres. Leurs visages inquiets reflétaient à tel point leur incompréhension de ce qui était arrivé qu'ils en devenaient risibles. Comment auraient-ils pu comprendre ? Frédégonde elle-même, avec ses rancœurs de femme blessée, était à des lieues d'entrevoir ce qui venait de se produire. Ses ruses et ses rebuffades en étaient touchantes de naïveté. Sans doute aurait-il pu leur expliquer, mais les faits parleraient bientôt d'eux-mêmes. Le destin que Dieu avait choisi pour lui était en train de s'accomplir.

***

Des cartes de toutes tailles recouvraient un mur entier et, à en juger par l'amoncellement de rouleaux de parchemins et de papyrus sur les tables, il en restait des dizaines que les scribes de Gontran n'avaient pu déployer. La plus grande, trônant au beau milieu de la salle d'apparat de son palais de Chalon, avait appartenu à leur grand-père Clovis et représentait, peinte sur une peau tannée étirée sur un cadre de bois aussi haute qu'un homme, l'ensemble des terres franques. On y distinguait encore d'anciennes frontières que les stylets des clercs n'avaient pu tout à fait gratter. Chacune des grandes villes et des terres fiscales y était représentée, ainsi que les fleuves et les montagnes, avec une précision qu'on disait parfaite.

Il était tôt, Chilpéric était le premier. Tandis que des serviteurs s'affairaient à disposer sur une table élégamment décorée des fruits, du pain et du vin de Bourgogne, il se posta devant le cadre et parcourut lentement du regard l'immense territoire qui séparait la Neustrie des terres wisigothes du Sud. Entre elles se trouvaient Paris, Angers, Poitiers, Bordeaux, Toulouse…

— Ah, tu es déjà là !

Chilpéric sursauta comme s'il avait été pris en faute, mais il se maîtrisa aussitôt, et c'est avec un visage égal qu'il fit face à son frère Gontran. Celui-ci était vêtu d'une chasuble brodée d'or et d'un bonnet rond qui lui donnaient l'air d'un pape, d'autant qu'une armée de moines encapuchonnés entrait sur ses talons. Avec une bonhomie joviale, le roi de Bourgogne pressa Chilpéric contre son cœur, puis désigna le plan d'un geste négligent.

— Tu songes à ton futur royaume ?

— Je n'en ai pas eu le temps, répondit Chilpéric tout en observant les moines qui se répandaient en silence à travers la pièce et prenaient place derrière chaque écritoire. À vrai dire, je me demandais surtout comment cette carte avait pu finir ici.

Il claqua familièrement l'épaule de son aîné et lui sourit avec chaleur, pour atténuer la défiance de ses propos.

— La dernière fois que je l'ai vue, c'était à Braine, dans la villa du père.

— Et moi à Paris ! clama une voix claire.

Les deux frères se retournèrent d'un seul mouvement, à l'instant où Sigebert faisait son entrée en marchant d'un pas rapide, suivi de deux hommes de guerre portant l'un comme l'autre une épée au côté. Gontran eut un mouvement de tête pour chercher de l'aide.

— Nul n'est admis dans cette salle ! dit-il en se ressaisissant.

— Tu veux dire, en dehors de tes clercs ? N'aie pas peur, ils ne restent pas.

Sigebert défit sa cape, la jeta à l'un de ses hommes, puis vint étreindre Chilpéric.

— Pardonne-moi de ne pas t'avoir accueilli à ton arrivée hier soir, dit-il. J'ai été galoper un peu.

Chilpéric fronça les sourcils, mais son frère n'en dit pas plus et, après avoir congédié son escorte d'un signe de tête, alla se servir à boire, à l'autre bout de la pièce. De la poussière tombait de ses vêtements à chaque pas. Ses cheveux étaient emmêlés et ses traits tirés. Sigebert semblait en réalité avoir chevauché toute la nuit.

— La carte, dit-il en se laissant tomber dans l'une des hautes chaises disposées près de la table, c'est Caribert qui en avait hérité, après la mort du père.

— Je suis l'aîné, à présent ! s'écria Gontran. C'est normal qu'elle me revienne !

— Personne ne dit le contraire.

Les deux frères se mesurèrent du regard, et Chilpéric eut l'impression détestable d'être parfaitement ignorant de ce qui se tramait entre eux.

— C'est sans importance, reprit Sigebert. Nous pouvons commencer.

Gontran hésita un instant, puis se dirigea vers l'un des parchemins fixés au mur. Le royaume de leur frère défunt y était figuré en rouge, formant une longue bande colorée depuis la mer du Nord jusqu'aux Pyrénées. Durant un moment, il l'examina en silence, puis il se tourna vers les deux autres.

— Pour ma part, dit-il avec un lent mouvement de la main en parcourant la carte depuis ses terres de Bourgogne jusqu'au pays nantais, je revendique un accès à la mer, par les cités sur la Loire, Tours, Angers et Nantes.

— C'est tout ?

Gontran ne releva pas l'ironie, tout à ses rêves. Le royaume qu'il dessinait coupait la Francie en deux.

— C'est tout, dit-il avec un sourire modeste. En dehors bien sûr de Paris.

— Non.

Sigebert n'avait pas bougé de son siège. Comme à son habitude, il n'avait pas non plus élevé la voix. Chilpéric envia son calme, son assurance, la fermeté tranquille avec laquelle, d'un simple regard, il contenait la fureur de Gontran.

— Paris doit revenir à l'aîné ! glapit ce dernier d'une voix qui s'échappait dans les aigus. Ça a toujours été ainsi !

— Tu as suffisamment profité des richesses de Paris, répliqua Sigebert. Tu n'en auras pas plus.

Gontran blêmit. Il se tourna vers Chilpéric comme pour le prendre à témoin, mais détourna aussitôt les yeux devant la mine égarée de son cadet.

— Je... Je ne sais pas ce que tu veux dire, bafouilla-t-il.

— Et moi non plus ! s'écria Chilpéric. Depuis tout à l'heure, que je sois pendu si je comprends un traître mot de ce que vous dites ! Tu peux m'expliquer ce qui se passe ?

— Bien volontiers, répondit Sigebert avec un large sourire. Puis, s'adressant à leur aîné : Je commence tout de suite ou tu préfères que nous soyons seuls ?

Gontran le toisa un long moment, en faisant un effort visible pour se contenir. Enfin, comme tous les regards étaient sur lui, il congédia d'un simple geste son troupeau de moines. Dès qu'ils furent sortis et que la porte fut refermée derrière eux, Sigebert quitta son siège.

— Quand je suis arrivé à Chalon, hier matin, j'ai reçu une information intéressante... Figure-toi, mon frère, que la reine Theudegilde, dernière épouse de notre cher Caribert, est venue chercher refuge auprès de Gontran.

— Tu me fais espionner, maintenant ?

— Comme toi, mon frère. Mes espions, comme tu dis, m'ont informé que Theudegilde avait précipitamment quitté Chalon sous bonne escorte, et je dois dire qu'il n'a pas été aisé de la rattraper.

Il s'interrompit, tandis que Gontran, d'une démarche aussi digne que possible, l'écartait de son passage pour aller à son tour se servir à boire. Les deux cadets restèrent face à face, et c'est pour Chilpéric seul que Sigebert poursuivit son récit.

— Dès la mort de Caribert, Theudegilde a fait porter à notre très saint frère un message lui proposant de devenir son épouse, ce qu'il a accepté.

— Je n'ai pas accepté ! lança Gontran attablé. Je lui ai dit de venir, et que je lui réserverais une place d'honneur parmi mon peuple.

— Tu lui as dit de venir… avec le trésor de Caribert. Et sitôt Theudegilde arrivée, tu l'as confisqué.

— Ne valait-il pas mieux que ces richesses m'appartiennent, plutôt qu'à cette femme qui ne méritait pas l'honneur que notre frère lui fit en la mettant dans son lit ?

Durant un moment, ils se défièrent du regard, puis Sigebert secoua la tête d'un air amusé et Gontran, soulagé, se mit à rire franchement.

— Vous auriez vu sa tête ! s'exclama-t-il. Elle n'a rien compris à ce qui lui arrivait !

— Qu'est-ce que tu en as fait ? dit Chilpéric.

— Il l'a envoyée dans un couvent, en Arles…

— Tu n'as quand même pas galopé jusque-là pour t'en assurer ? s'exclama Gontran en riant de plus belle.

— Oh non… J'ai déjà eu assez de mal à la rattraper à cinquante ou soixante lieues d'ici. Heureusement, tes hommes ont eu l'obligeance de nous donner des chevaux frais pour le retour !

— Et Theudegilde ? demanda Chilpéric, gagné par l'hilarité de ses aînés.

Sigebert lui claqua affectueusement l'épaule et l'entraîna vers la table.

— À la vitesse où ils marchent, elle sera bien vieille quand elle prendra le voile !

Les trois frères prirent le temps de boire et de se restaurer, toute trace de tension dissipée. Et c'est avec un large sourire que Sigebert reprit la parole, en faisant mine de tancer Gontran du doigt :

— Garde le trésor qu'elle t'a livré malgré elle, dit-il. Mais tu n'auras ni Paris ni les villes de la Loire.

***

La semaine avait été épuisante. Des jours entiers passés à dépecer, ville après ville, le royaume de Caribert. Des nuits entières à boire, et le lendemain tout recommençait, dans le griffonnement frénétique des tabellions et les piles de parchemins. Chilpéric quitta Chalon en litière, trop épuisé par ces interminables négociations pour faire la route à cheval jusqu'à Rouen. Dans ses moments de veille, la conviction exaltante d'avoir tiré la meilleure part de l'héritage de leur frère l'emplissait à la fois d'un sentiment vertigineux de puissance et d'un contentement de soi qu'il ne se souvenait pas avoir déjà éprouvé à ce point. Ce n'était pas seulement une victoire qu'il venait de remporter, mais aussi l'aboutissement de l'illumination qu'il avait reçue en méditant seul dans sa chapelle. Dieu, une fois encore, le désignait du doigt.

Certes, le royaume de Sigebert était, des trois, celui qui s'était le plus étendu. Il avait obtenu le Poitou et la Touraine, ce qui étirait longuement vers l'ouest ses possessions d'Auvergne, jusqu'à la mer. Gontran n'avait reçu que le Périgord et l'Angoumois, mais il fallait ajouter le trésor de Caribert obligeamment apporté par son épouse, ainsi que nombre de lots épars qu'il s'était avidement disputés avec Sigebert. Mines, carrières de marbre, terres fiscales, ports, fermes, Chilpéric avait tout cédé aux appétits de ses aînés. Sans doute n'avait-il eu que des contrées de moindre importance, mais son royaume de Neustrie avait presque doublé de taille et formait à présent une longue bande ininterrompue, de Therouanne jusqu'en Anjou. Et, surtout, le Sud lui était revenu, depuis Bordeaux jusqu'aux Pyrénées. Ainsi, Narbonne et les villes wisigothes de Septimanie devenaient ses voisines. C'était plus qu'il n'en avait espéré.

Sitôt l'accord conclu et avant même que le reste du partage soit achevé, Chilpéric avait convoqué le premier leude de sa truste, Beroulf, dans le secret de ses quartiers.

— Tu repars pour Tolède.

Le dux allait ouvrir la bouche pour protester, mais les traits tirés de son prince et la fébrilité de son regard avaient suffi à l'en dissuader.

— Quand tu verras Athanagilde, dis-lui d'abord ce qu'il sait déjà. La mort de Caribert, le partage de son royaume entre nous.

— C'est fait, Votre Grâce ?

— Presque... Et, crois-moi, je saurai récompenser mes fidèles. Qu'il sache simplement que l'Aquitaine est à moi, que nos frontières se touchent et que je serais prêt à offrir quatre ou cinq villes à ma future épouse.

D'un geste las, il avait saisi sur une table l'une des nombreuses cartes sur lesquelles ses frères et lui bataillaient depuis tant de jours, puis l'avait rapprochée d'une lampe à huile.

— Limoges, Cahors, le Behearn et Bigorre, avait-il énuméré en les désignant du doigt. Et même Bordeaux, s'il le faut. Vois ce qu'il offre en échange...

— Des terres, seigneur ?

Chilpéric avait eu un rire sans joie.

— Pourquoi échanger des terres contre d'autres terres ? Non, Beroulf, de l'or. J'ai besoin d'or, tout de suite, pour recruter une armée, acheter des chevaux, battre des forges.

— Alors c'est la guerre ?

Les deux hommes s'étaient regardés un moment en silence, puis Chilpéric avait rejeté la carte et s'était assis sur la table, avec un long soupir.

— Bien sûr. Tôt ou tard. Il ne peut pas en être autrement. Mais d'abord, c'est de mariage qu'il s'agit. Sigebert a trop d'alliés, à l'est, au sud. Il m'en faut, à moi aussi. Et si j'offre des terres, Athanagilde me soutiendra. Va, maintenant. Pars ce soir même. Nous nous retrouverons à Rouen dès que ce sera fini. Il me faut sa réponse tout de suite.

Les jours suivants furent longs. Le cas de Paris, entre tous, faillit ruiner tous leurs efforts et se régler sur le champ de bataille entre Gontran et Sigebert, jusqu'à ce qu'ils en viennent à l'unique solution acceptable : l'ancienne capitale de Clovis serait désormais possession commune, administrée par l'évêque Germain au nom des trois rois. Aucun d'eux ne pourrait y pénétrer sans le consentement des deux autres, sous peine de perdre aussitôt la part héritée du royaume de Caribert.

Il fallut encore attendre que tout soit mis par écrit et que Gontran batte le rappel des évêques afin de donner à la ratification du traité toute la solennité requise. Au jour dit, il avait fait porter dans sa cathédrale Saint-Vincent les reliques de trois saints, Martin de Tours, Polyeucte l'Arménien et Hilaire de Poitiers, afin qu'elles soient témoins de leur accord dont il fut longuement donné lecture : *« Cum in Christi nomine praecellentissimi Domini Gunthrammus et Sighibertus et Chilpericus charitatis studio convenissent ut omnia… »* Rares étaient ceux parmi la foule qui pouvaient y comprendre quelque chose, mais tous pouvaient attester que les rois avaient prêté serment, dans les vapeurs d'encens et les marmonnements des prières.

Quand, enfin, Chilpéric arriva à Rouen, Beroulf était déjà là, porteur d'un anneau d'or.

Athanagilde acceptait le mariage.

Étrangement, j'ai peu de souvenirs de cette période. Je n'attendais rien, et si je souffrais du faste avec lequel on reçut Galswinthe ou des attentions que le roi manifestait à son égard, c'était davantage par amour-propre que par amour de lui. Je crois même que je l'ai plaint. Quant à moi, je m'étais résignée depuis longtemps à ne pas être la seule dans ses bras. Mais pour la première fois depuis qu'il avait chassé Audowère, une autre femme s'installait dans notre palais de Rouen, dans notre chambre, dans notre lit.

Je lui en ai voulu, bien sûr, mais ça a été si court ! Quelques semaines, tout au plus. Je crois que dès l'instant où je la vis, je sus que ce mariage n'était qu'une farce. Tout le monde le savait, sauf elle. Ce n'était qu'une question de temps…

15

Galswinthe

Été 567

Serrée entre ses remparts, Rouen était trop étroite pour le faste qu'avait souhaité Chilpéric. Tout ce qu'avait imaginé Sigebert pour son mariage avec Brunehilde, il le voulait plus grand, plus riche, plus éclatant. La truste du roi aurait à peine suffi à remplir une église, aussi ne s'était-il pas contenté d'inviter ses proches mais avait convié son royaume tout entier, au moins les hommes libres. Des milliers d'entre eux convergeaient depuis des jours, par le fleuve ou les routes, vers sa capitale. Le long de la Seine, une nuée de tentes aux teintes vives accueillait tout ce que la Neustrie et l'Aquitaine comptaient de dignitaires, jusqu'aux centeniers des plus petits villages, Francs et Gaulois réunis. Seuls les nobles ayant rang de comte ou d'évêque avaient été logés au palais, décoré pour la circonstance de draperies gigantesques et de bannières frappées de fleurs de lys. Pour nourrir tout ce monde, les quais, le pont et les îles, pareils à une ruche gigantesque, grouillaient, le jour et la nuit durant, d'un va-et-vient incessant de bateaux et de charrettes débordants de poissons et de viandes qu'une armée de marmitons faisait cuire sur de vastes lits de braises creusés au pied du mont de Rouen. Chilpéric avait fait monter depuis ses terres du Bordelais des convois entiers chargés de tonneaux de vin, qu'on mettait en perce par dizaines, autant que de fûts de bière ou d'hydromel. Il avait fait construire une arène assez vaste pour y livrer des courses de chars et des combats à armes émoussées ouverts à tous. Outre tout cela, dès que la nouvelle de ses noces et de l'attroupement formidable qu'elles provoquaient se répandit alentour, le campement se peupla de tailleurs, d'armuriers et d'orfèvres, de jongalons et de montreurs d'animaux, de catins et de danseuses.

Quand tout fut prêt pour la recevoir, la princesse Galswinthe se présenta aux abords de la ville, tout comme sa sœur Brunehilde, depuis le sommet d'une tour resplendissante faite de plaques d'argent et tirée par un attelage de dix bœufs. Une centaine de cavaliers wisigoths l'escortaient, parés de hauberts de fer et portant de longs boucliers, entourant des charretées entières du plus incroyable étalage de richesses que l'on puisse voir : dix tombereaux chargés de vaisselle d'or et de vases précieux, de monnaies et de lingots couvant comme un feu de lave sous le soleil. Nulle bâche ne protégeait ce trésor, afin que chacun puisse voir la fortune nouvelle du roi de Rouen. La foule d'hommes en armes rassemblée par Chilpéric s'était massée le long de sa route par bataillons, comme pour la guerre. Au passage de ce convoi rutilant, elle poussait des hurlements sauvages qui résonnaient jusqu'aux murs de la ville. Tout au bout, devant la modeste église Saint-Pierre-et-Saint-Paul, Chilpéric attendait, le cœur gonflé d'orgueil, devant ce spectacle fabuleux, accompagné seulement de l'évêque Prétextat, rappelé pour l'occasion, et de ses chefs de guerre. Tout ce qui n'était homme d'épée ou d'église avait été relégué sur les fortifications de la ville ou le long du fleuve. Femmes, enfants, esclaves et affranchis, gagnés par la splendeur solennelle de l'instant, y contemplaient la procession en silence, ou se mettaient soudain à hurler en écho aux vociférations de la troupe.

Parmi eux et seule peut-être à se taire, Frédégonde s'était faufilée jusqu'au premier rang sur les remparts, dissimulée sous un voile grossier. Malgré les efforts d'Oiba qui tentait de tout son poids de maintenir la presse, elles étaient toutes deux écrasées contre les rondins de la palissade, le souffle coupé, assourdies par les cris et près de rendre l'âme tant la chaleur y était étouffante. À une portée de flèche de là, Chilpéric leur tournait le dos, tout à son triomphe. Parfois, une brise ramenait vers la ville un peu d'air frais et la vague rumeur d'une musique aigrelette de harpes et de flûtes, sans que Frédégonde puisse apercevoir les musiciens qui la jouaient. Durant un temps qui lui parut interminable, la tour s'avança lentement jusqu'au roi, pareille à une flèche de lumière. Même la poussière que soulevaient ses roues formidables semblait d'or. On distinguait à peine la princesse, tout en haut, la tête couverte du voile rouge des épousailles. L'ensemble faisait peine à regarder tant il était éblouissant.

Le silence se fit de nouveau tandis que la princesse Galswinthe quittait son promontoire, puis Frédégonde vit avancer son amant jusqu'à elle et lui saisir les mains. On ne pouvait, à telle distance, entendre ce que les fiancés se disaient, mais au bout d'un moment il lui baisa la joue. Ce n'était pas un simple salut ou une marque de tendresse. Ce baiser public, autant que l'échange des anneaux et l'acceptation de la dot, avait valeur de mariage. Point d'autre cérémonie. Hormis peut-être une messe, si Chilpéric souhaitait flatter ses évêques.

La gorge nouée, Frédégonde se rejeta en arrière et battit des coudes pour échapper à la foule avant qu'on la voie pleurer.

Le soir venu, elle s'était résolue à quitter la ville et avait déjà fait gréer une barque pour regagner avec son enfant le calme de sa villa au bord du fleuve, lorsque Oiba fit irruption dans sa chambre. D'un coup d'œil, la Mère la vit vêtue pour le voyage, le visage défait, serrant contre elle le petit Clodobert endormi, et aperçut derrière elle Poupa, avec son visage rond et son air égaré, chargée de leurs bagages.

— Habille-toi, dit-elle doucement.

— Je suis habillée.

— Tu m'as comprise. Retire cette cape, fais-toi belle et viens avec moi.

— Pourquoi ? dit Frédégonde avec un sourire douloureux. Tu crois que j'ai envie de m'amuser ?

Elle avança d'un pas vers la porte, mais Oiba recula vivement, la referma et fit obstacle de son corps.

— Fais-moi confiance, Geneta. Tu ne le regretteras pas.

Ce nom surgi d'un lointain passé enfoui depuis si longtemps entre elles eut raison de ses réticences. Comme une enfant, Frédégonde laissa la Mère prendre son fils et le confier à Poupa, puis lui retirer son manteau, sa robe de simple laine, ses sandales. Il fallut près d'une heure à ses deux suivantes pour la vêtir, coiffer ses cheveux emmêlés et la farder avec soin, ni trop ni trop peu. Durant cette renaissance, Frédégonde reprit peu à peu confiance, aiguillonnée malgré elle par la fébrilité joyeuse d'Oiba.

Elles descendirent enfin, traversèrent le palais envahi d'une myriade de serviteurs, de danseuses, d'échansons portant des jarres de bière ou de vin, de jongleurs et de harpistes. Le banquet se tenait au-dehors, dans la fraîcheur d'une belle soirée d'été. Elles s'arrêtèrent un moment, saisies malgré elles par la profusion des plats et le luxe d'une tablée immense, disposée en carré, où devaient siéger au moins cent hommes et presque autant de femmes. Au centre, un montreur d'ours faisait tourner sa bête enchaînée au son des flûtes, dans l'indifférence générale, à en juger par le brouhaha assourdissant des conversations. Il leur fallut encore un instant pour repérer le couple royal parmi les convives et, sitôt fait, Oiba tira Frédégonde par la manche pour l'entraîner à sa suite.

— Ça suffit ! cria-t-elle en se dégageant. Vas-tu me dire enfin ce que tu as en tête ?

— Fais-moi confiance ! Va voir le roi et présente-toi en amie à sa jeune épouse. Tu verras…

La Mère lui adressa un sourire tellement désarmant que Frédégonde obéit, une fois encore. Elle prit une profonde inspiration, releva le menton et s'avança le long des tables.

Sur son passage, la plupart des dîneurs lui jetaient des regards étranges. Elle s'était attendue à des moqueries ou à de la gêne, mais c'était autre chose. Nulle raillerie dans les sourires qui lui étaient adressés, plutôt de la sympathie, presque un encouragement. Cette découverte inattendue la tarauda jusqu'à ce qu'elle ne soit plus qu'à quelques pas des nouveaux époux et que Chilpéric l'aperçoive. Il sursauta et détourna aussitôt les yeux. Galswinthe, quant à elle, conversait avec l'évêque Prétextat. Frédégonde ne voyait d'elle que de lourdes nattes tressées de rubans rouges et un voile moiré qui lui couvrait la nuque. Elle s'approcha encore, les yeux rivés sur le couple, près de défaillir de peur, soutenue seulement par la haine qu'elle éprouvait envers ces deux êtres. Prétextat l'aperçut enfin et, comme Chilpéric, regarda aussitôt ailleurs.

— Ma dame, dit-elle d'une voix aussi claire que possible en s'arrêtant derrière la haute chaise de Galswinthe, je suis votre servante.

La nouvelle reine de Rouen se retourna et lui sourit.

Frédégonde ne put en dire davantage, mais toute la tension qui l'étreignait se dissipa.

Galswinthe était laide.

***

Le mois d'août fut particulièrement chaud. L'air de Rouen était devenu irrespirable tant on avait tardé à ramasser et à faire brûler les monceaux d'ordures accumulées lors des festivités. Frédégonde s'était réfugiée dans sa villa au bord du fleuve avec son enfant et sa suite. Quant aux jeunes époux, on disait qu'ils étaient partis pour Angers.

Il était très tôt, l'air était encore frais et chargé de brume dans la pâle splendeur de l'aurore. On entendait les premiers chants d'oiseaux et le bruissement des arbres mollement caressés par la brise. Frédégonde oscillait dans un demi-sommeil, savourant la quiétude du moment et la douceur de l'air sur sa peau nue. La tête encore embrouillée de songes, elle crut voir Chilpéric assis sur son lit, souriant avec tendresse en la regardant dormir. L'instant suivant, cette vision l'arrachait des limbes et elle s'éveillait en sursaut. Ce n'était pas un rêve. Chilpéric était bien là, sur son lit. Elle chercha vainement un drap pour se couvrir, mais elle l'avait repoussé dans son sommeil tant la nuit avait été étouffante.

— Je t'ai réveillée, dit-il doucement. Pardonne-moi.

D'un bond, elle quitta sa couche, saisit le drap et s'en couvrit, au regret du roi.

— Il fallait nous prévenir de votre venue, monseigneur, j'aurais fait préparer une chambre.

— Cela m'aurait privé du plaisir de te voir.

Frédégonde ne répondit pas à son sourire, ni à sa main tendue. Elle se tenait aussi droite qu'un hêtre, de l'autre côté du lit, et ne faisait pas mine de venir le rejoindre.

— Allez, viens, dit-il. J'ai fait une longue route pour te retrouver.

— Monseigneur, vous devez partir.

Le sourire du roi se figea, mais sa main resta offerte.

— Je n'ai pas envie de jouer.

— Moi non plus, sire. Votre femme est venue avec vous ?

— Ma femme…

D'un mouvement brusque, Chilpéric se leva et contourna le lit, puis s'arrêta en voyant qu'elle avait reculé. Il baissa les yeux et caressa distraitement le bois des montants.

— Je sais que tu m'en veux, mais tu dois comprendre que ce mariage ne change rien entre nous. Ce n'est qu'une alliance, rien de plus.

— Elle est la reine.

— Et qu'importe ! Frédégonde, j'ai eu le temps de réfléchir à ce qui existe entre nous. Toutes ces semaines, je n'ai pensé qu'à toi. Dès que je fermais les yeux, tu étais là…

— Et dès que tu les ouvrais, c'est elle que tu voyais.

— Oui, justement.

Il s'avança de nouveau, et de nouveau elle l'immobilisa en s'écartant de lui.

— Moi aussi, je n'ai pensé qu'à toi, dit-elle avec une dureté dans le regard qui n'augurait rien de bon. C'était toi, encore, que je voyais dans mes rêves cette nuit. Je voulais que tu reviennes, que tu me prennes dans tes bras, que tu me fasses l'amour. Mais ce sont des rêves, Chilpéric. Dans la vie réelle, tu es l'époux de Galswinthe et moi… Moi, je ne suis qu'une concubine et la mère d'un bâtard.

— Tu ne peux te refuser à moi !

Durant un moment ils s'affrontèrent du regard. Chilpéric crut voir des larmes embuer les yeux de son amante. Elle était pourtant toujours aussi lointaine, d'une froideur de marbre, inaccessible. Et plus encore lorsqu'elle ôta le drap qui la ceignait. Elle était nue, d'une beauté parfaite, bien plus désirable que dans ses songes. Il sourit en apercevant sur la peau blanche de son ventre la fine ceinture qui ne la quittait jamais. Combien de fois l'avait-il évoqué dans ses pensées, ce serpent enroulé autour de ses hanches ! Chilpéric se souvint de leur première nuit, quand il avait découvert cet étrange ornement. Son premier geste avait été de l'arracher, mais elle avait retenu sa main. « Il ne faut pas rompre le sort », avait-elle dit. En cet instant, il l'aurait suppliée de l'ensorceler à nouveau. À la voir ainsi, offerte à son désir et pourtant hors d'atteinte, ce fut cette fois le roi qui recula.

— Je ne veux pas te perdre, murmura-t-il.

Elle pleurait, à présent, et croisa les bras contre ses seins, ce qui ne la rendit que plus désirable encore aux yeux de Chilpéric.

— Tu ne peux avoir qu'une seule femme, dit-elle.

***

Il faisait trop chaud pour tirer les rideaux. Par la fenêtre ouverte, le vacarme montant de la salle commune aurait réveillé les morts. Galswinthe avait quitté l'assemblée dès qu'il avait été possible de le faire sans paraître inconvenante vis-à-vis des convives réunis à la table du roi, prétextant une fatigue qu'elle était loin d'éprouver. Mais passer une soirée de plus à tenter de suivre les conversations d'ivrognes de ces barons francs dont elle comprenait mal la langue lui avait paru au-delà de ses forces. Il n'y était question que de femmes et de gibier, les unes et les autres semblant avoir la même valeur à leurs yeux. On n'y parlait guère, en réalité, nul ne pouvant se faire entendre à moins de beugler plus fort que les autres, avec des gesticulations qui finissaient immanquablement en empoignades, pour le plus grand plaisir des dames admises à leurs agapes et qui semblaient n'être là, fardées comme des courtisanes, que pour accorder leurs faveurs aux plus bruyants d'entre eux. Ce soir, Chilpéric s'était contenté d'un vague grommellement pour saluer son départ, sans doute déjà trop saoul pour se lever de son siège. À peine avait-elle atteint l'escalier qu'elle entendit le rire d'une femme, qu'elle reçut comme une insulte personnelle. Une de plus.

Galswinthe s'écarta de la fenêtre et s'assit lourdement sur son lit. Un lit trop grand où Chilpéric ne viendrait pas la rejoindre. Rien n'avait été dit. En apparence, leurs relations étaient les mêmes, mais il ne venait plus guère se coucher à son côté à la nuit tombée, après ses interminables beuveries. Bientôt, dans le palais, les regards auraient changé, les murmures sur son passage, les ricanements des servantes.

Chaque matin, elle se vêtait avec soin, apprêtait ses cheveux, serrait sa taille épaisse dans des robes étroitement lacées, espérant un mot de Chilpéric, un sourire, quelques heures de son temps, mais il s'échappait comme le sable entre les doigts. Chaque jour qui s'écoulait la laissait un peu plus seule, sans autre amie que les suivantes qui l'avaient accompagnée depuis l'Espagne, n'attendant d'autre plaisir qu'une lettre de sa sœur Brunehilde, et peut-être sa venue.

D'un geste routinier, presque inconscient, elle entreprit de défaire sa longue natte, puis de coiffer ses cheveux, jusqu'à ce qu'elle s'aperçoive que ses mains tremblaient. Elle les posa sur ses jambes et contempla son peigne d'argent à dents d'ivoire. Dans sa simple beauté, l'objet lui évoqua tout ce qu'elle avait perdu en quittant Tolède. Le raffinement de la cour, l'insouciance de sa jeunesse, l'amour de sa sœur et de sa mère, l'attention de tous... Ici, privée même du secours de sa religion qu'elle avait dû abjurer, elle n'était qu'un fantôme. Une prisonnière, vendue par son propre père pour des provinces qu'elle n'avait fait que traverser et qu'elle ne connaîtrait peut-être jamais. Deux mois à peine après leurs épousailles, leur union n'était plus qu'une façade branlante. Bientôt, Chilpéric ne prendrait même pas la peine de préserver les apparences.

Galswinthe souffla sa chandelle et se coucha. En bas, le bruit avait cessé plus tôt que d'habitude. Elle pourrait dormir en paix, c'était déjà ça. Par la fenêtre elle contempla les étoiles. Le ciel, au moins, était le même qu'à Tolède, quand Brunehilde et elle passaient la nuit en cachette sur une terrasse du palais, pelotonnées l'une contre l'autre à se raconter des histoires de rois et de princesses. Des histoires d'amour…

La porte grinça et un trait de lumière éclaira fugacement les ténèbres, juste le temps pour elle d'apercevoir une silhouette d'homme pénétrant dans sa chambre. Son cœur s'emballa brusquement dans sa poitrine.

— Chilpéric ? Est-ce vous ?

Son sourire s'effaça en découvrant à la lueur de la lune le visage qui se penchait sur elle. Ce n'était pas le roi. Elle eut un mouvement pour se redresser, mais l'homme la saisit à la gorge et pressa de tout son poids, jusqu'à ce qu'elle cesse de se débattre.

Ainsi finit Galswinthe, la deuxième femme de ton père. Je ne l'ai pas tuée, et pourtant elle est morte à cause de moi. Je ne le savais pas, alors. Il fut dit qu'elle avait brusquement succombé aux fièvres à cause de la chaleur de l'été. Elle fut mise en terre dès le lendemain. Lors de ses funérailles, une lampe de cristal pendue près de son tombeau se détacha et tomba sur le sol de marbre sans s'y briser et sans s'éteindre, mais au contraire en s'y enfonçant profondément. Tous ceux qui assistèrent à ce miracle en furent fortement ébranlés. On commença à murmurer, partout dans le royaume, que Galswinthe était une sainte et ton père un assassin.

Ce n'était vrai ni d'elle ni de lui. Il était roi et il m'aimait.

Je l'aimais, moi aussi, et Dieu sait pourtant si j'ai regretté la fin de cette malheureuse. Non pour elle-même. Ce n'était qu'une sotte et sa mort fut sans doute la seule émotion de sa vie. J'appris bien plus tard que son père, le roi Athanagilde, avait péri peu après le mariage de Galswinthe et que les Wisigoths se disputaient son trône. De fait, l'alliance voulue par Chilpéric était devenue inutile. C'est cela, sans doute, qui a précipité sa mort. Cela et l'amour du roi.

Si j'ai éprouvé des regrets, c'est pour les malheurs dont elle fut la cause. Une vie entière de batailles et de pestes, la mort tout autour de nous, et la haine.

Chilpéric m'a épousée, peu de temps après. J'étais reine, ton frère Clodobert était reconnu comme fils légitime du roi, à l'égal des enfants d'Audowère. Notre royaume était immense, nous étions riches, notre armée plus puissante qu'elle ne le fut jamais. Je l'aimais plus que tout et je croyais que nous serions heureux pour le reste des temps.

Nous ne le fûmes pas. Parce qu'elle voulut venger sa sœur, Brunehilde a plongé les trois royaumes de Francie dans une guerre qui n'aura jamais de fin tant que je vivrai. Cette femme me hait autant que je la hais, et c'est elle qui me tuera cette nuit.

Dieu veuille que tu puisses la faire périr comme elle le mérite.

Bibliographie

Roger-Xavier Lanteri, *Brunehilde, la première reine de France*, Perrin, 1995.

Roger-Xavier Lanteri, *Les Mérovingiennes, 486-714*, Perrin, 2000.

Ivan Gobry, *Les Premiers Rois de France : la dynastie des Mérovingiens*, Tallandier, 1998.

Patrick Périn, Laure-Charlotte Feffer, *Les Francs*, Armand Colin, 1997.

Augustin Thierry, *Récit des temps mérovingiens*, Complexe, 1995.

Frédégaire, *Chronique des temps mérovingiens*, traduction de O. Devillers et J. Meyers, Brepols, 2001.

Grégoire de Tours, *L'Histoire des rois francs*, traduction de J.J.E. Roy, coll. « L'Aube des peuples », Gallimard, 1990.

Nira Pencer, *Sans peur et sans vergogne : de l'honneur et des femmes aux premiers temps mérovingiens*, Albin Michel, 2001.

Table

Les personnages 7
Arbre généalogique 8
Carte 10
Avant-propos 11
1. Les calendes de janvier 17
2. Un jour de brume 31
3. Frédégonde 45
4. La servante 57
5. La mort du roi 75
6. L'or de Clotaire 101
7. Le roi de Paris 127
8. Le baptême 149
9. « Brillant de victoire » 173
10. La reine de Rouen 199
11. La répudiation 219
12. La princesse gothe 235
13. L'été des Huns 253
14. Le partage de Chalon 275
15. Galswinthe 289
Bibliographie 301

Composé par Nord Compo
à Villeneuve-d'Ascq

Achevé d'imprimer sur les presses de

BUSSIÈRE

GROUPE CPI

à Saint-Amand-Montrond (Cher)
en avril 2006
pour les Éditions Belfond
12, avenue d'Italie
75013 Paris

N° d'édition : 4175. — N° d'impression : 061410/1.
Dépôt légal : mai 2006.

Imprimé en France